Hintermeyer

Schiffskatastrophen

Hellmut Hintermeyer

Schiffskatastrophen

Von der Spanischen Armada bis zum Untergang der *Pamir*

pietsch

Einbandgestaltung: Andreas Pflaum
Titelbild: »Erbitte Lotsenhilfe« (Gemälde von Hans Bohrdt, 1890). Mit freundlicher Genehmigung des Museums für Hamburgische Geschichte. Fotografiert von Fischer-Daber, Hamburg

Lektor: Oliver Schwarz
Innengestaltung: Viktor Stern
Druck: Rung-Druck, 73033 Göppingen
Bindung: Karl Dieringer, 70839 Gerlingen
Printed in Germany

Bildnachweis: Bildarchiv J. K. Piekalkiewicz (S. 41); Deutsches Schiffahrtsmuseum, Bremerhaven (S. 49, 82, 145, 163); DGzRS, Bremen (S. 6, 8, 11, 13, 17, 127, 190); GTS, Verlag Hans Dulk, Hamburg (S. 91, 114, 147, 149, 151); Hapag-Lloyd AG, Hamburg (S. 65, 80); Hellmut Hintermeyer, Schongau (S. 14, 15, 16, 23, 25, 33, 36, 45, 51, 57, 60, 64, 69, 75, 81, 83, 88, 95, 97, 103, 104, 107, 112, 119, 123, 129, 134/135, 138, 141, 152, 157, 158/159, 166, 169, 176-178); Friedrich Kuhr, München (S. 31, 73); Dr. Jürgen Meyer, Bremen (S. 89, 115, 116, 132, 139, 145, 156, 164); National Maritime Museum, London (S. 27); The British Library (S. 24); Allan Villiers (S. 42, 59).

Leider konnten nicht in allen Fällen die Inhaber der Urheberrechte ermittelt werden, deshalb wird ggf. um Mitteilung gebeten.

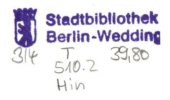

Eine Haftung des Autors oder des Verlages und seiner Beauftragten für Personen-, Sach- und Vermögensschäden ist ausgeschlossen.

ISBN 3-613-50308-5

Copyright © by Pietsch Verlag, Postfach 10 37 43, 70032 Stuttgart
Ein Unternehmen der Paul Pietsch Verlage GmbH + Co
1. Auflage 1998

Nachdruck, auch einzelner Teile, ist verboten. Das Urheberrecht und sämtliche weiteren Rechte sind dem Verlag vorbehalten. Übersetzung, Speicherung, Vervielfältigung und Verbreitung einschließlich Übernahme auf elektronische Datenträger wie CD-ROM, Bildplatte usw. sowie Einspeicherung in elektronische Medien wie Bildschirmtext, Internet usw. ist ohne vorherige schriftliche Genehmigung des Verlages unzulässig und strafbar.

Inhalt

Vorwort (DGzRS) 6

Einleitung 8
   »Mayday, Mayday, hier ist ...« 8
   Wellen, Fetch und Brandung 14
   Gestrandet: Land in Sicht und
      trotzdem verloren 15
   Gefahren auf See 18

1. Die Spanische Armada (1588) 21

2. Die »Anson«-Expedition
   (1740–1744) 30

3. Der Ostindienfahrer *Grosvenor*
   (1782) 40

4. Die französische *Méduse* (1816) 48

5. Das Auswandererschiff *Johanne*
   (1854) 55

6. Das Auswandererschiff *Austria* (1858) . . 62

7. Die Brigg *Alliance* (1860) 68

8. Die geheimnisvolle *Mary Celeste*
   (1872) 72

9. Das Auswandererschiff *Cimbria*
   (1883) 79

10. Die Viermastbark *H. Bischoff* (1900) 87

11. Der Weizensegler *Dundonald* (1907) . . . 94

12. Die Tjalk *Ora et labora* (1909) 102

13. Das Fünfmastvollschiff *Preußen*
    (1910) 111

14. Die finnische Bark *Paul* (1920) 122

15. Die dänische Fünfmastbark
    Kjøbenhavn (1928) 131

16. Das deutsche Schulschiff *Niobe*
    (1932) 137

17. Die Viermastbark *Herzogin Cecilie*
    (1936) 144

18. Die Viermastbark *Admiral*
    Karpfanger (1938) 155

19. Die Viermastbark *Pamir* (1957) 162

Gedanken zum Schluß 173

Anhang
   Übersicht der Schiffstypen 176
   Nautisches Glossar 179
   Quellenangabe 188

Vorwort

Auf das Zeitalter der großen Segelschiffe zu blicken, bedeutet immer auch, sich mit einer Epoche in der Geschichte der Seefahrt zu beschäftigen, in der die längste Zeit über Schiffbrüchige vergeblich auf Hilfe hofften. Erst seit Mitte des 19. Jahrhunderts zeichnete sich langsam und unter erheblichen Schwierigkeiten die Bildung eines Seenotrettungswerkes ab.

Die Geschichte der Gründung der DGzRS vermittelt ein Stück praktizierter Mitmenschlichkeit. Die Einsätze, die Arbeit der Rettungsmänner waren zu jeder Zeit gleichermaßen eine Herausforderung an Mensch und Technik – und so wird es auch weiterhin sein. Für die Seefahrer früherer Zeiten bedeutete eine Strandung auf den tückischen Untiefen vor den europäischen Küsten meist den sicheren Tod. Vom Ufer her war Rettung nicht zu erhoffen, denn sowohl für die Schiffbrüchigen selbst, als auch für die Küstenbewohner galt ein Schiffbruch als unabwendbares Schicksal, in das man sich nun einmal fügen und mit dem jeder, den es traf, selbst fertig werden mußte.

Helfen, wo Hilfe nötig ist – auch bei schlechtem Wetter: Ein DGzRS-Seenotkreuzer der 44-Meter-Klasse begibt sich auf Seeposition.

Mit zunehmendem Aufkommen humanitären Gedankengutes unter dem Banner der Aufklärung und des Humanismus aber wandelte sich auch an den Küsten das Bild. Hatte man seit Menschengedenken gebetet: »Gott segne unseren Strand«, und auf reiches Strandgut zur Hebung des zum Teil äußerst kargen, nicht selten am Existenzminimum befindlichen Lebensstandards gehofft, so begann man jetzt mehr und mehr Anteil am Schicksal der in Seenot geratenen Mitmenschen zu nehmen. Recht bald schon begnügten sich die ins Leben gerufenen örtlichen Hilfswerke schon nicht mehr damit, lediglich am Ufer tätig zu werden, sondern empfanden in zunehmendem Maße den Wunsch, durch eigene aktive Rettungsmaßnahmen »vor Ort« rechtzeitig größeres Elend zu verhüten. Innerhalb weniger Jahre vollzog sich ein geradezu dramatischer Wandel im Bewußtsein der Bevölkerung – von Gleichgültigkeit zu selbstloser Hilfsbereitschaft. Am 29. Mai 1865 waren in Deutschland endgültig die organisatorischen und strukturellen Voraussetzungen für den Aufbau eines einheitlichen Seenotrettungswerkes geschaffen.

Über 130 Jahre sind vergangen zwischen dem Einsatz der ersten Raketenapparate und Hosenbojen und den heute zum Einsatz kommenden modernen Spezialschiffen. Mehr als 62.000 Menschen aller Nationen sind in dieser Zeit aus Seenot gerettet oder aus lebensbedrohender Gefahr befreit worden. Damals wie heute steht im Mittelpunkt der Mensch, der Seenotretter; Mut, Erfahrung, Unerschrockenheit und Selbstlosigkeit bestimmen sein Denken und Handeln, ungeachtet der Gefahren für das eigene Leben.

Die in diesem Buch geschilderten Katastrophen auf See führen uns anschaulich vor Augen, wie unbedingt notwendig ein leistungsfähiger Seenot-Rettungsdienst ist – damals wie heute.

Dr. Bernd Anders
Deutsche Gesellschaft zur Rettung Schiffbrüchiger

Einleitung

»Mayday, Mayday, hier ist …«

Dieses Werk ist nicht das erste Buch, das sich mit Katastrophen, und auch nicht das erste, das sich mit Katastrophen auf See befaßt. Was aber rechtfertigt das Erscheinen eines weiteren Buches zu diesem Thema? Daß schon einmal Gesagtes wiederholt wird? Auf den ersten Blick mag man diesen Eindruck gewinnen. Vergleicht man aber die Inhalte bisheriger Publikationen, stößt man auf gravierende Unterschiede, sowohl was die Thematik als auch die Beurteilung und die Darstellung der geschilderten Ereignisse betrifft. Berichte von Katastrophen sollten informativ und können auch spannend sein, dabei sollte man es aber nicht belassen. Das würde den berechtigten Verdacht wecken, man wolle nur die allzumenschliche und allzeit-bereite Sensationslust

Das Ruderrettungsboot *Fürstin Bismarck:* Boote dieser Bauart (8–9 m lang; 2,5 m breit; 11 Mann Besatzung) waren von 1865 an bis zum Zweiten Weltkrieg im Einsatz.

befriedigen, um daraus Kapital zu schlagen. Nein, man muß weiter gehen, Fragen stellen: Wie ist es zu der Katastrophe gekommen? Wäre sie vermeidbar gewesen? Wer trägt die juristische Schuld, wer gegebenenfalls die moralische? Was konnte man, oder besser, was hätte man aus den Vorkommnissen lernen können, und welche Konsequenzen wurden tatsächlich daraus gezogen?

Genau an diesem Punkt setzt dieses Buch an. Es beschreibt nicht nur die tragischen Ereignisse, analysiert die Hintergründe und diskutiert die jeweilige Schuldfrage, sondern versucht auch, Lehren für die moderne Seerettung zu ziehen. Es will nachdenklich machen, sensibilisieren, die Augen öffnen dafür, daß manchmal kleine Nachlässigkeiten, nicht auf reiflicher Überlegung beruhende Entscheidungen, falscher Ehrgeiz oder fehlendes Verantwortungsbewußtsein fatale Folgen haben, und zu Auslösern von Katastrophen werden können, die unter Umständen Hunderten von Menschen das Leben kosten. Wir werden in diesem Buch einigen dieser menschlichen Schwächen begegnen.

Natürlich gibt es auch Katastrophen, die sich aufgrund höherer Gewalt ereignen, äußeren Einflüssen, die nicht vorhersehbar waren. Leider wird es solche Katastrophen immer geben. Wir können sie nicht verhindern, wir können nur versuchen, uns so gut wie möglich dagegen zu wappnen. Auch deshalb will dieses Buch zeigen, wie wichtig eine gut ausgerüstete, einsatzbereite und möglichst flächendeckende Seenotrettung ist.

Doch dieses Buch will noch ein klein wenig mehr. Es soll auch den Männern und Frauen, die in der Geschichte der Seefahrt in selbstloser Weise ihr Leben einsetzten, um andere zu retten, ein ehrendes Denkmal setzen. Viele gehörten der »Deutschen Gesellschaft zur Rettung Schiffbrüchiger« an, die sich in besonderer und effektiver Weise auf diesem Gebiet engagiert. All den Menschen aber, die bei dieser gefahrenvollen Aufgabe ihr Leben eingebüßt haben, gilt es, würdig und in Hochachtung zu gedenken.

Es gäbe eine lange Liste, würde man all die Schiffe, Fischkutter, alle kleinen und großen Frachtsegler, Barken, Briggs bis hinauf zu den großen Vollschiffen aufzählen, die einen Hafen verließen und seitdem spurlos in der unendlichen Weite der Ozeane verschwunden sind. Das Geheimnis ihres Untergangs wurde nur selten, meist aber nie gelüftet. Vielleicht wurde Jahre später an irgend einer fernen Küste ein Rettungsring, eine Planke oder sonst ein Gegenstand angeschwemmt, von dem man auf den Namen des Schiffes schließen konnte. Die meisten Schiffe aber wurden auf ihren einsamen Kursen von einem Sturm oder Orkan überwältigt, schlugen Leck, wurden entmastet und versanken, ohne eine Spur zu hinterlassen. Sie konnten in ihrer Not keine Hilfe herbeiholen, keinen letzten Hilferuf aussenden, denn es gab noch keine Funkanlagen, oder sie hatten sie nicht an Bord. Stürme, denen ihr Schiff nicht zu trotzen vermochte, ließen auch den Beibooten, sollten sie je zu Wasser kommen, kaum eine reelle Chance. Keiner kam zurück, der über die Katastrophe hätte berichten können.

Man wartete, hoffte, stellte Nachforschungen an. Manchmal erfuhr man noch, daß das vermißte Schiff zuletzt da oder dort noch gesehen worden war. Von da ab blieb alles im Dunkeln. Das Schiff wird »überfällig« erklärt. Schließlich, im europäischen Raum nach etwa sechs Monaten, gilt es offiziell als »verschollen« mit allen rechtlichen Folgen. Im vergangenen Jahrhundert nahm man das als unvermeidliches Berufsrisiko in Kauf, wie Unfälle in Bergwerken, oder sonstige Katastrophen.

Im Laufe der letzten 200 Jahre wurden die Segelschiffe ganz allmählich größer, Rümpfe, Masten und Rahen baute man schließlich aus Stahl. Die Verluste wurden weniger. Immer mehr Schiffe verfügten über eine Funkanlage mit denen sie Hilfe herbeiholen konnten. Auch vor Eisbergen oder Stürmen konnten sie jetzt gewarnt werden. Trotzdem erschütterten immer wieder Katastrophen auf See die Weltöffentlichkeit. Ende 1928 beispielsweise verschwand die große Fünfmastbark *København* spurlos auf ihrer Reise von La Plata (Buenos Aires) nach Australien und zehn Jahre später ereilte die Viermastbark *Admiral Karpfanger* auf ihrer Reise vom Spencer Golf (Australien) nach Falmouth das gleiche Schicksal. Die Liste der verschollenen Schiffe war damit aber noch nicht abgeschlossen. Sie wurde von Dampfern und auch von einem großen Containerschiff fortgesetzt.

Diese Publikation wendet ihr Augenmerk auf das Zeitalter der großen Segelschiffe. Dabei ist sich der Autor der Problematik eines solchen Epochenbegriffes und der damit verbundenen zeitlichen Eingrenzung bewußt. Letztendlich ist nämlich eine solche Kategorisierung immer ein Akt der Willkür, weil sich in der Geschichte Umbrüche nie schlagartig, sondern immer fließend vollziehen. Außerdem wäre dazu der Begriff »Großsegler« exakt zu definieren und dafür müßte vorweg geklärt werden, ab welcher Tonnage oder Segelfläche ein Schiff als Großsegler zu bezeichnen ist. Das ist in zufriedenstellender Weise aber gar nicht möglich, zu viele Ausnahmen müßten eingeräumt werden. (Um einem möglichen Mißverständnis vorzubeugen, sei an dieser Stelle ausdrücklich darauf hingewiesen, daß dieses Buch nicht ausschließlich von Havarien großer Rahsegler handelt, sondern von Seeunglücken, die Schiffen verschiedensten Typs im *Zeitalter* der großen Segelschiffe widerfuhren.)

Es gab immer wieder zeitlich begrenzte Abschnitte, in denen die Entwicklung der Segelschiffe, politisch und wirtschaftlich bedingt, besonders rasch und intensiv vorangetrieben wurde. Ein solcher Abschnitt setzte Mitte des 19. Jahrhunderts ein. Niemals zuvor hat der Segelschiffbau einen solchen Aufschwung erlebt wie zu dieser Zeit. So stieg zum Beispiel in Nordamerika, ausgelöst durch Goldfunde an der Westküste, der Bedarf an Schiffsraum in kürzester Zeit explosionsartig an. Die Zunahme des Schmuggels sowie der aufblühende Handel mit China taten ein übriges. Liefen von den nordamerikanischen Werften im Jahr 1860 noch 16 Schiffe vom Stapel, so waren es drei Jahre später bereits 125. Es ist nur logisch, daß mit der Zahl der Schiffe auch die durchschnittliche Tonnage wuchs. Mehr als 2000 t Tragfähigkeit und Schiffslängen über 100 Meter waren keine Seltenheit. Die Mitte des 19. Jahrhunderts stellt also einen besonders markanten Zeitpunkt in der Entwicklung von Großseglern dar und die darauffolgenden Jahrzehnte werden daher vom Verfasser als *das* Zeitalter der großen Segelschiffe betrachtet.

Der Schwerpunkt dieses Buches wurde deshalb auf die Schilderung von Havarien gelegt, die sich nach 1850 ereigneten. Sicherlich nicht ganz zufällig stehen diese in zeitlicher Parallelität zu den ersten lokalen Gründungen von Seenotrettungswerken und dem Ausbau landesweit organisierter Seenotrettung in Europa. Trotzdem soll in diesem Buch auch an frühere Katastrophen auf See erinnert werden. Vier Beispiele, die dem Autor besonders bemerkenswert erscheinen, wurden dazu ausgewählt: die Zerschlagung der »Spanischen Armada« (1588), die im wesentlichen sturmbedingt war, das Scheitern der »Anson-Expedition« (1740–1744), das Schicksal von Besatzung und Crew des Ostindienfahrers *Grosvenor* sowie die furchtbaren Ereignisse, die den Untergang der französischen *Méduse* weltberühmt machten.

Bemerkenswert ist, daß sich in der zweiten Hälfte des 19. Jahrhunderts bereits die Dampfer anschickten, den Seglern Konkurrenz zu machen. Die Öffnung des Suezkanals und die rasante Entwicklung der Antriebsmaschinen von Dampfern führten zu deren immer deutlicheren wirtschaftlichen Überlegenheit. Nur

Ein Bild aus vergangenen Tagen. Es läßt die Schwierigkeiten erahnen, denen die Rettungsmänner bis zum Zweiten Weltkrieg gegenüber standen.

Segler mit großem Transportvermögen konnten noch gewinnbringend eingesetzt werden. Dabei erwies sich die »Salpeterfahrt« nach Südamerika und die »Getreidefahrt« nach Australien als letzte Bastion der Großsegler. Während Amerikaner und Engländer sich schon bald auf den Dampfer konzentrierten, sahen Frankreich, Finnland und Deutschland noch konkrete Chancen nicht nur im Einsatz, sondern auch in der Entwicklung großer frachttragender Segelschiffe. Die deutschen Werften an Elbe und Weser waren dabei sehr erfolgreich. Ihr Schiffbau gipfelte im Bau der Viermastbark *Potosi* im Jahr 1895 und dem Vollschiff *Preußen* mit 8000 t im Jahr 1902. Beide Schiffe machten Reisen mit erstaunlicher Gleichmäßigkeit, auch wenn die Reise um das gefürchtete Kap Hoorn führte.

Mit diesen Schiffen, in deren Bau die Erfahrungen vieler Jahre eingeflossen waren, wurde der absolute Höhepunkt in der Entwicklung der Großsegler erreicht. Den Niedergang der Frachtbeförderung unter Segel aber konnten sie nicht verhindern. Zu deutlich wurde die wirtschaftliche Überlegenheit der Dampfer. Ihre zunehmende Unabhängigkeit von den Wetterverhältnissen, ihre Schnelligkeit und Zuverlässigkeit hinsichtlich der Termine und der Ankunftszeit, gaben den Ausschlag.

Der letzte Rahsegler, die Viermastbark *Padua* (heute *Kruzenshtern*) lief im Jahr 1926 bei J. C. Tecklenborg im damaligen Geestemünde vom Stapel.

Nach dem Zweiten Weltkrieg wurde mit den Schiffen *Pamir* und dem Schwesterschiff *Passat* noch einmal der Versuch gemacht, die großen Frachtsegler zu retten. Namhafte Reedereien waren nach wie vor der Überzeugung, daß eine Ausbildung des seemännischen Nachwuchses auf Großseglern in jeder Hinsicht vorteilhaft, und daher wünschenswert sei. Auf der damaligen Schliewen-Werft wurden die beiden Schiffe aufwendig umgebaut und als frachttragende Ausbildungsschiffe in Fahrt gesetzt. Der Untergang der *Pamir* am 21. September 1957 brachte aber dann das endgültige »Aus« für die Handelsschiffahrt unter Segel. Das betraf auch die Ausbildung des Nachwuchses. Trotz vieler Übereifriger, die »das Kind mit dem Bade ausschütten« wollten, widerstand die deutsche Bundesmarine dem Trend. Der Erfolg der *Gorch Fock* ist ein eindeutiger Beweis für die Richtigkeit dieser Entscheidung. Deutschland befindet sich damit in der Gesellschaft vieler anderer Nationen, die ebenfalls die Ausbildung auf Segelschiffen für die gründlichste und effektivste halten. Der Anblick eines Großseglers mit prall gefüllten Segeln verfehlt nicht seine Wirkung. So erfreuen sich segelnde Kreuzfahrtschiffe immer größer werdender Beliebtheit. Alle besitzen aber leistungsstarke Motoren, die sie vor den Gefahren, denen ihre Vorgänger ausgesetzt waren, schützen.

Beschäftigt man sich mit der Geschichte der Seefahrt, gewinnt man den Eindruck, daß mit der damaligen Segelschiffahrt erschreckend viele Katastrophen, Strandungen und andere Unfälle verbunden waren. Das Bild differenziert sich jedoch bei genauer Betrachtung. Es kann kein Zweifel bestehen, daß Segelschiffe, besonders die großen Rahsegler, bedeutend größeren Risiken ausgesetzt waren, als Dampfer. Das trifft in schwierigen Gewässern und in Küstennähe in hohem Maße zu. Die Abhängigkeit von Wind und Strömungen fordert vom Kapitän eines Rahseglers langjährige Erfahrung und Voraussicht, während sein Kollege auf dem Dampfer damit wesentlich besser fertig wird. Auch darf nicht vergessen werden, daß in den Anfängen der großen Seereisen die navigatorischen Möglichkeiten sehr bescheiden waren. Als die Dampfer ihr Operationsgebiet weltweit ausdehnen konnten, war man auf diesem Gebiet schon wesentlich weiter. Es ist deshalb verständlich, daß prozentual mehr Segelschiffe verloren gingen, als Dampfer. Andererseits kann nicht bestritten werden, daß an die Kapitäne und Mannschaften der Großsegler deutlich höhere Ansprüche an Seemannschaft, Opferbereitschaft und Durchhaltevermögen gestellt wurden, als das bei Dampfern der Fall ist. Wenn sich aber die Verluste an Rahseglern im Vergleich zur Gesamtzahl der jeweils gesegelten Meilen in Grenzen hielten, ist das dem Können der Kapitäne, dem Verantwortungsbewußtsein der Werften und dem tatkräftigen Einsatz der Besatzung, oft bis zur völligen Erschöpfung ihrer Kräfte zu verdanken. Daß der Mensch den Kampf mit den entfesselten Elementen nicht immer bestehen kann, ist seit jeher das Schicksal der Seefahrt und das gilt auch heute noch.

»Mayday, Mayday, Mayday, hier ist ...« Ein Notruf über den Äther per Funk löst heute, kaum ausgestrahlt, eine umfangreiche Hilfsaktion aus. Koordiniert durch die Seenotleitstelle der »Deutschen Gesellschaft zur Rettung Schiffbrüchiger« (DGzRS) in Bremen vergehen nur wenige Minuten, bis ein Seenotkreuzer zu dem in Not befindlichen Schiff ausläuft. Von Bremen aus werden über Funk: »An alle Seefunkstellen«, die Schiffe, deren Standort Hilfe ermöglicht, aufgerufen, Kurs auf den Havaristen zu nehmen und nach Möglichkeit Beistand zu leisten. Wenn nötig stehen auch SAR-Hubschrauber zur Verfügung (SAR = »*Search and Rescue*«, Suche und Rettung). Selbst die Suche ist heute in den meisten Fällen nicht mehr nötig, wenn der Havarist über das Navigationssystem »GPS« (Global Positioning System) verfügt, das auch die meisten Sportschiffer mittlerweile an Bord mitführen. Mit diesem Gerät kann man bis auf wenige Meter genau seinen Standort und darüber hinaus auch noch

Durch den schweren Dünensand geht es vom Rettungsschuppen an den Strand, wo der Leinen-Schießapparat installiert wird.

die Abdrift in Stärke und Richtung ermitteln und durchgeben. Trotz all dieser Hilfsmittel kommt es auch heute noch zu Schiffsunfällen und Katastrophen. Nicht nur die Aussichten auf Rettung sind vielschichtig und effizient, auch die Möglichkeiten, und das ist sicher die bessere Lösung, eine Strandung, eine Kollision oder eine Überraschung durch einen Orkan zu vermeiden, haben sich in ungeahntem Maße verbessert. Dank einer sich rasant entwickelnden Elektronik ist es den Kapitänen bzw. Navigatoren heute möglich, selbst im dicksten Nebel den richtigen Weg zu finden und eine Kollisionsgefahr rechtzeitig zu erkennen. In schwierigen Gewässern steht zusätzlich eine landgestützte Radarbegleitung zur Verfügung. Auf See informieren Wetterberichte und Wetterfax mit einer Fülle von Einzeldaten über den Luftdruck, die Windgeschwindigkeit, über Tiefs und Hochs mit dem exakten Verlauf von Isobaren einschließlich der voraussichtlichen Entwicklung. Schließlich gibt es auch, in Deutschland vom »Bundesamt für Seeschiffahrt und Hydrographie« (BSH, früher DHI), ständig berichtigte Seekarten mit allen für die Schiffsführung wichtigen Eintragungen. Wem das alles noch nicht genügt, der kann seinen Standort, einschließlich der festen und schwimmenden Umgebung auf dem Bildschirm finden. Was kann da noch schief gehen?

Wenn es trotz all dieser Hilfsmittel noch zu Katastrophen kommt, und das ist auch heute noch der Fall, dann liegt der Verdacht nahe, daß Leichtsinn und Mangel an Verantwortungsbewußtsein, kurz: *Menschliches Versagen* die Ursache ist. Dieser Verdacht ist berechtigt und die Ursachen liegen ziemlich genau in einer Denkungsart begründet, die in dem bereits erwähnten Satz: »Was kann da noch schief gehen« zum Ausdruck kommt. Allzusehr verführt die Technik zu einem zweifelhaften Vertrauen. Sie vermittelt ein Sicherheitsgefühl, das nicht gerechtfertigt ist. Aus Vertrauen wird Leichtsinn, denn wie im Zeitalter der Großsegler birgt die offene See für die Schiffahrt auch heute noch zahlreiche Gefahren.

Wellen, Fetch und Brandung

Mit Respekt begegneten Offiziere und Crew von Großseglern dem offenen Meer und seinen nicht selten bedrohlichen Gestaden. Wind war das einzige Antriebsmittel und dieser war launisch. Zwar hatte man schon im letzten Jahrhundert versucht, den Nachteil mit Hilfsmotoren auszugleichen, aber diese waren damals entweder zu schwach, um in kritischen Lagen zu helfen, oder sie waren zu groß und nahmen einschließlich des erforderlichen Treibstoffes zu viel Laderaum in Anspruch. Zudem war auch noch Bedienungspersonal erforderlich, was sich in den Kosten niederschlug. Kurz: Hilfsmotoren stellten sich in den meisten Fällen als unwirtschaftlich heraus. Der Wind war und blieb die ausschließliche Antriebskraft, und auf offener See nimmt er natürlich nicht nur Einfluß auf die Geschwindigkeit eines Seglers, sondern auf das ganze Schiff und das umgebende Wasser (Seegang).

Wellen beginnen schon mit dem Einsetzen einer leichten Brise. Der Luftstrom »reibt« sich an der glatten Wasseroberfläche. Dabei nimmt er kleinste Wasserteilchen mit. Die Oberfläche kräuselt sich. Der Anfang zum Seegang ist erfolgt. Mit zunehmendem Wind beginnen sich Schwingungen zu entwickeln. Man kann diesen Vorgang mit einem Stein, den man ins Wasser wirft, demonstrieren. Auch mit einem Seil ist das möglich, indem man es an einem Ende senkrecht auf und ab bewegt. Bei zunehmender **Windstärke** kommt eine neue Komponente ins Spiel. Die über das Wasser streichende Luft findet am Wellenberg eine Angriffsfläche und schiebt diesen vorwärts. Die Wasserteilchen kommen so in eine Kreisbewegung. Auf hoher See, bei genügend **Wassertiefe**, ergibt sich eine gleichmäßige Wellenbewegung.

Die Wellenhöhe wächst mit der Windstärke und dem (engl.) **Fetch**. Damit kommen wir zu einem weiteren Begriff. Fetch, auch als »Wind-

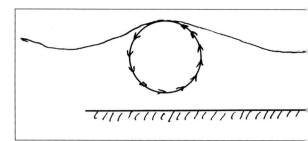

Die Bewegung der Wasserteilchen bei leichtem Wind bis maximal 4 Bft.

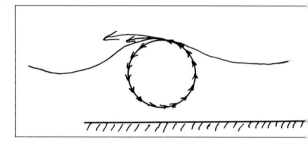

Bei Winden ab 5 Bft. werden die oberen Wasserteilchen stark beschleunigt. Sie reißen ab. Es entstehen Brecher.

wirkstrecke« bezeichnet, ist die, nach Luv gesehen, freie Einwirkungsstrecke des Windes über den Seeraum, bzw die Laufstrecke des Windes über das Wasser.

Unsere Wellen haben durch die Länge der Einwirkung und die zunehmende Windstärke eine beachtliche Höhe erreicht. Sie wächst aber nicht ins Uferlose, da durch das Brechen der Kämme Energie vernichtet wird. Nach dieser Theorie sollte man annehmen, daß alle Wellen gleich hoch sind. Das ist bekanntlich aber nicht der Fall. Durch **Überlagerung** können einzelne Wellen erheblich höher auflaufen, als das bei der jeweiligen Situation zu erwarten wäre (sog. »Kaventsmänner«). Außer dem Fetch, der Windstärke und der Wassertiefe, haben auch vorhandener **Strom** und die **Windrichtung** einen starken Einfluß auf den Seegang. Schießt der Wind nach längerer Einwirkung plötzlich

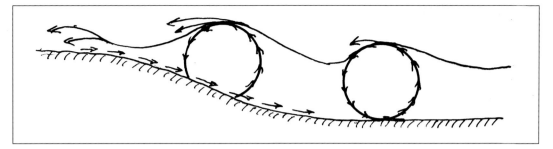

Das Entstehen von Brandung.

aus, d. h. ändert er abrupt seine Richtung, dann entsteht die gefürchtete **Kreuzsee**. Die neu entstehende **Windsee**, das Wellenbild, das nun unmittelbar vom Wind erzeugt wird, überlagert die alte **Dünung**, die bisherige Windsee, die weiterläuft, obwohl der Wind aufgehört hat (ihre Wellen sind länger und ihre Kämme abgerundet). Das Ergebnis sind steile, unberechenbare hohe Einzelwellen. Eine, bei mäßigem Wind unangenehme, bei Starkwind oder Sturm für kleinere Schiffe gefährliche Situation entsteht, wenn Strom gegen den Wind steht. Das führt zu steilen und stark überkämmenden Wellen. Typisch dafür sind die Mündungen von Flüssen, z. B. die Elbmündung in die Nordsee. Je mehr sich ein Schiff einer Mündung nähert, umso stärker wirkt sich der Strom aus. Der anfangs moderate und gleichmäßige Seegang wird bei gleichbleibender Windstärke zunehmend diffuser und gefährlicher.

Unsere Wellen nähern sich dem Strand. Die Wassertiefe nimmt kontinuierlich ab. Die **Grundsee**, eine steile, kurze, gefährliche See, entsteht etwa ab einer Wassertiefe, die der zweifachen Wellenlänge entspricht. Immer mehr Wellen kämmen über und schließlich entsteht **Brandung**. Dabei bremst der ansteigende Meeresboden die Kreis- (Orbital)bewegung der Wasserteilchen. Die Seen überstürzen sich, wobei erhebliche Horizontalkräfte mit vernichtender Wirkung frei werden. Die zerstörerische Kraft wird noch durch Kies und Steine, die von der Brandung mitgerissen werden, verstärkt.

Gestrandet: Land in Sicht und trotzdem verloren

Ein Schiff ist gestrandet und die See beginnt schneller, als man vermuten sollte, ihr Zerstörungswerk. Eile ist geboten. Sollten noch einsatzfähige Rettungsboote vorhanden sein, die man zu Wasser lassen kann, ist das die einzige Möglichkeit der Selbsthilfe. Die Praxis hat aber gezeigt, daß diese Voraussetzungen selten gegeben sind. Die meisten Strandungen geschehen im Sturm. Da ist es meist unmöglich, ein Boot zu Wasser zu bringen.

Der Versuch die Schiffbrüchigen von Land aus zu bergen verspricht mehr Chancen. An den deutschen Küsten ist das den geschulten und erfahrenen Rettungsleuten der DGzRS auch des öfteren gelungen. Diesen selbstlosen und gefährlichen Einsatz hat aber so mancher Rettungsmann mit dem eigenen Leben bezahlt. Wo liegen die Gefahren? Die erste Hürde beim Ablegen ist die Brandung, die oft schon jeden Versuch, zum Wrack zu kommen, scheitern ließ. In der Brandung ist die Gefahr, daß das Rettungsboot überrollt wird, vollschlägt, oder kentert sehr groß. Die zweite Gefahr ist, daß das Boot beim Abbergen der Schiffbrüchigen von der See gegen das Wrack geschleudert und dabei selbst zum Wrack, oder so schwer beschädigt wird, daß eine Übernahme von Überlebenden zum unverantwortbaren Risiko für alle wird.

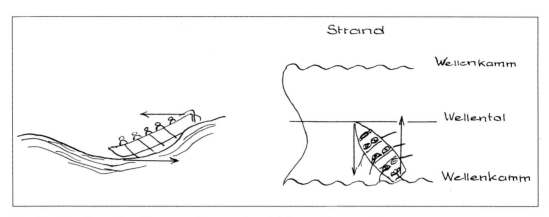

Eine Brandung kann ein vollbesetztes Rettungsboot leicht zum Kentern bringen.

Die dritte und nicht minder große Gefahr droht bei der Rückfahrt. Die mit den Geretteten, meist überladenen, tief eintauchenden und schwerfälligen Boote werden von den sich hinter ihnen auftürmenden Brechern überrollt. Das Boot schlägt voll. Es ist zwar dank der großzügig bemessenen Auftriebskörper noch schwimmfähig, aber eine Weiterfahrt ist unter diesen Umständen nicht mehr möglich.

Das Boot ist nicht manövrierbar und muß gelenzt werden. Leider geschieht es oft, daß beim Überrollen durch einen Brecher auch die Schöpfkellen zum Lenzen verloren gehen. Eine fast aussichtslose Situation, die aber leider allzu oft eingetreten ist.

Dem nicht genug, es drohen noch weitere Gefahren. Das Boot schlägt quer und kentert. Wie passiert das? Die Brandung läuft unabhängig von der Windrichtung mehr oder minder senkrecht auf die Küste zu. Dadurch kommt die See bei der Rückfahrt von achtern, also von hinten auf das Boot zu. Das Heck, der hintere Teil des Bootes wird steil hochgehoben, während der Bug sich fast oder bereits direkt im Wellental befindet. Der Bug ist damit in der Gegenströmung. Das Heck wird geschoben, der Bug wird gebremst. Bei einer nur geringen Abweichung von der Senkrechten zur Welle entsteht ein Kräftepaar, das umso stärker ist, je größer die Abweichung von der Senkrechten ist. Das Boot wird unweigerlich quer zur Welle gedrückt und kentert. Selbst ein entschlossenes hartes Ruderlegen eröffnet kaum noch eine Chance eine Kenterung zu vermeiden. Die Insassen des Bootes werden herausgeschleudert, das Boot schwimmt kieloben.

Ist ein Abbergen der Schiffbrüchigen mittels Rettungsbooten aussichtslos, kann der Einsatz eines Raketenapparates noch Erfolg versprechen. Die DGzRS hat diesen Apparat konsequent zu einem brauchbaren Rettungsmittel entwickelt, dem viele Seeleute ihr Leben verdanken. Der Einsatz geschieht von Land aus, so daß seitens der Retter keine Lebensgefahr wie bei dem Einsatz von Booten besteht. Allerdings ist auch der Raketenapparat Beschränkungen unterworfen, die den Einsatz erschweren. Der Apparat mitsamt dem Zubehör muß zu der Strandungsstelle befördert werden. Die Strandungsstelle kann aber sehr weit entfernt sein. Oft ist der Weg dorthin lang, unwegsam und führt durch sandige Dünen, die das Fortkommen erheblich erschweren. Sind die Retter an Ort und Stelle ist der Einsatz von der Entfernung zum Wrack abhängig. Die Entfernung sollte nicht größer, als etwa 300 Meter sein, damit die Rakete, die eine lange Leine über das Schiff befördern muß, ihr Ziel auch erreichen

Historische Darstellung der Funktionsweise des Raketenapparates.

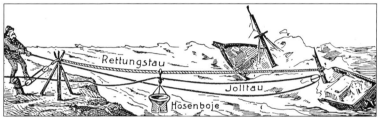

kann. Und noch eine Voraussetzung muß gegeben sein. Am Wrack muß eine Möglichkeit bestehen, das Rettungs- und Jolltau zu befestigen. Die Befestigungsstelle sollte möglichst hoch über dem Wasser sein. Sollte kein Mast mehr stehen, wird die Abbergung problematisch, wenn nicht sogar unmöglich. Auch der sonst so erfolgversprechende Raketenapparat ist also nicht immer verwendbar.

Zuletzt bleibt dem Schiffbrüchigen die sehr vage Hoffnung, schwimmend das Ufer zu erreichen. Die tückische See bemüht sich meist erfolgreich, das zu verhindern. Die Wassermassen, die von der Brandung an die Küste geworfen werden, fließen wieder zurück in die See und entwickeln dabei Kräfte, die fast immer ausreichen, um selbst einen kräftigen Schwimmer wieder zurück in die Brandung zu ziehen. Bedenkt man, daß schon Badegäste bei mäßigem Wind und geringer Brandung dieses Schicksal ereilen kann, vermag man sich eine Vorstellung davon zu machen, wie gering die Chance für einen meist bekleideten, übermüdeten Schiffbrüchigen ist, bei Sturm heil an die rettende Küste zu kommen!

Besonders viele Strandungen ereignen sich in den stürmischen Wintermonaten. Wegen der geringen Wassertemperatur ist der Anteil der Geretteten bei einer Strandung besonders gering. Die rasch eintretende Unterkühlung führt zur Entkräftung und nicht selten zum Herzstillstand. Das betrifft auch Schiffbrüchige, die, meist völlig durchnäßt, an Bord des Havaristen ausharren und auf Rettung hoffen. In sehr vielen Fällen wird der Schiffsrumpf von Brechern überspült, so daß ein Aufenthalt nur noch im Rigg des Schiffes möglich ist. Es fällt nicht schwer sich vorzustellen, welcher körperlichen Belastung Schiffbrüchige in einem eisigen Wintersturm ausgesetzt sind. Auch die schnellste Hilfe kommt da oft zu spät.

Hier ist nun auch die Stelle, um auf ein Problem ganz anderer Art zu sprechen zu kommen, das sich gestrandeten Schiffbrüchigen bis weit ins 19. Jahrhundert hinein stellen konnte. Es war noch die Zeit, in der die Schiffsbesatzung, einmal auf See, ganz auf sich allein gestellt war. Sollte sie in Schwierigkeiten, oder gar in Seenot geraten, konnte sie nur in den seltensten Fällen mit Hilfe rechnen. Auch bei Strandungen nicht, denn bis zu dieser Zeit galt an vielen europäischen Küsten noch das sogenannte »Strandrecht«, das eigentlich kein Recht im juristischen Sinne, sondern nur ein »Freibrief«, oder besser gesagt eine »Duldung« war. Dieses Strandrecht erlaubte, daß jeder das für sich behalten konnte, was er an der Küste fand, oder was bei einem Schiffbruch an Land gespült wurde. Voraussetzung dafür war, daß kein Schiffbrüchiger lebend an Land kam. Aufgrund dieser Regelung haben sich manche Küstenbewohner leider auch dazu bewogen gefühlt, das Schicksal »notfalls zu korrigieren«. So war für die Küstenbewohner, die meist in überaus ärmlichen Verhältnissen lebten, ein Schiffbruch keine Katastrophe, sondern ein willkommenes Geschenk der See. Von Land aus sah man daher meist tatenlos dem verzweifelten Überlebenskampf der Havaristen in der alles vernichtenden Brandung zu. Es sind auch Fälle bekannt geworden, in denen Schiffbrüchige zwar gerettet, aber erst nach Zahlung einer Auslösung wieder freigelassen worden sind.

Bei allem Unverständnis für dieses Verhalten aus heutiger Sicht, muß aber auch berücksichtigt werden, daß es zu dieser Zeit noch keine Boote gab, mit denen man mit Aussicht auf Erfolg bei einem Sturm Hilfe hätte leisten können. Erst zwei tragische Ereignisse rüttelten das Gewissen der Küstenbewohner auf: das Schicksal des Auswandererschiffes *Johanne* (1854) und das der Brigg *Alliance* (1860). Beide Havarien und die Konsequenzen, die aus ihnen gezogen wurden, werden in diesem Buch beschrieben.

Gefahren auf See

Während **Nebel** dank der Entwicklung ausgereifter Radaranlagen heute viel von seinem Schrecken verloren hat, konnte er in früheren Zeiten den Schiffsverkehr, besonders in Küstennähe, weitgehend lahmlegen. Besonders betroffen waren dabei die großen Rahsegler. Während ein Dampfer im Notfall mit »Maschine voll zurück« eine **Kollision** noch vermeiden kann, war bei den Rahseglern dafür ein zeitraubendes und aufwendiges Manöver erforderlich. Nur in wenigen günstigen Fällen konnte mit »hart Ruder« ein Zusammenstoß noch vermieden werden. Oft fehlte auch dazu die Zeit: Etwa wenn aufgrund des Nebels die Sicht so beschränkt war, daß man das eigene Vorschiff kaum noch erkennen konnte. Nur das Hören blieb noch. Aus mehreren Nebelhörnern in der näheren Umgebung mußte man die Schiffe, die eventuell auf Kollisionskurs waren »herausfiltern«. Aber welchen Kurs fuhren sie? Das Nebelhorn gab nur beschränkt darüber Auskunft. Trotz langsamer Fahrt und verstärktem Ausguck kam es immer wieder zu Kollisionen. Kein Wunder, wenn die großen Rahsegler den englischen Kanal fürchteten und wenn möglich mieden.

Selbst das Radar der neueren Zeit kann zu Fehlinterpretationen führen, wie der Zusammenstoß zwischen dem italienischen Passagierschiff *Andrea Doria* und dem schwedischen Dampfer *Stockholm* im Jahr 1956 südlich des Nantucket-Feuerschiffs beweist.

Früher schickte man zwei Mann in das »Krähennest«, ein hoch oben im Mast angebrachter Korb, von wo aus man, wenn der Nebel nur dicht über dem Wasser lag, die Masten anderer Schiffe sah. Diese Gelegenheit bot sich aber nicht immer.

Außer dem Nebel, der oft völlig unerwartet auftreten kann, gibt es noch eine weitere große Gefahr für Rahsegler, die nicht unerwähnt bleiben soll. Es ist eine unvorhersehbare, **plötzliche Änderung der Windrichtung**. Sie tritt vornehmlich bei stürmischem Wind auf und ist schon manchem stolzen Segler zum Verhängnis geworden. Die Segel schlagen back und sehr oft gerät das Schiff dann in eine Position quer zum meist hohen Seegang. Eine der kritischsten Situationen, die leicht zum Kentern führen kann. Der Verlust von Segeln ist dann das kleinste Übel und kann die Rettung von Besatzung und Schiff bedeuten.

Schließlich sollte noch die **Abdrift** erwähnt werden. Das ist der durch Drift verursachte Winkel zwischen der Kielrichtung eines Schiffes und der unter dem Quereinfluß des Windes tatsächlich erfolgenden Fahrtrichtung. Sie ist abhängig vom Kurs zum Wind, von der Stärke des Windes, vom Seegang, von der Segelführung und von der Form des Unterwasserschiffes. Eine Menge von Parametern, die hier berücksichtigt werden müssen. Die Fähigkeit, die Abdrift richtig einzuschätzen, steigt mit der Erfahrung des Schiffsführers. Dazu kommt: Je länger er ein- und dasselbe Schiff befehligt, desto sicherer ist er in der Einschätzung der Abdrift. Unter günstigen Voraussetzungen gibt der Winkel zwischen dem Kielwasser und dem Kurs des Schiffes einen wertvollen Anhaltspunkt.

Doch selbst die größte Vorsicht und ein Maximum an Erfahrung helfen nichts, wenn **ungenaue Seekarten** an Bord sind. Das war in der Zeit der großen Rahsegler öfters der Fall. Viele, meist etwas abgelegene, wenig befahrene Seegebiete waren bis in die jüngere Zeit nicht, oder nur unzureichend vermessen. Leider ein zusätzlicher Grund von Strandungen und Katastrophen.

Ein ganz anderes Gefahrenpotential birgt die **konventionelle Kursberechnung**. Sie sieht nach einem »Kinderspiel« aus und hat doch ihre Tücken und Fehlerquellen mit all den üblen bekannten Folgen.

Beispiel: Ein Schiff segelt hoch am Wind und kann einen Kurs von 10 Grad gut halten. Der Wind weht mit 3 bis 4 Bft. aus Nordwest. Der Navigator will den tatsächlichen Kurs (Kartenkurs) in die Seekarte eintragen. Die Kursberechnung sieht wie folgt aus:

Kompaßkurs	10 Grad
Deviation (Ablenkung):	plus 2 Grad
Mißweisender Kurs:	12 Grad
Mißweisung:	minus 1 Grad
rechtweisender Kurs:	11 Grad
Abdrift, geschätzt:	plus 5 Grad
Wahrer Kurs:	16 Grad

Wo sind die Fehlerquellen? Die Schätzung der Windstärke ist für erfahrene Seeleute kein Problem. Die Ablenkung wird der Tabelle entnommen und die Mißweisung aus der Seekarte. Es muß aber ggf. auf das entsprechende Jahr umgerechnet werden, was erfahrungsgemäß aber eine geringe Fehlerquelle darstellt. Die Problematik der Abdrift wurde bereits angesprochen. Hier liegt, je nach Erfahrung der Schiffsführung, eine spürbare Fehlerquelle. Eine deutliche Fehlerquelle stellt die Einschätzung des Stroms dar, da er mit konventionellen Mitteln nicht meßbar ist und weil Handbücher meist nur Durchschnittswerte angeben. Er ist von Wind und Gezeiten abhängig sowie von der Windstärke. Bleiben die beiden häufigsten Fehlerquellen zu nennen: Flüchtigkeitsfehler und das Einsetzen von Werten mit falschem Vorzeichen.

Gemäß oben genanntem Beispiel würde ein Rechenfehler um nur zwei Grad bei der Entfernung von 60 Seemeilen zu einer Abweichung von immerhin drei Seemeilen führen.

Rahsegler, das kann man abschließend sagen, stellten an den Kapitän, die Offiziere, bzw. Steuerleute, wie sie früher genannt wurden, sowie an die Mannschaft hohe Anforderungen an Können, Erfahrung, Pflichtbewußtsein und Seemannschaft. Waren diese Voraussetzungen gegeben, konnten Schiffe, das hat sich auf See immer wieder bestätigt, auch schwerste Stürme schadlos überstehen. Doch bei allem Können und bestem Bemühen bleibt der Faktor Mensch eine unsichere Größe und selbst der tüchtigste Seemann ist nicht vor Fehlern gefeit. Die in diesem Buch geschilderten Ereignisse, die Katastrophen sind längst Vergangenheit, ihre kritische Betrachtung und Beurteilung soll, wenn möglich, den Weg zeigen für eine zukünftige Vermeidung. Wenn in diesem Buch mit dem Finger auf menschliche Schwächen und menschliches Versagen gezeigt wird, geschieht dies nicht um Betroffene bloßzustellen, oder um selbstgerecht die persönliche Schuld anderer anzuprangern, sondern um nachdenklich zu machen und damit in die Zukunft zu weisen.

1.

Die Spanische *Armada*

Datum:	Mai bis August 1588
Ort:	Englischer Kanal und Nordatlantik
Schiffstypen:	Galeonen und Karacken
BRT:	keine genauen Daten bekannt
Art der Havarie:	Schiffbruch und Mangelkrankheiten
Zahl der Opfer:	weit über 10.000
Unglücksursache:	Feindeinwirkung und allgemeine Gefahren der Seefahrt

Im Jahre 1588 wurde die damals größte Flotte der Welt, die spanische »Armada«, von englischen Schiffen vernichtend geschlagen. Damit vereitelten die Engländer zugleich die spanischen Invasionsabsichten Britanniens. Ein Großteil der den Spaniern nach diesem Schlag noch verbliebenen Schiffe scheiterte auf dem Weg nach Hause. Der Sieg der Engländer war kein lokaler Sieg, er hatte weitreichende politische, wie auch religiöse Folgen. Um die Vorgeschichte dieser Seeschlacht zu verstehen, die im engeren Sinn keine Seeschlacht war, muß man etwa ein halbes Jahrhundert zurückgehen.

Man schreibt das Jahr 1517. Die Geschichte beginnt in Deutschland. »Sobald das Geld im Kasten klingt, die Seele aus dem Fegfeuer springt!« Mit Geld, so verspricht der Dominikanermönch Johann Tetzel im Auftrag der Kirche, könne dem Himmel ein Sündenablaß abgekauft werden. Zu dieser Zeit waren Staats- und Kirchenmacht eng miteinander verwoben. Es gehörten Intelligenz und eine gehörige Portion Mut dazu, sich gegen die damals besonders zahlreichen Entgleisungen der Amtskirche aufzulehnen. Ein Mönch tat es. Dieser Mönch war Martin Luther. Mit seinen 95 Thesen, die er im Oktober 1517 an der Tür der Schloßkirche zu Wittenberg anschlug, löste er gewaltige Umbrüche aus, die heftige Glaubenskriege zur Folge hatten. Der Krieg zwischen der Großmacht Spanien und England, der zur Vernichtung der »Armada« führte, war einer davon. Natürlich ging es dabei nicht in erster Linie um den »wahren« Glauben, sondern um die Vorherrschaft auf See und in Europa. Erst nach dem 30jährigen Krieg zog mit dem »Westfälischen Frieden« im Jahr 1648 wieder etwas Ruhe ins Land ein. Zumindest in Deutschland. Die religiösen Differenzen aber waren damit keineswegs ausgeräumt. Die unaufhaltsame Reformation, die sich vorwiegend in den nördlichen Ländern Europas ausbreitete, führte sehr bald zu einer Gegenreformation, deren treibende Kraft der spanische König Philipp II, Sohn Kaiser Karls V., war. Philipp war ein zutiefst überzeugter und gläubiger Katholik und setzte seinen ganzen Einfluß und seine Macht ein, um den Katholizismus in Europa und auch in seinem außereuropäischen Machtbereich durchzusetzen. Das tat er kompromißlos. Toleranz gegenüber Andersgläubigen kannte er nicht. »Der Zweck heiligt die Mittel«, danach schien er zu handeln und in der Wahl seiner Mittel war Philipp II keinesfalls zimperlich. So standen sich bald zwei Machtblöcke unversöhnlich gegenüber: Die reformierten Staaten und ihre katholischen Widersacher.

Wie stand es damals um Spaniens potentielle Rivalen? Beginnen wir mit *Frankreich*. Auch dort fand eine religiöse Auseinandersetzung statt. Um das Jahr 1560 entwickelte sich von Genf aus der Kalvinismus. Trotz Verfolgung vergrößerte sich die Zahl der Anhänger, was zu den Hugenottenkriegen führte, die sich, es waren insgesamt acht Kriege, bis zum Jahr 1598 hinzogen. Erst mit dem »Edikt von Nantes« wurde den Hugenotten volle Religionsfreiheit gewährt. Auch das 20 Jahre zuvor, in der berüchtigten »Bartholomäus-Nacht« (Pariser Bluthochzeit) heimtückisch angerichtete Blutbad, das Tausenden von Hugenotten in Paris und auf dem Land das Leben kostete, konnte diese Entwicklung nicht verhindern. Frankreich war während der Regierungszeit Philipps II. entscheidend geschwächt. Politisch und militärisch. Das betraf auch seine Flotte, die zur Bedeutungslosigkeit herabgesunken war.

Die Lage in den *Niederlanden*: Philipp II. hatte von seinem Vater unter anderem auch die Niederlande »geerbt«. Im Jahr 1567 schickte er den Herzog Alba als Generalkapitän dorthin, um die dortigen freiheitlichen Unruhen, die auch religiös bedingt waren, zu unterdrücken. Seine blutige Härte, die in der Hinrichtung Graf Egmonts, einem Mitstreiter Wilhelms von Oranien, ihren Höhepunkt fand, verstärkte den erbitterten Widerstand, statt ihn zu brechen. Der Norden der Niederlande, Holland und Seeland, sagte sich 1581 von Spanien los. Trotz der enormen Schwierigkeiten entwickelte sich dort die Schiffahrt erstaunlich gut. Der Süden der Niederlande blieb besetzt. Erst 1648 im »Westfälischen Frieden« erlangten die Niederlande ihre völlige Unabhängigkeit.

England – auf dem Weg zur Großmacht: Auch im englischen Königreich gab es erbitterte Auseinandersetzungen religiöser Art. Während der Regierungszeit von Königin Maria (1557–1559, die »Blutige« genannt) wurden Protestanten unnachsichtig enteignet, verfolgt und hingerichtet. Auch Englands Seeheld Francis Drake hatte in seiner Jugendzeit darunter gelitten. Seine Familie wurde zweimal unter Zurücklassung all ihrer Habe vertrieben. Drake, später maßgebend an der Vernichtung der spanischen »Armada« beteiligt, wurde so zum erbitterten Feind der katholischen Kirche. Nach der Regierungszeit Königin Marias, mit ihr war Philipp II. in zweiter Ehe verheiratet, führte ihre Nachfolgerin auf dem Thron, Elisabeth I., in England allgemein die »Anglikanische Kirche«

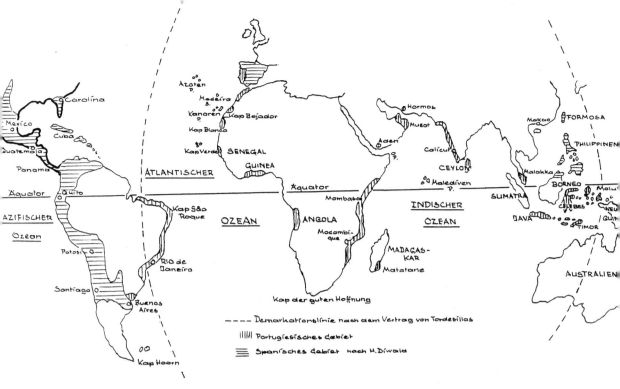

Im Jahre 1494 teilte Papst Alexander VI. im Vertrag von Tordesillas die Welt in ein spanisches und ein portugiesisches Kolonialreich auf.

als Staatskirche ein. 1570 traf sie der päpstliche Bannstrahl, was zur Folge hatte, daß Katholiken in England noch mehr unter den harten Ausnahmegesetzen zu leiden hatten.

Portugal hatte zu dieser Zeit bereits seine frühere maritime Vormachtstellung an Spanien abgeben müssen, und war 1580 sogar in Personalunion mit Spanien (bis 1640), was den fast vollständigen Verlust seines Kolonialreiches an Holland und England nach sich ziehen sollte. Sein kolonialer Reichtum hatte zur Schwächung, ja gar zur Demoralisierung von Volk und Staat geführt.

Spanien – reichster Staat Europas und maritime Großmacht: In engster Verbundenheit mit der römisch-katholischen Kirche und dem Papsttum von Philipp II. von 1556 bis zu seinem Tode im Jahr 1598 regiert, war Spanien die dominierende Macht in Europa und auf den Weltmeeren. Der spanischen Vorherrschaft und der Verbreitung des katholischen Glaubens widmete Philipp seine ganze Kraft. In seinem Machtbereich wütete die Inquisition, der 1562 allein 26 Engländer zum Opfer fielen. Selbst bis zu den Niederlanden und auf das übrige katholische Europa dehnte sie sich aus. Im Mittelmeer verteidigte er das Christentum römischer Prägung auch gegen den Vormarsch der Türken und des Islams. In der Seeschlacht bei Lepanto wurde die osmanische Flotte durch die vereinigten christlichen Flotten im Jahr 1571 vernichtend geschlagen. Eine der wichtigsten Aufgaben sah Philipp jedoch in der Gegenreformation, deren kompromißloser Verfechter er war.

Den »Grundstein« zu den Differenzen mit England hatte Papst Alexander VI. mit dem Vertrag von Tordesillas im Juni 1494 gelegt. Durch den Erlaß einer Bulle grenzte er die Interessensphären Portugals und Spaniens ab und sprach beiden Staaten die von ihnen okkupierten Gebiete (vor allem in Übersee) auch völkerrechtlich zu. Bei dieser Regelung blieben die übrigen europäischen seefahrenden Nationen

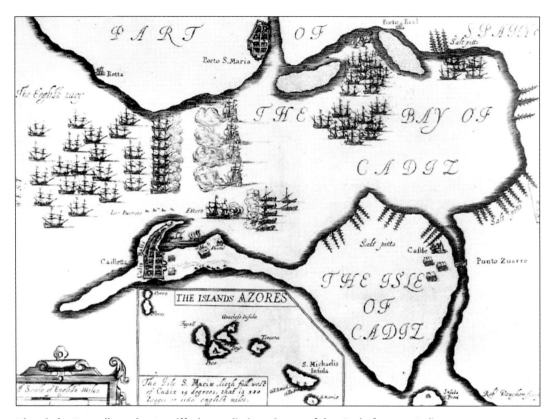

Historische Darstellung des Angriffs der englischen Flotte auf den Seehafen von Cadiz.

außen vor. Diese konterten mit der berechtigten Frage, wo bei dieser Regelung die göttliche, sprich päpstliche Gerechtigkeit bliebe, und forderten die Annullierung. Es war vorauszusehen, daß dieser Konflikt langfristig friedlich nicht lösbar war.

Zu allem Überfluß und dem friedlichen Zusammenleben nicht gerade förderlich bestand die groteske Situation, daß an Land zwischen zwei Nationen durchaus Friede herrschen konnte, während sie sich auf der offenen See erbittert und rücksichtslos bekämpften. An Land standen die Grenzen fest und wurden in Friedenszeiten auch respektiert. Auf See aber gab es keine hoheitlichen Territorien und so bestand auf dem Atlantik, wie auch auf allen anderen Ozeanen ein »rechtsfreier Raum«. Ein Freibrief also für jede Art von Seeräuberei.

Frankreich, aber auch England und die Niederlande wußten das zu nutzen, und so ist es kein Wunder, wenn so manches gold- und silberbeladene spanische Schiff auf dem Heimweg von den Kolonien unfreiwillig in einem französischen oder englischen Hafen landete. Aber auch die Spanier und die Portugiesen waren nicht zimperlich, wenn sie ein fremdes Schiff kapern konnten.

Da vor allem englische Freibeuter empfindlich den dringend benötigten Nachschub von Silber und Gold nach Spanien störten, ließ Philipp II. 1585 alle englischen Schiffe in seinem Reich beschlagnahmen. Die Seeleute wurden eingekerkert oder getötet. Den letzten Anlaß zum Krieg gab ein tollkühnes Unternehmen des englischen Freibeuters Francis Drake, der mit königlicher Duldung am 19. April 1587 mit einer

Die Seeroute
der Spanischen *Armada*
1588.

Flottille vor Cadiz, dem Kriegshafen der Spanier erschien, und in den Hafen eindrang. Die Spanier waren total überrascht, und so konnte Drake viele Schiffe, darunter sechs Schiffe über 1000 t vernichten. Das war ein böser Rückschlag für Philipp II., der bereits seinen Feldzug gegen England durch den Bau einer »Armada« vorbereitete.

Dank erhöhter Anstrengungen war die spanische Flotte Anfang Mai 1588 einsatzbereit. Es war eine gewaltige Streitmacht, deren Kern aus 65 Galeonen bestand, mit teilweise über 1000 t und mit Kanonen gespickt. Dazu kam eine große Anzahl Truppentransporter, die das Invasionsheer von über 20.000 Soldaten nach England bringen sollte. Außer den Soldaten sollten über 1000 Pferde sowie Geschütze und Munition nach England übergesetzt werden. Philipp hatte an alles gedacht, auch an die religiöse Betreuung durch Geistliche und Beichtväter.

Insgesamt sollen es über 30.000 Mann und 515 Schiffe gewesen sein, die sich Mitte Mai 1588 auf See begeben haben. Die Zahl der Schiffe wird unterschiedlich angegeben, andere Quellen sprechen von 130 Schiffen. Nach einem Aufenthalt in La Coruna segelte die Flotte am 18. Juni weiter in Richtung englischer Kanal. Für die Besetzung des englischen Territoriums standen zudem etwa 17.000 Spanier in den Niederlanden bereit. Philipp II. war sich absolut sicher, daß seine Todfeindin Elisabeth I. dieser gewaltigen Streitmacht (bei der Zahl von 130 Schiffen handelt es sich vermutlich nur um Kriegsschiffe) nichts entgegenzusetzen hatte, was Hoffnung auf einen Sieg versprechen konnte. Für England stand die nackte Existenz, für Spanien schlimmstenfalls die Vormachtstellung auf dem Spiel.

In geschlossener, halbmondförmiger Formation erreichte die »Armada« am 19. Juli 1588 den Eingang zum Kanal. Ihr Gegner verfügte über vier Geschwader mit insgesamt 200 Schiffen (andere Quellen sprechen von deutlich weniger, was glaubwürdiger erscheint). Am 21. Juli begannen die ersten Scharmützel, die seitens der Engländer unter ihren Kommandeuren Howard, Drake und Frobisher mehr dem Abtasten des Gegners dienten, um seine Stärken und Schwächen zu erkunden. Zwar verloren die Spanier dabei zwei große Flaggschiffe, aber ihre Kampfkraft wurde dadurch nicht spürbar beeinträchtigt. Die Gefahr einer Invasion Englands bestand nach wie vor.

Am 27. Juli ankerte die »Armada« vor Calais, um Vorräte zu ergänzen und um die in den Niederlanden stationierten Truppen des Herzogs von Parma aufzunehmen. Die Engländer nutzten die Nacht vom 7. auf den 8. Juli und ließen mit dem Wind und dem Tidenstrom acht sogenannte »Brander«, das sind ausgediente, mit Sprengstoff und Teer gefüllte brennende Schiffe auf die ankernde »Armada« treiben. Die Folge war eine panikartige Flucht der Spanier. Trotz Gegenbefehl des Flottenführers suchte jedes Schiff auf eigene Faust so schnell wie möglich, oft kopflos und überstürzt, zu entkommen. Abgesehen von einigen Kollisionen, die sich in der allgemeinen Hektik ereigneten, gelang es auch, aber die »Armada« war kein geschlossener Verband mehr und gerade in der Geschlossenheit lag ihre taktische Stärke. Ein gravierender Nachteil aber war, daß die Übernahme der in den Niederlanden stationierten Truppen noch nicht erfolgt war und davon nun auch nicht mehr die Rede sein konnte. Die aber hätte sich auch ohne den Zwischenfall mit den Brandern nicht hinnehmbar verzögert, da der Herzog von Parma wegen Fehlens geeigneter Boote und organisatorischer Schwierigkeiten mit einer Verzögerung von 14 Tagen rechnete und ein Kurier diese Botschaft dem Kommandeur der Flotte überbracht hatte.

Soweit es die Dunkelheit zuließ, versuchte die versprengte spanische Flotte sich wieder zu formieren, was aber nur teilweise gelang. Am Morgen des 8. August sichteten die Engländer nur wenige Galeonen des Gegners und verwickelten diese in heftige Kämpfe. Die eigentliche Auseinandersetzung der Flotten fand aber vor der Küste von Gravelines, nordöstlich von Calais statt. Dort hatte sich das Gros der spanischen Schiffe neu gruppiert. Sie dachten keineswegs daran den Kampf aufzugeben. Fast neun Stunden tobte die Seeschlacht, bei der die Spanier erwartungsgemäß artilleristisch im Nachteil waren. Trotzdem konnten sie leichte Waffen einsetzen, denn die englischen Schiffe kamen immerhin bis auf 100 Meter in ihre Nähe. Die gefürchteten Enterhaken, die zu einem Kampf Bord an Bord und Mann gegen Mann geführt hätten, konnten die Spanier aber zu keinem Zeitpunkt einsetzen. Die Engländer waren auf der Hut und blieben auf der nötigen

Der englische Flottenführer Sir Francis Drake (nach einem Stich von Hondius).

Distanz. Die Spanier kämpften heldenhaft und erbittert, konnten aber nicht verhindern, daß ihre Schiffe fast zu Wracks geschossen wurden, und daher ihre ohnehin beschränkte Manövrierfähigkeit noch mehr behindert wurde. Schließlich rettete sie eine unerwartete Winddrehung vor der fast sicheren Strandung. Heftige Regenschauer und die damit verbundene Sichtverschlechterung bewirkten, daß jedes Schiff mit sich selbst und dem Bergen der Segel beschäftigt war und die Spanier sich absetzen konnten. Das bewahrte sie vor der völligen Vernichtung.

Die Engländer brachen nun ihrerseits den Kampf ab, denn auch ihre Munition ging zu Ende. Ein Teil der Flotte unter Lord Howard verfolgte die Spanier noch bis weit in den Norden. Aus Furcht, der Herzog von Parma könne wegen Abwesenheit seiner Einheit eine Invasion wagen, kehrte Howard um und segelte zurück. Das mit so viel Aufwand betriebene gigantische Unternehmen der unbesiegbaren »Armada« war gescheitert.

Die restlichen spanischen Schiffe boten teilweise ein Bild des Jammers. Die Rümpfe waren von vielen Einschüssen durchlöchert und leckten. Die Decks waren verwüstet, einschließlich der Takelage. Drei Galeonen konnten nicht über Wasser gehalten werden und gingen mit der Besatzung und den Verwundeten unter. Für die anderen Schiffe gab es nur eine Möglichkeit nach Hause zu kommen. Sie mußten weiter nach Norden, um England herum und über den Atlantik zurück in den Heimathafen segeln. Widrige heftige Westwinde und die im Kanal kreuzenden englischen Schiffe versperrten den direkten Weg.

Der Weg um England herum sollte als die eigentliche Katastrophe der spanischen »Armada« in die Geschichtsbücher eingehen. Dem Atlantik mit seinen Stürmen und der aufgepeitschten See waren die von den Kämpfen beschädigten und geschwächten Schiffe nicht mehr gewachsen. Vor der felsigen Küste Irlands versanken viele Schiffe mit Mann und Maus, oder strandeten und wurden von den Brechern zerschlagen. Die wenigen Spanier, die sich an den Strand retten konnten, wurden von den Iren oder den Engländern grausam hingemetzelt. Die Spanier, die die Stürme überstanden, versuchten zwar in fieberhafter Arbeit ihre Schiffe in halbwegs seetüchtigen Zustand zurück zu versetzen, und das ersparte manche Strandung. Aber viel Nutzen konnten sie daraus nicht ziehen. Ahnungslos hatten sie mit der Wahl dieser Nordroute den schnellen Tod durch die Hand der Engländer gegen einen langsamen und um so grausameren Tod eingetauscht. Denn der Weg, den die Schiffe zurück nach Spanien noch vor sich hatten, war lang. Viel zu lang, als daß Trinkwasser und Verpflegung auch nur annähernd ausgereicht hätten. Was die Spanier an Bord hatten, war teilweise schon ungenießbar und verdorben und unterwegs gab es so gut wie keine Möglichkeit der Ergänzung. Die Folgen waren Hunger, Durst, Entkräftung und eskalierende Krankheiten, wie Typhus, Skorbut, Fieber und Ruhr. Der Tod war nun der ständige Begleiter des verbliebenen Restes der vor wenigen Wochen noch so stolzen und siegesbewußten »Armada«.

Drei Monate nach dem zuversichtlichen Aufbruch liefen die übel zugerichteten Schiffe, die von der »unbesiegbaren Armada« noch übrig waren, es sollen 60 gewesen sein, in den Hafen von La Coruna, oder andere nordspanische Häfen ein. Nur ein kümmerlicher Rest der Besatzungen, bis auf das Skelett abgemagert und krank, betrat spanischen Boden. Auch dort starben noch viele, die sich von ihren Krankheiten und den erlittenen Strapazen nicht mehr erholten. Mehr als die Hälfte der an dem Unternehmen beteiligten Schiffe war bei den Gefechten gekapert, versenkt, gestrandet oder im Sturm gesunken. Um die 10.000 Mann (andere Quellen sprechen glaubhaft von annähernd 20.000) sahen die Heimat nicht wieder.

Und England? Drake frohlockte, es sei kein einziges englisches Schiff verloren gegangen und nur etwa 100 Mann seien bei den Kämpfen gefallen. Ob diese Zahlen geschönt sind, was anzunehmen ist, ist kaum mehr mit Sicherheit feststellbar. Überliefert ist aber, daß der gesundheitliche Zustand auch der englischen Mannschaften denkbar schlecht war und viele nach den Kämpfen an Krankheiten starben, oder ihren Verwundungen erlagen. Auch der Zustand der englischen Schiffe hatte unter den Gefechten erheblich gelitten. Bei der leeren englischen Staatskasse bedurfte es enormer Anstrengungen, um die Folgen der Auseinandersetzung mit Spanien zu überwinden.

Eine Entscheidung aber von bedeutender religiöser und politischer Tragweite war gefallen. Zwar war der Krieg mit Spanien noch nicht beendet, England aber war vorerst vor einer spanischen Invasion sicher. Darüber hinaus sollte sich erweisen, daß es mit diesem Sieg nun selbst einen wichtigen Grundstein für seine spätere jahrhundertelange maritime Vorherrschaft gelegt hatte, die es erfolgreich gegen die Niederlande und Frankreich durchzusetzen wußte.

Die Spanische Armada

Zudem waren die Bemühungen Philipps II., den Katholizismus nach Norden hin auszuweiten, erheblich gebremst. Philipps schwacher Trost: »Nicht die Engländer haben meine ›Armada‹ vernichtet und besiegt, sondern das Schicksal und der grausame Atlantik«. Tatsächlich war das Jahr 1588 außergewöhnlich stürmisch gewesen.

Die Schuldfrage

Als Oberbefehlshaber der Flotte hatte Philipp gegen dessen Willen den Herzog von Medina-Sidonia eingesetzt. Der Herzog hatte zwar keine seemännische Erfahrung und wurde zudem schon beim geringsten Anlaß seekrank, aber das erschien Philipp unwesentlich. Die Flotte sollte Soldaten an Land setzen und keine Seeschlacht ausfechten. Die Entscheidung Philipps, die er gegen den Rat erfahrener Flottenführer traf, sollte sich als falsch erweisen. Auch hatten die spanischen Schiffe, schwimmende Festungen, einen schwer wiegenden Nachteil. Sie waren schwerfällig und langsam. Mit solchen Schiffen hatte man aber, es waren gerade 16 Jahre vergangen, bei Lepanto eine überlegene osmanische Flotte vernichtend geschlagen, deshalb schlug man auf spanischer Seite alle Warnungen in den Wind. Warum sollte sich die Kampftaktik wesentlich geändert haben? Das war Philipps entscheidender Irrtum. Er setzte, wie in Lepanto, auf einen Kampf Bord an Bord und damit auf einen »Landkampf« auf See, Mann gegen Mann. Dementsprechend waren auf seinen Schiffen wenig Seeleute, aber viele Soldaten. Zu diesen Kämpfen Bord an Bord, bei denen die Spanier erheblich überlegen gewesen wären, kam es nicht. Die Engländer hatten zwar kleinere, aber schnellere und beweglichere Schiffe, die gut bestückt waren. Sie verfügten über Langrohrkanonen, mit gegossenen Rohren, deren Reichweite und Treffsicherheit den veralteten spanischen Kanonen deutlich überlegen waren. Sie konnten mit ihren schnelleren Schiffen und ihren gut ausgebildeten, erfahrenen Mannschaften den Abstand zu den spanischen Schiffen bestimmen und den hielten sie so, daß sie meist außer Reichweite der gefährlichen großkalibrigen Kanonen der Spanier blieben. Ein weiterer Vorteil der Engländer war, daß sich die Kämpfe »vor ihrer Haustür« abspielten. Sie kannten den Kanal und waren mit den Gezeiten und Strömungen besser vertraut, als die Spanier. Außerdem konnten sie zwischen den Gefechten ihre verschossene Munition ergänzen. In dieser Beziehung hatten die Spanier erhebliche Sorgen, denn nach dem Willen Philipps II. sollten sie im geschlossenen Verband an die englische Küste segeln und dort die Übermacht der Soldaten an Land setzen. Darauf hat sich Philipp konzentriert, mit Scheuklappen an den Augen für alle anderen Möglichkeiten. Die Folge war, daß sie, um Platz für Soldaten zu schaffen, weniger Munition an Bord nahmen. Im Gegensatz zu den Engländern, die vor den eigenen Häfen kämpften, konnten die Spanier verschossene Munition aber nicht ergänzen. Entsprechend verliefen auch die Gefechte.

Da nach Philipps Planungen bis nach England nur eine relativ kurze Strecke auf See zurückzulegen war, wurden die Schiffe auch entsprechend dürftig verproviantiert. Wartete doch auf die siegesgewohnten Spanier in England so reiche Beute, daß sie die Ernährung ihrer Truppen als sichergestellt betrachteten. An die Möglichkeit zeitraubender Ausweichmanöver seitens seiner Flotte dachte Philipp nicht. Er ging von einem Blitzsieg aus.

Alles in allem eine vernichtende Bilanz, deren Auswirkungen für Leib und Leben nicht die Verursacher Philipp II. von Spanien und seine Berater trugen, sondern die ca. 30.000 spanischen Soldaten und Seeleute, von denen wohl annähernd die Hälfte ihr Leben lassen mußten.

2.

Die »Anson«-Expedition

Datum:	20. September 1740 bis 15. Juni 1744
Ort:	Atlantik und Pazifik
Schiffsnamen:	*Centurion* (Flaggschiff), *Gloucester, Severn, Pearl, Wager, Tryal, Anna, Industry*
Schiffstypen:	4 Linienschiffe, 1 Fregatte, 1 Zweimaster, 2 Schoner
BRT:	keine genauen Daten bekannt
Art der Havarie:	Schiffsuntergang, Krankheit und Entkräftung
Zahl der Opfer:	1896 Tote
Unglücksursache:	Skorbut, Ruhr, Fieber und sonstige Krankheiten forderten die meisten Toten

Zur Vernichtung der spanischen »Armada« im Jahr 1588 gibt es ein halbes Jahrhundert später eine Parallele. Wie schon bei der Armada waren es auch hier nicht die Seegefechte, die die meisten Opfer forderten. Es waren zwar auch die Stürme, vorwiegend aber Hunger, schlechte Verpflegung sowie Skorbut und Fieber, ausgelöst durch die unbeschreiblich schlechten sanitären und hygienischen Zustände.

Mit der erwähnten Parallele ist ein englisches Geschwader unter Kommodore Anson

Die 1739 erbaute *Centurion* erreichte als einziges Schiff der »Anson«-Expedition wieder den Heimathafen Portsmouth in England.

gemeint, das die Aufgabe hatte, die spanischen Besitzungen an der Ostküste von Südamerika anzugreifen und zu zerstören. Nebenbei sollten alle spanischen Schiffe, deren man habhaft werden konnte, gekapert werden.

Die häufigen kriegerischen Auseinandersetzungen in die England verstrickt war, insbesondere mit Spanien und Frankreich, bewirkten bei der »Navy«, wie man die englische Marine zu bezeichnen pflegte, einen permanenten Mangel an Matrosen. Die Folge dieses Mangels war, daß die Admiralität rigoros sogenannte »Greiferkommandos« einsetzte, die alle männlichen Personen, die für den Dienst in der Marine tauglich schienen, und das waren in deren Augen fast alle, aus den Kneipen und auch von der Straße weg »shanghaiten«. Es wundert nicht, wenn sich die Besatzung der englischen Kriegsschiffe zu einem ansehnlichen Teil aus Alkoholikern und lichtscheuem Gesindel zusammensetzte. Das beeinflußte auch das Verhalten der Offiziere gegenüber der Mannschaft. Es war die Regel, daß die Besatzungen als Menschen zweiter Klasse betrachtet und behandelt wurden. Strikter, widerspruchsloser Gehorsam und eiserne Disziplin schienen erforderlich, um den reibungslosen Dienst auf den Schiffen zu gewährleisten. Diese pauschale Geringschätzung und in vielen Fällen auch Überheblichkeit, mußte auch kein geringerer als James Cook leidvoll erfahren, als er sich freiwillig bei der Marine meldete. Er tat dies, obwohl seine Freunde ihm fast beschwörend abrieten. Die englische Marine stand allgemein und besonders bei der Handelsschiffahrt in keinem guten Ruf. Nicht nur Matrosen waren gefragt, man benötigte zusätzlich auch Seesoldaten als Landekommandos. Auch in dieser Hinsicht war man nicht zimperlich. Wenn die Zahl der aktiven Soldaten nicht ausreichte, und das schien die Regel zu sein, griff man auf Pensionäre zurück, die vormals Soldaten waren. Man holte sie kurzerhand von ihren Wohnheimen, wo sie ihren Ruhestand genossen einfach ab. Auf Gesundheit und Alter nahm man wenig Rücksicht. Die Zahl der angeforderten Soldaten mußte stimmen. Hauptsache war, sie konnten noch einen Finger am Abzug krümmen. Männer im Alter von 60 Jahren und teilweise noch etliche Jahre darüber, waren keine Seltenheit an Bord englischer Schiffe. Ein Alter von 60 Jahren war damals sicher anders zu bewerten, als heute an der Schwelle zum 20. Jahrhundert.

Mit einer auf diese Art zusammengesetzten Besatzung also sollte Kommodore George Anson seine Reise antreten. Sein ebenso verständlicher, wie massiver Protest bei der Admiralität in London war vergebens. Man erklärte ihm, man könne schließlich besser als er beurteilen, ob ein Soldat einsatzfähig sei oder nicht.

Am 20. September 1740 beginnt die Reise mit sechs Schiffen, 2000 Mann und zwei Versorgungsschonern in Portsmouth. Das Flagschiff von Kommodore Anson war die *Centurion*, ein knapp acht Jahre alter, hölzerner Dreimaster. Sie war ein Schiff, knapp über 1000 t, gut bestückt mit 60 Kanonen verschiedener Kaliber. Dazu kamen die Linienschiffe *Gloucester*, *Severn* und *Pearl*. Als schnelle Aufklärer und Verbindungsschiffe gehörten dem Verband noch die Fregatte *Wager* und die kleine zweimastige *Tryal* an. Als Versorgungsschiffe waren dem Verband noch zwei Schoner zugeteilt. Es waren die *Anna* und die *Industry*. Man brauchte diese Versorgungsschiffe, denn die Kriegsschiffe waren bis »zur Halskrause« vollgestopft mit Waren, Munition, Soldaten und Seeleuten. Da ist für Verpflegung angesichts der langen Reise nicht ausreichend Platz. Allein die *Centurion* hatte 521 Mann an Bord.

Es ist kaum zu beschreiben, welch drangvolle Enge unter Deck der Schiffe herrschte. Auf See sind die Kanonen eingezogen und beengen den ohnehin geringen Platz erheblich. Wenn dann bei schlechtem Wetter auch noch die Pforten der unteren Batterie geschlossen werden müssen, um Wassereinbruch zu verhindern, herrscht unter Deck, wo ein paar hundert Menschen in Hängematten schlafen, ein unbeschreiblicher Mief. Die katastrophalen hygienischen und sanitären Zustände machen die Reise fast unerträglich.

Mit dem Geschwader von Kommodore Anson segeln noch weitere Geschwader in den Atlantik. Diese haben aber andere Aufgaben und trennen sich bald von Anson, der zunächst Madeira anlaufen läßt. Die See ist rauh und zusätzlich machen widrige Winde dem Geschwader das Leben schwer. Schlag für Schlag kreuzen die Schiffe gegen den Wind. Die Zeit verrinnt und die Matrosen maulen über die ständige Arbeit an den Schoten und Brassen und über die Soldaten, die ihnen bei der Arbeit im Weg stehen. Volle 40 Tage sind seit der Abreise vergangen, als endlich vor Funchal auf Madeira die Anker fallen. Es war der 25. Oktober. Anson kann Frischwasser bunkern und Verpflegung ergänzen. Auf Grund eines Gespräches mit dem portugiesischen Gouverneur geht Kommodore Anson davon aus, daß ein spanisches Geschwader vor ihm in Richtung Kap Hoorn segelt. Die Spanier sollen ihm an Feuerkraft und Mannschaftsstärke überlegen sein. Daß die Spanier von seiner Expedition und seinen Absichten Kenntnis hatten, wußte er bereits vor seiner Abreise. Am 3. November verläßt das Geschwader Funchal. Das nächste Ziel ist die portugiesische Insel Santa Catarina. Wenn Stürme den Verband zerstreuen sollten, will man sich dort treffen. Portugal ist offiziell neutral.

Mitten im Atlantik gibt der Versorger *Industry* Signal. Der Kapitän des Versorgers will mit Kommodore Anson sprechen. Der Verband stoppt und der Kapitän läßt sich zum Flaggschiff übersetzen. Was er zu sagen hat, erfreut Anson nicht. Er habe, so der Kapitän, mit der Admiralität vereinbart, daß er den Verband nur

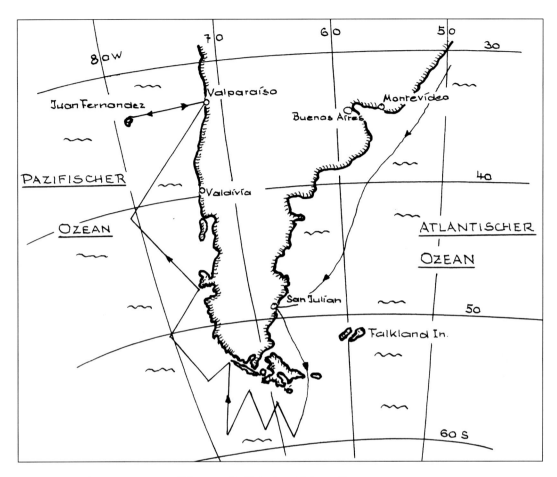

Die Seeroute der »Anson«-Expedition um die Südspitze Südamerikas.

bis Mitte des Atlantik begleitet, da er Order habe nach Barbados zu segeln. Volle drei Tage sind die Matrosen damit beschäftigt, die vorgesehene Ladung des Versorgungsschiffes auf die Schiffe des Verbandes zu verteilen. Obwohl es sich hauptsächlich um »Trinkbares« handelt, sträuben sich die Kapitäne mit Händen und Füßen, weil sie nicht wissen, wohin mit den Fässern, wenngleich ihr Inhalt recht begehrt ist. Die Schiffe sind jetzt so weit abgeladen, daß auch bei fast ruhiger See die unteren Pforten geschlossen bleiben müssen. Der Atemluft im Inneren der Schiffe wird die Zufuhr von Frischluft fast ganz abgeschnitten. Zudem ist der Verband in erheblich wärmere Zonen gekommen. Unbarmherzig brennt die Sonne auf das Deck der Schiffe und heizt die Luft im Inneren noch mehr auf. Die Krankmeldungen häufen sich und dabei handelt es sich keineswegs nur um Drückeberger. Das Trinkwasser fault, frisches Gemüse gibt es nicht. Wirksame Vorsorge gegen Skorbut hat man nicht getroffen. Kapitän Cook, der später den Skorbut wirksam mit Sauerkraut bekämpfen wird, ist zu diesem Zeitpunkt erst 12 Jahre alt.

Die Situation unter Deck wird bedrohlich, aber Brasilien ist noch weit. Die ersten Toten sind zu vermelden. Man bestattet sie noch wie üblich. Die Besatzung tritt an, der Geistliche spricht ein paar Worte, die Flagge geht auf Halbmast und der mit einer Kanonenkugel beschwerte Leichnam gleitet über Bord. Nicht lange danach vereinfacht man die Zeremonie wesentlich. Man muß sie inzwischen täglich wiederholen. Zwischendurch bringt Geschützexerzieren zwar Abwechslung, aber keine Besserung für die immer häufiger werdenden Kranken, die im trüben Dämmerlicht in ihren Hängematten liegen und fast unbeachtet dahinsterben.

Endlich am 20. Dezember 1740, nach 47 Tagen auf See erreicht das Geschwader Santa Catarina. Seit der Abreise von Madeira haben die Schiffe 3100 Seemeilen im Kielwasser gelassen.

Der portugiesische Gouverneur gibt sich freundlich und gestattet die Landung. Die Kranken werden an Land und in schnell aufgestellte Zelte gebracht. Es sind über 300 Mann und was noch schlimmer ist, viele sterben auch an Land und von den älteren Seesoldaten kommen noch welche dazu. Unterwegs waren bereits 90 Mann gestorben. Eine bedrückende Bilanz, die man aber offensichtlich als unvermeidlich hinnimmt. Auch die Schäden an den Schiffen sind schlimmer als man angenommen hatte.

Nachdem die Portugiesen Lebensmittel zu stark überhöhten Preisen an das Geschwader verkauft hatten, wollten sie die Engländer wieder los werden. Die anfangs freundliche Stimmung schlug in Feindseligkeit um. Nachdem Anson gewahr wurde, daß der portugiesische Gouverneur gute Beziehungen zu den Spaniern unterhielt, war es Zeit, die Insel zu verlassen. Das nächste Ziel war San Julian, eine 1200 Seemeilen entfernte Insel in Patagonien. Weit im Süden. Die Reise dort hin, sollte ein Vorgeschmack auf Kap Hoorn werden. Kälte, Sturm und schlechte Sicht machen den Schiffen arg zu schaffen.

Als die Sicht sich bessert, sieht man von Bord der *Centurion* aus am Horizont die kleine *Tryal* und stellt fest, daß ihr ein Mast über Bord gegangen ist. Der Kommodore veranlaßt, daß eines der Linienschiffe die havarierte *Tryal* in Schlepp nimmt. Nicht gerade ein Kinderspiel, bei der rauhen See ein Schlepptau auszubringen. Zu allem Übel kann Anson nirgends sein Linienschiff *Pearl* ausmachen. Sie muß den Anschluß an den Verband verloren haben. Rundum ist nichts von ihr zu sehen. Die Flottille kann nicht warten, sie muß weiter. Der Kommodore hofft, daß das Schiff am nächsten Sammelpunkt wieder zum Verband stößt. Das ist tatsächlich bereits nach zwei Wochen der Fall. Der Kapitän der *Pearl* hatte unterwegs mehrere Schiffe gesehen und war der Meinung, die eigenen Schiffe vor sich zu haben. Das war ein Irrtum. Es war der spanische Verband und nur mit Mühe konnte er sich absetzen und so der Versenkung entgehen.

Ohne Feindberührung erreicht der Verband San Julian und ankert in einer kaum einsehbaren Bucht. Die Schiffe werden überholt und die *Tryal* bekommt einen neuen Mast. George Anson hält eine Kapitänsbesprechung ab. Das Versorgerschiff *Anna* übernimmt so viel Ladung von den Kriegsschiffen wie möglich, damit diese in einem jetzt jederzeit möglichen Gefecht nicht unnötig behindert sind. Kap Hoorn, auch das ist Gegenstand der Besprechung. Die beste Jahreszeit zur Umrundung ist der Hochsommer in der Zeit von Januar bis März. Es ist aber bereits Ende Februar und man hat noch einige hundert Seemeilen bis zum Kap vor sich. Die Umrundung des Kaps wird eine harte Aufgabe für den Verband werden, denn mit günstigen Winden ist nicht zu rechnen, weit eher mit heftigen Stürmen. Als nächster Treffpunkt wird die Insel Nuestra Senora de Socorro an der Pazifikküste vereinbart und gegebenenfalls Valdivia, wenn die ersten Schiffe zu lange auf den Rest waren müssen. Auch dort sollen sich die Schiffe nicht zu lange aufhalten, denn der endgültige Treffpunkt ist Juan Fernándes, die Robinson-Insel.

Voller Erwartung und Hoffnung auf reiche Belohnung ihrer Strapazen bei den spanischen Besitzungen segelt der Verband los. Was sie aber südlich des 50. Breitengrades erwartet, übertrifft die schlimmsten Befürchtungen.

Durch die *Lemaire-Straße*, die sie am 7. Mai durchsegeln, kommt der Verband noch gut voran, obwohl auch dort die Witterung keineswegs freundlich ist. Immerhin ist es Mai und die günstigen Sommermonate liegen hinter ihnen. Je mehr der Verband jetzt Kurs nach Westen nimmt, umso mehr zeigt diese Gegend ihr wahres Gesicht. Bei einem Fetch von mehreren tausend Seemeilen kommen keine Seen entgegen, es sind Berge mit brechenden Kämmen, die auf die Schiffe zukommen. Zwar fallen diese Tonnen von Wasser nicht auf die Decks, was den sicheren Untergang bedeutet hätte, aber wie Spielzeuge werden die Schiffe hochgerissen und wieder zu Tal geschleudert. Keine Sekunde darf man sich auf dem Schiff bewegen, ohne sich, mit beiden Händen, wenn überhaupt möglich, festzuhalten. Trotz aller Vorsicht, Verletzungen und Knochenbrüche bleiben nicht aus. Es dauert auch nicht lange, bis es auch im Schiffsinneren keinen trockenen Faden mehr gibt. Zu allem Übel kommt man nicht voran. Hoch am Wind zu segeln ist ohnehin nicht die Stärke der schwer beladenen Schiffe. Die Abdrift ist enorm groß. Lange können die Schiffe dieser Belastung nicht standhalten. Das gilt besonders für das Rigg, das bei den abrupten Bewegungen der Schiffe besonders gefährdet ist.

Matrosen, die in der Takelage arbeiten und nur Sekunden nicht aufpassen, fallen über Bord und niemand kann ihnen bei diesen Stürmen und dem gewaltigen Seegang helfen. Zu all dem kommt noch die eisige Kälte, die Glieder und Hände steif werden läßt und durch das dickste Wams kriecht.

Es dauert nicht lange, dann geben zwei Schiffe Notsignale. Das Linienschiff *Gloucester* hat bedenkliche Schäden an Masten und Rahen, die kleine *Tryal* leckt wie ein Sieb und kann nur noch mit äußerster Anstrengung an den Pumpen über Wasser gehalten werden. Die ungewöhnlich hohe Belastung hat ihre Verbände »weich« gemacht. Nur mit wiederholten Anstrengungen gelingt es den Matrosen auf dem Flaggschiff eine zusätzliche Pumpe zu übergeben.

Als es etwas ruhiger wird und vorübergehend aufklart, sucht Kommodore Anson sorgenvoll nach den übrigen Schiffen. Weit achteraus sieht er das Troßschiff *Anna* und die Fregatte *Wagner* teilweise entmastet und auch sonst mit übel zugerichtetem Rigg. Auch das noch, denkt er, wenigstens schwimmen die beiden noch. Er sucht weiter. Wo bleiben die *Severn* und die *Pearl*? Weit und breit nichts zu sehen, als hochgehende See und dahinjagende Wolkenfetzen. Anson läßt beidrehen und wartet. Vergebens, die beiden Schiffe tauchen nicht auf. Hat er zwei Linienschiffe verloren? Hat die See sie mit Mann und Maus verschluckt? Mit dem Gedanken muß er sich vertraut machen. Zwei kampfkräftige Schiffe mit 680 Mann fehlen. Seine vage Hoffnung ist, daß sich die beiden an einem der verabredeten Treffpunkte einfinden werden, aber im Grunde glaubt er selbst nicht daran. Der schwache Trost, sie haben das Kap hinter sich gebracht, sind weit nach Westen gesegelt und sind im Pazifik. Nach Berechnung des Chefnautikers sind sie in sicherem Abstand zur südamerikanischen Westküste, die weit an Steuerbord liegen muß.

Die Bilanz der Kapumrundung ist katastrophal: Zwei vermißte Schiffe mit wahrscheinlich 680 Toten und zwei schwer havarierte Schiffe. Sechs Wochen benötigte der Verband, sofern von einem Verband noch gesprochen werden kann, durch diese Hölle um das Kap. Der Gesundheitszustand der Besatzung könnte schlechter kaum sein. Nur die Hoffnung auf ruhigere See und Wärme hält die Moral der Matrosen noch aufrecht. Der Konvoi wendet sich nach Norden. Auf der *Anna* und der *Tyral* kann man die Schäden notdürftig reparieren. Die

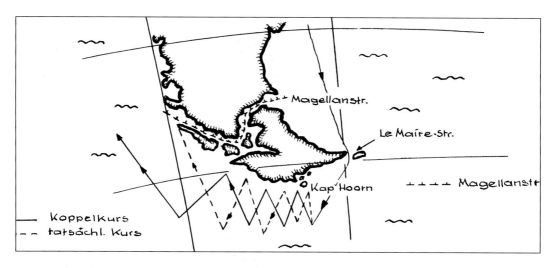

Dramatische Folgen hatte die lange Zeit unbemerkt gebliebene Abweichung vom gekoppelten Kurs für die *Centurion* und die sie begleitenden Schiffe nach der Rundung Kap Hoorns.

beiden segeln dem Konvoi voraus. Kommodore Anson braucht einen Standort, aber es herrscht immer noch bedeckter Himmel. Man hat nur einen Koppelkurs und der war zur Sicherheit weit nach Westen abgesetzt.

Nach ein paar Tagen glaubt der Ausguck auf der *Tryal* seinen Augen nicht mehr trauen zu können. Das gibt es doch nicht! Aber es ist keine Täuschung, voraus sieht er eine steile finstere Küstenlinie! Er rennt zum Kapitän so schnell er kann. Dann gleicht das Deck einem Ameisenhaufen. Alarm! Alarm! Man feuert einen Schuß ab. Klar zum Wenden! Schnell, beeilt euch! Man muß es den Matrosen nicht erst sagen, sie wissen, was jetzt auf dem Spiel steht. Das sind höchstens noch zwei Meilen bis zur Küste und auch die Brandung kann man schon hören. Die *Tryal* kann rechtzeitig abdrehen. Dem Kapitän fällt ein Stein vom Herzen. Hätte es nicht kurz zuvor aufgeklart, hätte sich die Sicht nicht gebessert, wären sie jetzt mitten in der gewaltigen Brandung aus der es kein Entrinnen gegeben hätte. Es wäre der sichere Untergang auch für die nachfolgenden Schiffe gewesen und für alle der sichere Tod.

Die nachfolgenden Schiffe, durch den Schuß aufgeschreckt, sehen das hektische Manöver auf den vorausfahrenden Schiffen und drehen ebenfalls ab.

Nur langsam weicht der Schreck aus den Gliedern. Was war geschehen? Wo ist man? Alles schimpft auf den Chefnavigator. Der muß doch geschlafen haben! Nachdem sich die Aufregung gelegt hat, stellt man auf dem Flaggschiff fest: Es gibt nur eine plausible Erklärung. Ein starker Strom muß sie weit nach Osten versetzt haben. Sie sind nicht – wie gedacht – weit Richtung Westen im tiefsten Pazifik, sondern am Westausgang der Magellanstraße. Diese Drift festzustellen, war damals noch nicht möglich. Weder Kommodore Anson, noch die Kapitäne der anderen Schiffe konnten Kenntnis von den Verhältnissen um Kap Hoorn haben. Alle widrigen Kriterien vereinigen sich dort. Tiefdruckwirbel, Wellenhöhen bis zu 18 Meter, langer Fetch, der auf einen Festlandsockel trifft, Strömung nach Osten mit durchschnittlich 2,5 Knoten und dazu noch das Aufeinandertreffen zweier Ozeane mit unterschiedlicher Wassertemperatur. Die geographische Länge, der wichtigste navigatorische Parameter konnte damals nur geschätzt werden. Zwar hatte die *Centurion* den von Harrison gebauten Chronometer H1 auf einer Fahrt nach Portugal getestet und hätte damit gute Chancen gehabt, die geographische Länge ziemlich genau zu errechnen, aber sie hatte diesen Chronometer nicht an Bord.

Kommodore Anson bleibt keine Wahl, er muß nach Südwesten von der Küste weg. Das geht zurück in die Kälte und der mörderisch hohen See am Kap entgegen. Das demoralisiert schließlich auch noch den letzten Matrosen, die auf schönes Wetter gehofft hatten. Aus der Traum, die Luken öffnen zu können, um die unhaltbaren katastrophalen Verhältnisse unter Deck zu verbessern. Dort herrscht ein unbeschreiblicher Gestank, eine Mischung aus üblem Schweißgeruch, Pfeifenrauch und anderen undefinierbaren Gerüchen. Die Hängematten, zu Beginn der Reise dicht an dicht haben sich bedenklich gelichtet. In dem Halbdunkel, in das nie ein Sonnenstrahl dringt, hört man das Stöhnen der Schwerkranken, das verzweifelte Rufen nach Wasser, oder dem, was vor Wochen noch Wasser war und das kein Wasser mehr ist. Tag für Tag werden Tote von Bord gegeben. Auch als man endlich frei von der Küste ist und der Kurs nach Norden zeigt, bessert sich die Stimmung an Bord nicht. Mangelerscheinungen, Fieber und Skorbut befallen auch Männer, die noch kurz zuvor gesund erschienen. Die Beine schwellen an, das Zahnfleisch beginnt zu faulen, faustgroße Furunkel zeigen sich am Körper. Die Ärzte sind machtlos. Allein auf der *Centurion*, dem Flaggschiff, sterben im Monat April 43 Mann.

Nach einem heftigen Sturm, der den Verband endgültig zerstreut, ist die *Centurion* allein. Von den anderen Schiffen ist keines zu sehen. Kommodore Anson segelt allein zum nächsten Treffpunkt, der Insel Socorro. Aber statt Erholung, frisches Wasser und Möglichkeiten, die Verpflegung aufbessern zu können, findet man nur Klippen und steile Felsen. Sie suchen eine Bucht, in der sie ankern können, aber dieser trostlose Steinhaufen hat keine. Volle 14 Tage wartet Anson in der Nähe der Insel, trotz schlechten Wetters. Kein Schiff kommt. Länger kann er sich nicht mehr halten, sonst verliert er noch die letzten einsatzfähigen Matrosen. Er geht Anker auf. Valdivia entfällt, er will so schnell wie möglich nach Juan Fernández. In einer Woche könnte er dort sein. Der Wind ist günstig. Jeder Tag zählt, er hat nur noch 8 bis 10 Mann pro Wache und die sind schon anfällig. Ende Mai ist die *Centurion* nach Kopplung an dem Punkt, wo die Insel sein sollte. So weit das Auge blicken kann, ist aber keine Insel, kein Land zu sehen. War es wieder eine Strömung, die sie versetzt hat? Die geographische Breite stimmt. Und die Länge? Soll man nach Westen, oder nach Osten suchen? Der Kommodore entschließt sich nach Osten zu segeln. Dort findet man entweder die Insel, oder man stößt auf das Festland. Zwei Tage später kommen über der Kimm schneebedeckte Berge auf. Das sind die Anden, das ist Südamerika.

Die *Centurion* macht kehrt und segelt auf dem 33. Breitengrad nach Westen. Das Schicksal aber scheint sich gegen sie verschworen zu haben. Flauten, Gegenwind, Flauten wechseln sich ab. Endlich nach 9 Tagen taucht eine Insel auf, ihr ersehntes Ziel, Juan Fernández. Einen ganzen Tag lang versuchen sie nach Lee der Insel zu kommen und allein an diesem Tag sterben nochmals 11 Mann. Endlich, dicht unter der Küste fällt der Anker. Man schreibt den 10. Juni 1741. Mehr als 250 Tote sind an Bord zu beklagen. Von den Überlebenden ist ein Großteil krank und liegt entkräftet in den Hängematten. Gerade noch 8 Mann sind voll einsatzfähig. Kommodore Anson drücken Sorgen. Er ist unfähig, sich zu verteidigen. Wo bleibt das spanische Geschwader unter Admiral Pizarro? Auch die mußten um das verdammte Kap herum, wie ist es ihnen ergangen? Was er nicht wissen konnte, die Spanier hatten noch größere Verluste und sind zu der Zeit noch an der Mündung des La Plata. Zwei der großen Schiffe gingen beim Kap verloren, der Rest drehte, schwer angeschlagen um. Die Verluste der Spanier allein bei Kap Hoorn sollen über 2000 Mann betragen haben. Eine demoralisierende Katastrophe. Anson blieb daher ungestört.

Auch auf der Insel erholen sich nicht alle. Erst nach drei Monaten verläßt Anson die Insel Juan Fernández. In der Zwischenzeit hatten sich noch das Linienschiff *Gloucester*, die *Tryal* und das Versorgungsschiff *Anna* dort eingefunden. Der Zustand dieser Schiffe und besonders der Mannschaft war aber fast noch bedauernswerter, als die schlimmsten Befürchtungen vermuten ließen.

Und die Fregatte *Wager*? Auch sie hatte unter den Stürmen bei Kap Hoorn stark gelitten. Die Segel waren in einem jämmerlichen Zustand und Ersatzsegel hatte man schon lange nicht mehr. Die Mannschaft war so krank und dezimiert, daß an eine Reparatur der Segel nicht gedacht werden konnte. Das »Kap der Stürme« hatte auch die *Wager* hinter sich gebracht. Aber in welchem Zustand? Rüsteisen und Wanten waren beschädigt und der Besanmast war über Bord gegangen. Die Manövrierfähigkeit des Schiffes war stark eingeschränkt.

Wie von Kommodore Anson befohlen, wollte Kapitän Cheap, ungeachtet der Behinderungen, den Treffpunkt Nuestra Signora di Soccoro anlaufen, aber er war dorthin nicht gekommen. Bekannt wurde nur, daß die *Wager* sich von einer unbewohnten Insel an der Südwestküste von Südamerika nicht freikreuzen konnte und dort strandete. Mit den Booten konnte sich die Besatzung an Land retten, aber dort kam es zu einer Meuterei. Am Ende waren 45 Mann tot und sieben desertiert. Kapitän Cheap konnte mit einigen Getreuen im offenen Boote das Festland erreichen und einigen Meuterern gelang es, sich durch die Magellanstraße nach Brasilien durchzuschlagen. Auf die *Wager* hatte Anson vergeblich gewartet.

Kommodore Anson weiß, daß um diese Zeit eine spanische Galeone bis zum Kragen mit Silber und anderen Schätzen gefüllt von Acapulco zu den Philippinen segelt. Dieses Schiff will er kapern. Er fühlt sich wieder stark und einsatzfähig. Er befehligt zwei Kriegsschiffe und drei Prisen, die ihm in der Zwischenzeit in die Hände gefallen sind. Er legt sich auf die Lauer. Die Zeit aber verrinnt und keine Galeone zeigt sich am Horizont. Statt dessen macht sich der gefürchtete Skorbut wieder bemerkbar und die Besatzung leidet zusätzlich unter der drückenden Hitze. Das gilt besonders für die, wieder häufiger werdenden Kranken unter Deck. Inzwischen sind die Zustände auf der *Gloucester* völlig unhaltbar geworden. Das Schiff leckt wie ein Sieb und der Kapitän hat keine Leute, um die Pumpen zu bedienen. In den unteren Räumen steigt das Wasser langsam, aber unaufhörlich. Gerade noch 100 Mann von den ehemals fast 400 sind an Bord, aber mehr als die Hälfte von ihnen liegt krank in den Hängematten. Nur noch wenige sind in der Lage, die anstrengende Arbeit an den Pumpen zu verrichten. Schließlich muß das Schiff aufgegeben werden. Das gleiche oder ähnliche Schicksal ereilt auch die anderen Schiffe. Am Schluß ist die *Centurion* das einzige Schiff, das von der ehemals so stolzen Flottille übrig geblieben ist. 9 von 10 Mann, die England am 20. September 1740 verlassen haben, wurden durch Fieber, Skorbut oder andere Krankheiten dahingerafft. Von den aktiven Soldaten lebt keiner mehr und von den älteren reaktivierten Soldaten waren die letzten in den Stürmen vor Kap Hoorn gestorben. Eine mehr als traurige Bilanz, die man verdrängt.

Trotz alle dem gelingt es Anson am 20. Juni 1734 die spanische Schatzgaleone *Nuestra Senora de Cavadonga*, die sich wegen der bewußt verzögerten Abreise völlig sicher fühlt, zu kapern. Mit einem englischen Linienschiff hatte man nicht mehr gerechnet und der spanische Kapitän war völlig überrascht und unvorbereitet. Ein ungeheurer, in dieser Größe nie vermuteter Schatz fällt den Engländern in die Hände. Nun heißt die Parole: So schnell wie möglich nach Hause. Und wirklich: am 15. Juni 1744 fällt der Anker in Spithead. Ganz England ist im Freudentaumel über den gewaltigen Schatz. 30.000 Pfund Sterling in Golddollar, dazu unschätzbare Prachtstücke an Kolliers und Diademen in Silber und Gold hatte Anson erbeutet. Die nautische Leistung der Weltumsegelung, die eigentliche »Leistung« tritt völlig in den Hintergrund.

Die Schuldfrage

Gerade noch 104 Mann von ehemals 1900 betraten nach dieser Expedition wieder englischen Boden. Aber nicht alle waren gesund und konnten die überstandenen Strapazen vergessen. Viele von ihnen waren menschliche Wracks, deren körperliche und seelische Gesundheit nicht mehr herstellbar war. Gleicht der erbeutete Reichtum den Verlust von 1800 hoffnungsvollen Menschen aus? Kann er das? Allein schon der Gedanke, Menschenleben gegen Gold und Reichtum abwägen zu wollen, erscheint absurd und abwegig. Damals, vor mehr als 250 Jahren sah man die Dinge wohl anders. Vielleicht hatte auch die geringe Lebenserwartung, die geringen Ansprüche an das Leben der damaligen Zeit einen Einfluß auf die Einstellung dem Schicksal gegenüber. Das offizielle England nahm den Verlust der vielen Menschen ebensowenig zur Kenntnis, wie Spanien, das allein an dem gefürchteten Kap Hoorn über 2000 Menschen samt den Schiffen verloren haben soll. Kein Gedenken, kein Nachruf! Jedenfalls wurde nie darüber berichtet. Das ist die eigentliche Katastrophe. Geld und Macht zählten mehr als Menschenleben. Und heute?

Kommodore George Anson hat nach damaligen Wertmaßstäben nichts anderes getan, als seinem Land gegenüber seine Pflicht zu erfüllen. An seinen seemännischen Handlungen hat niemand Kritik geübt _ im Gegenteil. Wollte man ihn verurteilen, müßte man die gesamte Epoche gleich mitverurteilen, was jeglichen Sinns entbehrt.

Nach zeitgemäßer Vorstellung verhielt sich Anson moralisch einwandfrei; erstaunt hat höchstens, daß überhaupt jemand diese Katastrophe überlebt hat, was wiederum als Beweis für das seemännische Können und die Zuverlässigkeit des Kommodores galt.

Daß aus den Erfahrungen der »Anson«-Expedition irgendwelche unmittelbaren Konsequenzen oder Lehren für die Sicherheit auf See und die Rettung aus Seenot gezogen worden wären, ist nicht bekannt.

3.

Der Ostindienfahrer *Grosvenor*

Datum:	12. August 1782
Ort:	Ostküste Südafrikas
Schiffsname:	*Grosvenor*
Schiffstyp:	dreimastiger Ostindienfahrer
BRT:	729 t
Art der Havarie:	Strandung
Zahl der Opfer:	über 100
Unglücksursache:	Navigationsfehler und Fahrlässigkeit

Schiffbrüchige haben, so die allgemeine Meinung, und so lehrt uns auch die Erfahrung, das Schlimmste überstanden, sobald sie ihren Fuß auf trockenes Land gesetzt haben. Das dachten auch die Schiffbrüchigen der *Grosvenor*. Sie konnten nicht wissen, daß ihnen das Schlimmste noch bevor stand: Der Marsch nach Süden auf der Suche nach einer Siedlung von Europäern. Es war ein Marsch durch unbekanntes Land, ein Marsch, der nicht enden wollte und dessen Strapazen nur wenige überlebten. Insofern ist die Strandung der *Grosvenor* weniger eine Katastrophe auf See, als eine Katastrophe an Land, die allerdings auf See durch Strömung oder einen Navigationsfehler verursacht wurde.

Am 12. April 1783 meldet das »Bristol Journal«, daß der Ostindienfahrer *Grosvenor* überfällig sei. Das Schiff sei zur erwarteten Zeit nicht auf St. Helena eingetroffen. Nun sind zu dieser Zeit Schiffsverluste, speziell auf der Ostindienroute, keine Seltenheit, aber die *Grosvenor* war kein ungewöhnliches Schiff. Sie soll an Bord Fracht von unschätzbarem Wert gehabt haben. Die Gerüchte rankten sich besonders um den Teil der Fracht, der in den Papieren nicht ver-

Der britische Ostindienfahrer *Grosvenor*. Ein Schiff der East-Indiamen-Klasse. Die ungewöhnlich starke Bewaffnung schützte das Handelsschiff vor der im Indischen Ozean allgegenwärtigen Piratengefahr.

merkt war. Angesichts der Tatsache, daß die *Grosvenor* bereits Anfang Juni 1782 in Ceylon (heute Sri Lanka) die Anker gelichtet hatte, war diese Meldung keineswegs voreilig. Zwei Wochen nach dieser ersten Meldung stand fest: Die *Grosvenor* ist am 12. August 1782 östlich vom Kap der guten Hoffnung verloren gegangen. Was war passiert? Wie war es zu dem Verlust gekommen?

Die *Grosvenor* verläßt am 3. Juni 1780 unter dem Kommando von Kapitän John Coxon Portsmouth. Die Order lautet, über Rio de Janeiro nach Madras an der Ostküste Indiens zu segeln. Die *Grosvenor* ist ein Schiff der East India Company, damals fast ein Staat im Staat und das größte Handelsunternehmen der Welt. Das Schiff ist solide gebaut, gut bewaffnet, was wegen der grassierenden Seeräuberplage nötig erscheint, und sie ist auch schnell. Sie macht nicht den Eindruck eines gemütlichen Frachtseglers. Auf den ersten Blick hält man das Schiff eher für eine Fregatte.

Ohne Schwierigkeiten kommt die *Grosvenor* in Madras an. Die Rückreise führt über Trinkomalee, ein Hafen an der Nordostküste von Ceylon. Diesen Hafen verläßt die *Grosvenor* am 3. Juni 1782. An Bord sind insgesamt 150 Personen. Die Passagiere sind hohe britische Beamte,

Britische Ostindienfahrer.

Offiziere, Frauen und Kinder. Auch Ladung führt das Schiff mit. Einmal die offizielle Fracht, die in den Schiffspapieren aufgelistet ist. Das Schiff soll aber, wie bereits erwähnt, auch eine inoffizielle Fracht geladen haben, über die strengstes Stillschweigen herrscht. Damals, so wurde berichtet, sollen die Schatzkammern reicher indischer Maharadschas nicht ungefährdet gewesen sein. Es wurde daher vermutet, und das hat sich auch nach der Katastrophe bestätigt, daß die offizielle Fracht im Wert von 300.000 Pfund gegenüber der inoffiziellen dem Wert eines Sackes *Peanuts* entsprochen hat.

Fast zwei Monate ist die *Grosvenor* jetzt unterwegs und das bei einem Wetter, das keinerlei Schwierigkeiten bot. Madagaskar hat sie bereits passiert, da wird das Wetter schlechter. Kapitän Coxon, von interessierten Fahrgästen befragt, glaubt, noch mindestens 300 Seemeilen von der afrikanischen Küste entfernt zu sein. Er »glaubt« das, denn wegen des Nebels sind Beobachtungen und damit Standortbestimmungen nicht möglich. Gegen Mitternacht, nach einem fröhlich durchfeierten Abend, frischt der Wind auf. Er wird zum Starkwind und ein Teil der Segel wird geborgen. Während die Matrosen die Segel aufgeien und festmachen, sehen sie von ihrer hohen Warte aus voraus zwei Lichter, die aber bald wieder verschwinden. Trotzdem melden sie ihre Beobachtung dem wachhabenden zweiten Maat Shaw. Als aus dem Starkwind Sturm wird, erinnert sich der Wachhabende dieser Lichter und hat Bedenken den Kurs beizubehalten. Er weiß, sollte je die Küste wider Erwarten früher auftauchen, und das kalkuliert er bei dem unsicheren Besteck ein, dann ist eine Strandung so sicher, wie das Amen in der Kirche. Er will abdrehen und gibt entsprechende Order. Kapitän Coxon aber, der in seiner Kajüte den Kurswechsel bemerkt, eilt an Deck und befiehlt, sofort wieder auf den alten Kurs zu gehen. Gegen Morgen, es soll etwa 3.30

Uhr gewesen sein, will der Matrose Hynes von der Höhe der Oberbramrah aus Land gesehen haben. Er eilt an Deck und meldet es. Daß er sich dabei geirrt hat, ist möglich, denn es war immer noch Nebel und es dauerte noch eine halbe Stunde, bis weitere Matrosen nun fest davon überzeugt waren, voraus Land erkannt zu haben. Sollte es sich um flachen Seenebel gehandelt haben, dann ist die Sicht von der Höhe eines Mastes aus erheblich besser, als auf dem niedrigen Deck, wo der Nebel die Sicht deutlich behindert. Einer der Matrosen rennt zum jetzt Wachhabenden 3. Maat Beale, der gerade die Wache übernommen hat und macht aufgeregt seine Meldung, daß jetzt Land in Sicht sei. Dieser glaubt ihm nicht und macht sich auch nicht die Mühe die Meldung des Matrosen selbst nachzuprüfen. Er hatte selbst aus dem Munde des Kapitäns am Abend zuvor gehört, daß die Küste noch ca. 300 Seemeilen entfernt sei. Viel mehr, als 60 Seemeilen, so überschlägt er, könne das Schiff in der Zwischenzeit nicht zurückgelegt haben, und damit bestehe keine Gefahr. Vielleicht ging er auch davon aus, daß die Matrosen eine dunkle Nebelbank für Land gehalten hätten. Eine Täuschung, die im Bereich des möglichen liegt.

Auch die Warnung des 2. Maates, der ihn auf die zwei Lichter aufmerksam macht, irritiert ihn nicht. Die *Grosvenor* segelt unbeirrt bei stürmischem Wind durch den Nebel. Schließlich ist sich der Matrose Lewis, der mit auf dem Vormast ist, als sein Kollege Land zu sehen glaubt, absolut sicher: Voraus ist Land zu sehen. Er mißachtet alle strengen Vorschriften, rennt zur Kajüte des Kapitäns und warnt ihn, daß man schon ganz dicht unter Land sei. Kapitän Coxon ist skeptisch, geht aber doch an Deck und erkennt sofort die gefährliche Lage. Sofort läßt er hart Ruder legen um abzudrehen.

An Deck halten alle gespannt den Atem an. Viel zu langsam beginnt das Schiff auf das Ruder zu gehorchen. Näher, immer näher kommt das Inferno der Brandung. Dann, ein fürchterlicher Stoß, ein Krachen und Splittern. Eine hohe Brandungswelle hebt das Schiff noch einmal und schleudert es mit ungeheurer Wucht auf einen Felsen. Das Heck des Schiffes sitzt hoch auf diesem, aber der Bug liegt im Wasser, ist leck und läuft voll. Eine aussichtslose Lage, denn selbst wenn die See die *Grosvenor* noch von dem Felsen abbringen könnte, ist das Schiff nicht schwimmfähig zu halten.

Als es hell wird, sieht man an Land schwarze Eingeborene auf einem Hügel. Sie unternehmen aber nichts. Etwa 150 Meter vor der steilen Küste ist die *Grosvenor* gestrandet. Die starke Brandung beginnt ihr Zerstörungswerk, dem zuerst die Stengen der Masten zum Opfer fallen. Drei Matrosen versuchen jetzt, mit einer Leine an Land zu schwimmen, aber nur zweien gelingt es, dort anzukommen. Sie machen die Leine fest, wobei ihnen auch Eingeborene helfen. Das andere Ende war an dem noch stehenden Teil des Kreuzmastes befestigt. Ein paar mutige versuchen nun mit Hilfe der Leine, an der sie sich festhalten, an Land zu kommen. Das wird bald als zu gefährlich aufgegeben, nachdem einige von Brechern in die tobende See gespült wurden und dabei den Tod fanden.

Am Nachmittag zerbricht das Schiff unter dem ständigen Anrennen der noch sehr hohen See in zwei Teile. Gegen Abend, vermutlich war es die Flut in Verbindung mit einer hohen Welle, wird das Heck nochmal angehoben, landeinwärts getrieben und an einer flachen Stelle abgesetzt. Glück im Unglück, denn jetzt konnten alle noch an Bord befindlichen Menschen, Kranke, Frauen und Kinder an Land gebracht werden. Die Strandung und die Versuche an Land zu kommen hatten die ersten 15 Opfer gefordert. Der Leidensweg, die eigentliche Katastrophe sollte den Menschen aber noch bevorstehen.

Die meisten der 123 Menschen, die das »rettende« Land erreicht haben, sind zuversichtlich, weil Kapitän Coxon davon ausgeht, daß sie in etwa 16 Tagen eine holländische Siedlung finden können. Was die Eingeborenen betrifft, so glaubt er nicht an ernstliche Schwierigkeiten. Er denkt an die Hilfe einiger Eingeborener beim Festmachen des Seiles. Außerdem hat er erfahren, daß die Leute eines portugiesischen Schiffes, das auch hier gestrandet ist, von den Schwarzen nicht belästigt wurden.

Dieser Optimismus bestätigt sich aber nicht, denn nach kurzer Ruhe werden sie angegriffen. Man will sich verteidigen, denn man hat Gewehre vom Wrack gerettet. Daraus wird aber nichts, denn in der Eile und der Hektik hat man die Bergung der Munition vergessen. Wirksame Verteidigung gibt es also bei der Überzahl der Eingeborenen nicht. Was die Schwarzen erwischen können, nehmen sie mit und von Mal zu Mal werden sie dreister.

Das Fehlen von Munition sollte sich auch in den kommenden Wochen bitter rächen. Was die Erfahrungen der Portugiesen anbelangt, so hatte Kapitän Coxon vergessen, daß deren Schiffbruch 200 Jahre zurücklag. In der Zwischenzeit hatte sich aber das Verhältnis der Schwarzen zu den Holländern erheblich verschlechtert. Als verhaßte Eroberer wurden sie betrachtet und das nicht ganz zu Unrecht.

Da ein Verbleiben am Ort der Strandung keinerlei Chancen auf eine Rettung bietet, entschließt man sich, entlang der Küste nach Süden zu marschieren. Am 7. August, drei Tage nach der Strandung, bricht die Kolonne auf. An der Spitze des Zuges sind Offiziere und einige Matrosen, in der Mitte marschieren weitere Matrosen und die Frauen mit den Kindern. Den Schluß bildet eine Gruppe um Kapitän Coxon. Schon am zweiten Tag werden Kapitän Coxon die Gefahren auf ihrem Marsch klar. Man trifft auf einen den Holländern entlaufenen Sklaven, der vor feindseligen Eingeborenen warnt. Er macht auch klar, daß es bis zur nächsten Siedlung von Weißen noch wesentlich weiter ist, als man bisher angenommen hat. Eine deprimierende Erkenntnis, die zum Glück nur Kapitän Coxon und diejenigen mitbekommen haben, die neben ihm stehen.

Noch am gleichen Tag bestätigt sich die Warnung, denn die Schriffbrüchigen werden von einer Gruppe Schwarzer mit Steinen angegriffen. Zum Glück gibt es nur leichte Verletzungen. Auch am folgenden Tag werden sie überfallen und den Frauen wird der Schmuck geraubt. Was sich besonders schlimm auswirkt ist, die Angreifer nehmen ihnen auch noch einen Teil des Zunders und der Feuersteine weg, eben das, was sie finden können.

Als die Nahrungsmittel knapp werden und auch das Trinkwasser zu Ende geht, wird es unruhig in der Kolonne. Die kräftigsten Männer fühlen sich durch die Frauen und Kinder, auf die man bisher Rücksicht genommen hat, behindert. Unter der Führung des 2. Maates Shaw, macht sich fast die Hälfte der Schiffbrüchigen selbständig und marschiert auf eigene Faust los. Zurück bleibt eine Gruppe um Kapitän Coxon mit Frauen und Kindern, Offizieren und einigen Matrosen.

Die Gruppe unter Shaw kommt zunächst gut voran. Bereits beim nächsten Fluß, an den sie kommen und der ihnen den Weg versperrt, gehen die Meinungen auseinander. Einige versuchen schwimmend den Fluß zu überqueren, während der Rest flußaufwärts eine geeignete Furt suchen will. Die ersten der Schiffbrüchigen sind aber schon so geschwächt, daß sie zurückbleiben. Die anderen, die den Fluß überquert haben, werden von Schwarzen angegriffen und ihrer letzten Habseligkeiten beraubt. Als man auf freundliche Eingeborene trifft, die für eine, bisher erfolgreich versteckte goldene Uhrkette einen Ochsen schlachten, wächst die Hoffnung. Sie können sich satt essen, aber nichts mitnehmen. So dauert es nur zwei Tage bis sie sich wieder hungrig, durstig und erschöpft durch das unwegsame Gelände schleppen. Wieder kommt es zu Streitigkeiten bei der Gruppe um Shaw über die beste Marschroute. Wieder teilt sich die Gruppe auf, weil man sich

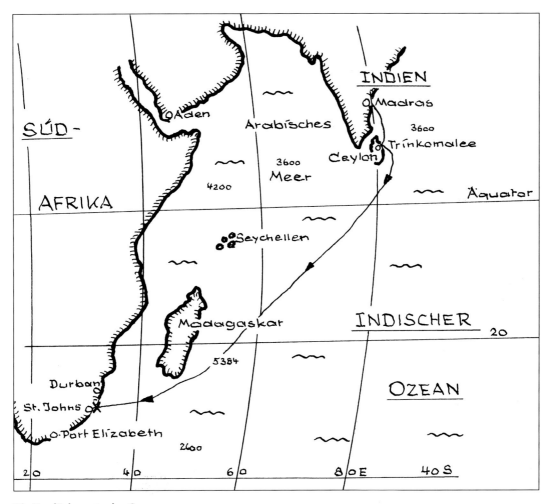

Die Unglücksroute der *Grosvenor*.

nicht einigen kann, ob es besser ist, direkt an der Küste zu marschieren, oder weiter im Land, wo einige hoffen auf eine Siedlung zu treffen. Jeder Gemeinschaftssinn ist verschwunden, und einem »Rette sich wer kann« gewichen.

Aufgesplittert in einzelne kleine Gruppen versuchen die Schiffbrüchigen jetzt verzweifelt und halb verhungert sich durchzuschlagen. Immer wieder stellen sich ihnen Hindernisse in den Weg. Flußmündungen, steile Felsen, um die herum sie sich mühsam einen Weg suchen müssen, dorniges Dickicht, das ihre Kleider zerfetzt, und nicht zuletzt quälender Durst zermürbt ihre Widerstandskraft. Elf Tage nach dem Aufbruch stirbt Shaw, der zweite Maat der *Grosvenor* an Erschöpfung. Von der einst fast 50köpfigen Gruppe sind noch 8 Mann übrig.

Am 1. Oktober, fast zwei Monate sind die Schiffbrüchigen jetzt unterwegs, stoßen sie auf einen großen Fluß, den Great Kai River. Dort treffen sie den ersten Zimmermanns-Maat, von dem sie etwas über die Gruppe um Kapitän Coxon erfahren. Was sie hören, klingt nicht ermutigend. Kapitän Coxon selbst sei den Strapazen nicht gewachsen gewesen und sei zurückgeblieben, was fast den sicheren Tod bedeutet. Ein Teil der Frauen mit den Kindern und einige Männer seien mehr landeinwärts gegangen, von denen wisse er nichts. Andere hätten versucht, einen Fluß zu durchschwimmen, wobei viele ertrunken seien. Er selbst sei von Schwarzen so geschlagen worden, daß er auch nicht mehr weiter könne. Am gleichen Abend stirbt ein weiterer Matrose. Ein entlaufener Sklave zeigt ihnen zwar eine Furt über den Strom, aber einer nach dem anderen der Gruppe ist am Ende seiner Kräfte. Schließlich bleibt nach einem Überfall von Eingeborenen nur noch ein einziger übrig, der sich noch rechtzeitig verstecken konnte. Er hat Glück und kommt abgemagert und zerlumpt in ein Dorf mit friedlichen Einwohnern. Sie fliehen zunächst vor ihm, weil sie in ihm einen Geist zu sehen glauben, nehmen sich dann aber doch seiner an. Er kann sich erholen. Nicht weit von diesem Dorf trifft er schließlich auf zwei italienische Seeleute und auf den englischen Matrosen Lewis.

Eine weitere Gruppe, die sich irgendwo unterwegs abgespalten hat, hat den Weg entlang der Küste gewählt. Es sind sechs Mann. Bis zur Algoa-Bucht sind sie gekommen. In sengender Hitze müssen sie die Bucht, die einer Wüste gleicht, überqueren. Das ist für drei dieser Gruppe zu viel. Sie stolpern nur noch mühsam vorwärts, dann ist der Marsch für sie zu Ende. Der Rest trifft auf die Gruppe der Italiener, die eine Süßwasserstelle gefunden haben, die sie vor dem sicheren Verdursten bewahrte. Es sind jetzt wieder sechs Mann. Nachdem sie von den Schwarzen nicht behelligt werden, erholen sie sich leidlich an der Süßwasserquelle und setzen dann ihren Marsch wieder fort. Nach zwei Wochen puren Dahinschleppens, nur noch Schatten ihrer selbst, kommen sie an die Mündung des Swartkops-River (unweit der heutigen Stadt Port Elisabeth), wo sie rasten. Dort finden sie einen verendeten Wal. Da dort kein Wasser ist, lagern sie etwas landeinwärts in der Nähe eines Waldrandes. Am nächsten Tag gehen vier der Männer zum Wal, um wieder Fleisch zu holen, die anderen bleiben am Rastplatz. Da sieht einer der beiden am Waldrand zwei weiße Männer mit Gewehren. Das ist ihre Rettung. Es sind Angehörige einer holländischen Siedlung. Einer von ihnen ist Portugiese, er nimmt sie, nachdem man auch die anderen vier bei dem schon stinkenden Wal weggeholt hat, in sein Haus auf und verpflegt sie, bis aus den Skeletten wieder Menschen geworden sind.

Die Schiffbrüchigen können ihr Glück kaum fassen. Am 29. November, sagt man ihnen, hätte man sie gefunden. Danach waren sie 117 Tage unterwegs. Zu dieser Zeit befanden sich die Niederlande und England im Kriegszustand. Dessen ungeachtet schickt der holländische Gouverneur eine Expedition auf die Suche nach den übrigen Schiffbrüchigen. 23 Tage ist sie auf der Suche. 23 Tage durchstreifen 109 Europäer und 170 Schwarze die Gegend, jedes Dorf und jede Hütte absuchend. Am 13. Januar 1783 treffen sie tatsächlich noch auf sieben Überlebende. Dann ist jede Suche vergeblich. Die Suche wird eingestellt. Wo aber sind die Frauen und Kinder?

Eine weitere Expedition im Jahre 1790, also acht Jahre später, muß ergebnislos abgebrochen werden.

Ein dänischer Ethnologe ist schließlich auf einer Forschungsreise nach Pondoland fündig geworden. Im Hinterland der Stelle, wo die *Grosvenor* strandete, trifft er auf »weiße Neger«, deren Gesichtszüge viel europäisches an sich hätten. Weitere Nachforschungen ergaben, daß die Mehrzahl der englischen Frauen, nach Tötung der Männer verschleppt wurde. Sie hätten Jahre später wieder in die Heimat zurückkehren können, seien aber aus Rücksicht auf ihre Kinder, die sie nicht mitnehmen konnten, geblieben. Ein weiterer Grund ihres Verbleibens sei die Furcht gewesen, nach so viel Jahren sich nicht mehr im Mutterland integrieren zu können.

Die Schuldfrage

Kapitän Coxon hätte sich, wäre er am Leben geblieben, in England mit Sicherheit vor einem Seegericht verantworten müssen. Nachdem er und alle seine Offiziere zu Tode gekommen sind, entfiel, soweit bekannt, eine Verhandlung der Katastrophe. Die Annahme des Kapitäns, noch 300 Seemeilen von der Küste entfernt zu sein, war eindeutig falsch. Das allein hätte noch nicht zur Strandung führen müssen. Navigationsfehler waren bei den bescheidenen Möglichkeiten der damaligen Zeit keine Ausnahme. Daß er aber trotz eindringlichster Warnungen und noch dazu im Nebel sich so unvorsichtig der Küste genähert hat, ist mit Sicherheit zu beanstanden.

Eine beachtliche Mitschuld trifft auch den 3. Maat, der auf massive Warnungen der Matrosen nicht reagiert hat und es nicht für nötig fand, sich von der Richtigkeit der Wahrnehmungen zu überzeugen. Ein solches Verhalten ist angesichts seiner Verantwortung als wachhabender Offizier unverständlich. Es ist nur erklärbar aus dem damaligen meilenweiten gesellschaftlichen Abstand zwischen Offizieren und Mannschaften in der englischen Marine.

Eine sichere Bilanz der Opfer dieser Katastrophe konnte nie aufgestellt werden. Sicher ist nur, daß von den 121 Menschen, die den Marsch nach Süden angetreten hatten, nur 13 eine holländische Siedlung erreicht haben und damit gerettet wurden. Daß in dem Wrack der *Grosvenor* noch ungeheure Schätze an Gold, Silber und Diamanten verborgen sind, hatte sich bald herumgesprochen. Aufwendige Bergungsversuche wurden unternommen, wobei auch viele Münzen und Diamanten gefunden wurden. An das Wrack und an die unteren Laderäume, wo das meiste vermutet wird, ist man aber trotz moderner Technik nicht herangekommen. Bis in das Jahr 1954 gehen die Versuche. Danach scheint man aufgegeben zu haben. Endgültig?

Die Ereignisse um den Ostindienfahrer *Grosvenor* sind ein Beispiel dafür, wie verheerend sich auf See Fehler und Fahrlässigkeiten auswirken können.

4.

Die französische *Méduse*

Datum:	2. Juli 1816
Ort:	Westafrikanische Küste
Schiffsname:	*Méduse*
Schiffstyp:	Fregatte
BRT:	keine genauen Daten bekannt
Art der Havarie:	Strandung
Zahl der Opfer:	160
Unglücksursache:	grober Navigationsfehler des Kapitäns

Die *Méduse*? Schlägt man im Lexikon nach, so erfährt man, daß sie entweder ein weibliches Ungeheuer ist, deren Blick den Betrachter versteinert, oder eine Qualle mit schlängelnden, gefährlichen Fangarmen. Letztere Erklärung hat einen entfernten Bezug zu der nachstehenden Geschichte, die mit dem Meer zusammenhängt und bei der das Schicksal seine tödlichen »Fangarme« nach unschuldigen Menschen ausstreckt. Kundiger wird man bei einem Besuch des Louvre in Paris. Gemeint ist aber nicht das Bild der lächelnden »Mona Lisa«, vor dem die meisten Besucher stehen, sondern ein ebenfalls sehr beachtliches Bild. Es zeigt ein Floß mit verzweifelten, dem Tode nahe, oder bereits verstorbenen Menschen. Ein gewisser T. Géricault hat es drastisch, aber keineswegs wirklichkeitsfremd gemalt. Das Bild ist bezeichnet als: »Le Radeau de la Méduse«. Das Floß der *Méduse*. Man ist einen Schritt weiter. Um aber die ganze Tragödie, die sich auf dem Floß ereignet hat, zu erfahren, muß man gezielt in Geschichtsbüchern, oder in der nautischen Literatur suchen. Was man erfährt, ist so einmalig in der Geschichte der Seefahrt, daß man seinen Augen nicht traut. Man schüttelt den Kopf und verbannt das Gelesene in die Welt wirklichkeitsferner Horrorgeschich-

Britische Fregatte unter Sturmbesegelung vor dem Wind lenzend. So in etwa muß auch die *Méduse* ausgesehen haben.

ten. Leider handelt es sich bei den berichteten Ereignissen aber nicht um Fiktion, sondern um die volle, an das Unfaßbare grenzende Wahrheit.

Nach dem vernichtenden Schlag, den die englische Flotte unter Admiral Nelson der französisch/spanischen Flotte im Oktober 1805 zugefügt hatte, war die französische Admiralität bestrebt, die Lücken wieder aufzufüllen. Im Rahmen dieser Aktion wurde unter anderen auch die Fregatte *Méduse* auf Kiel gelegt. Sie war 55,5 Meter lang und 12 Meter breit. Ihre Bewaffnung war respekteinflößend. Sie bestand aus 46 Kanonen verschiedener Kaliber. Dementsprechend betrug auch die Besatzung 323 Mann, Marinesoldaten eingeschlossen.

Vorbild für den ungewöhnlichen Schiffsnamen, der der griechischen Mythologie entlehnt war, war offensichtlich das dort beschriebene »Haupt der Méduse«. »Nomen est omen«, werden sich wohl die Taufpaten gedacht haben, als sie den Namen vergaben. Jeder Feind, der des Schiffes ansichtig würde, solle augenblicklich zu Stein erstarren.

Die Fregatte *Méduse* war das Flaggschiff eines Geschwaders von vier Schiffen, das am 17. Juni 1816 den Hafen von Rochefort an der Gironemündung verließ. Das Ziel des Geschwaders war Senegambien. (heute besser bekannt als Senegal und Gambia, links und rechts des gleichnamigen Flusses gelegen). Dieses Gebiet hatten die Franzosen in der Zeit Napoleons bei ihren damaligen Auseinandersetzungen mit England verloren. Auf dem »Wiener Kongreß«, auf dem in den Jahren 1814/15 nach dem Sturz Napoleons über die Neuordnung Europas entschieden wurde, war es, nicht zuletzt Dank der Diplomatie Talleyrands wieder Frankreich zugesprochen worden. Es lag nahe, daß auch Beamte, Kaufleute, Soldaten, sowie junge siedlungswillige Franzosen sich auf der *Meduse* einschifften, um dort ihr Glück zu versuchen. Viele waren mit ihren Frauen und Kindern an Bord. Alle wollten zum Senegal und fühlten sich unter dem Schutz der 46 Kanonen sicher. So waren schließlich 400 Personen an Bord der Fregatte. Zum Kommandanten des kleinen Geschwaders und gleichzeitig auch zum Kapitän der *Méduse* wurde Monsieur Duroy de Chanmareys berufen.

Das Geschwader war noch nicht lange unterwegs, da wurde Chanmareys ungeduldig. Die *Méduse* war ein modernes, nur sechs Jahre altes Kriegsschiff und war schneller, als die übrigen Schiffe des Geschwaders, die *Argus*, *Echo* und *Loire*. Statt den Verband, für den er verantwortlich war, zusammen zu halten, segelte Chanmareys voraus und war bald den Blicken der anderen Schiffe entschwunden. Europa lag hinter ihm und die Kanarischen Inseln hatte man auch schon passiert. Ehrgeizig, wie der Kommandant war, glaubte er, den kürzesten Weg, nahe der Küste segeln zu müssen, um möglichst rasch ans Ziel zu kommen. Es ist nicht auszuschließen, daß eine »Rekordzeit« seine überragenden seemännischen Fähigkeiten beweisen sollte. Die *Méduse* näherte sich dem Cap Blanco. Dieses Cap zwischen dem nördlichen Wendekreis und dem 20. Breitengrad Nord, an der Grenze zwischen der heutigen Westsahara und Mauretanien gelegen, sollten Schiffe nicht zu nahe passieren, denn südlich davon befinden sich schwer auszumachende Untiefen in Gestalt gefährlicher Korallenbänke. Dementsprechend schrieben die Segelanweisungen, die Kapitän Chanmareys auch vorlagen, einen deutlich westlicheren Kurs vor, als er die *Méduse* steuern ließ. Seinen Offizieren blieb dies nicht verborgen, und sie machten ihn erst zaghaft, dann aber, als das nichts nutzte, massiv auf die drohende Gefahr aufmerksam. Auch der Hinweis auf die Seekarte, den eigenen Standort und auf den Kurs, der direkt auf die Korallenbänke zuhielt, nutzte nichts. Kapitän Chanmareys wußte es besser, er war nicht zu überzeugen. Die Offiziere aber, das Unheil voraussehend ließen nicht locker. Nochmals wurden sie vorstellig. Das einzige, was sie dabei erreichten, war, daß der Kapitän wütend den Wortführer unter ihnen kurzerhand unter Arrest stellte. Dazu war er in seiner Eigenschaft als Kapitän berechtigt. Abhilfe hätte nur eine offene Meuterei geschaffen, aber darauf stand zur damaligen Zeit, meist ohne Wenn und Aber, die Todesstrafe. Bei der französischen Marine, und nicht nur dort, waren bedingungsloser Gehorsam und Disziplin die obersten Gebote. Alles andere galt nicht, oder war zweitrangig. Die maßgebende Admiralität verhinderte jede Änderung oder Lockerung. Arroganz und Überheblichkeit wurden da und dort stillschweigend geduldet, waren unwichtige Nebenerscheinungen gegenüber der eisernen Forderung nach Gehorsam und Disziplin. Ein zweischneidiges Schwert! Es ist unbestritten, daß die genannte Forderung auf Kriegs-, wie auf Handelsschiffen ein absolutes »Muß« darstellt. Beides setzt aber nach allgemeiner Auffassung einen Kapitän voraus, der erfahren und umsichtig ist, und der vor allem seine Befehlsgewalt als persönliche Verantwortung und Verpflichtung für Schiff und Besatzung betrachtet. Nicht die Rangabzeichen machen den Kapitän, sondern ausschließlich seine überlegene Erfahrung und sein Wissen. Beides war im Falle der *Méduse* bei Kapitän Chanmareys nicht gegeben.

Als die *Méduse* den nördlichen Wendekreis überquerte, was kein gravierendes Ereignis war, wie etwa das Passieren des Äquators, nahm Monsieur Chanmareys dies trotzdem

Der Weg der *Méduse* in die Katastrophe.

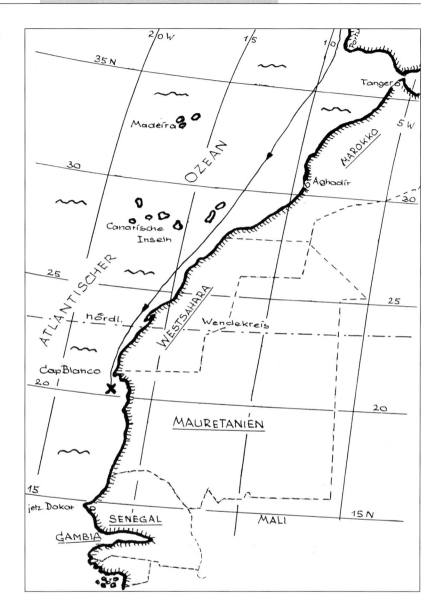

zum Anlaß, eine fröhliche Feier zusammen mit allen Passagieren zu veranstalten. Offensichtlich wollte sich Kapitän Chanmareys seinen Gästen als souveräner und gönnerhafter Kapitän präsentieren.

Unter vollem Tuch hatte unterdessen die *Méduse* das Cap Blanc gerade passiert. Man war noch tüchtig am Feiern und alle sprachen lebhaft dem reichlich vorhandenen Wein und Sekt zu, als ein heftiger Stoß jäh das Schiff erschütterte. Der Bug wurde ruckartig hochgeschleudert, das Schiff saß fest. Das war am Nachmittag des 2. Juli.

Die Situation war zunächst nicht gefährlich. Die See war ruhig und das Wetter ließ noch keine unmittelbare Verschlechterung erwarten. Die Küste glaubte man im Dunst erkennen zu können. Sie war nur 2,5 Seemeilen entfernt.

Außerdem, so war sich der Kapitän sicher, mußten die drei zurückgebliebenen Schiffe bald kommen und Hilfe bringen.

Diese Hoffnung hat sich aber als trügerisch erwiesen, denn die Kapitäne der anderen Schiffe des Geschwaders hielten sich an die Segelanweisungen. In der, auf die Strandung folgenden Nacht, fuhren sie voraussichtlich weit westlich an der Unglücksstelle vorbei.

Die erste Maßnahme, die man nach dem Unfall ergriff, war das Leichtern des Schiffes. Unverständlicherweise ließ der Kapitän an der Takelage anfangen. Die Stengen und Rahen wurden abgenommen. Man brachte einen Anker aus und wollte das Schiff mit einem Spill oder einer Winde vom Riff ziehen, aber das gelang nicht. Von dem Hauptgewicht, den Kanonen mit Zubehör und von der Ladung wollte man sich nicht, bzw. durfte man sich auf Befehl des Kommandanten nicht trennen. Diese Chance, so bei gutem Wetter noch frei zu kommen wurde verpaßt.

Während der Nacht frischte der Wind auf, und mit dem zunehmenden Seegang hörte man aus dem untersten Raum des Schiffes, daß die See ihr Zerstörungswerk begann. Immer noch hätte aber die Möglichkeit bestanden, das Schiff frei zu bekommen, aber mit allen Kanonen und der gesamten Ladung bestand keine Aussicht auf Erfolg. Statt sich um die immer noch mögliche Bergung des Schiffes zu kümmern, beschloß Kapitän Chanmareys unvermittelt, das Schiff aufzugeben. Noch bestehende Möglichkeiten hielt er kurzerhand für nicht durchführbar. Mit der so frühzeitigen und somit leichtfertigen Erklärung bewies er ein weiteres Mal seine Unerfahrenheit und Unfähigkeit die Pflichten und Aufgaben eines Kapitäns zu erfüllen. Den Offizieren gegenüber hatte er seine Autorität längst verspielt, sofern er je welche besessen hatte. Erste Anzeichen von Verfall der Disziplin zeigten sich bereits. Die Weinfässer im Laderaum lockten nicht nur die Matrosen.

Nachdem das Schiff aufgegeben werden sollte, wurde die Frage der Aufteilung auf die vorhandenen sechs Beiboote akut. Man war sich rasch im klaren: Sie reichten bei weitem nicht aus. Der Vorschlag eines prominenten Fahrgastes, ein Floß zu bauen wurde angenommen und auch sofort realisiert. Man machte sich, vermutlich unter der Leitung des Schiffszimmermanns an die sicher umfangreiche Arbeit. Das Floß sollte etwa 150 Personen samt Verpflegung aufnehmen. Am darauffolgenden Tag sollte die Ausschiffung beginnen. Die Hoffnung auf Hilfe durch die anderen Schiffe des Konvois hatte man aufgegeben.

Als erstes wurde die Kapitängig besetzt. Außer dem Kommandanten Chanmareys waren die wichtigsten Personen und die kräftigsten Matrosen als Ruderer an Bord. Dann wurden die übrigen Beiboote besetzt. Für den Rest, es waren meist Marinesoldaten mit ihren Familien bzw. Frauen sowie einige ledige Offiziere, blieb nur das Floß. Man hatte vereinbart, daß drei der kleineren Boote, das Floß, das ohne Ruder und Segel war, in Schlepp nehmen sollten. Etwa 17 Personen, es sollen die gewesen sein, die der Wein im Laderaum zu sehr gelockt hatte, blieben an Bord.

Der ungleiche Konvoi setzte sich in Richtung Küste in Marsch. Wie dieser verlief, das konnte man nach den bisherigen Ereignissen voraussagen. Als erstes verschwand die Kapitänsgig zügig in Richtung Küste. Gegen abend waren auch die übrigen Boote nur noch schwer auszumachen. Als der Morgen kam, zeichnete sich die kommende Tragödie bereits ab. In der Nacht hatten die drei Boote, die das Floß ziehen sollten, die Leinen losgeworfen und waren verschwunden. Das war fast zu befürchten gewesen, denn ein Floß mit 150 Menschen an Bord nebst Verpflegung durch bewegte See zu ziehen, war für die wenigen Ruderer zuviel. Nur im Schneckentempo war man vorangekommen. Das war vorauszusehen und alle, bis zum letzten Matrosen haben das gewußt. Nachdem Kapitän Chanmareys mit »gutem Beispiel« vorangegangen war, war auch bei den drei Booten, die zum Ziehen des Floßes bestimmt waren, der letzte Rest von Hilfsbereitschaft und Verantwortung verloren gegangen. Das Floß mit den verzweifelten und geschockten Menschen war auf sich allein gestellt.

Einige tatkräftige Männer, die nicht aufgeben wollten, bemühten sich um einen Mast. Irgendwie ist es auch gelungen etwas ähnliches, wie ein Segel zu fertigen und zu setzen, damit man überhaupt vorwärts kam. Das war aber nur bei auflandigen Winden sinnvoll, daher war der moralische Nutzen dieser Maßnahme weit größer, als der effektive. Doch lange hielt dieser auch nicht an. Sehr bald mußte man erkennen, daß die Lage begann, aussichtslos zu werden. Damit war dem Verfall der Disziplin Tür und Tor geöffnet. Die auf das Floß übernommenen Weinfässer waren für die Soldaten und Matrosen der *Méduse* besonders begehrenswert. Hemmungslos betranken sich einige von ihnen. Randale waren die Folge. Es kam zu einer Auseinandersetzung mit den wenigen auf dem Floß befindlichen Offizieren, die wenigstens einen Rest von Disziplin aufrecht erhalten wollten. Die Situation eskalierte. Die erschreckende Bilanz: mehr als 60 Tote. Die Leichen warf man kurzerhand über Bord, was weitere Haie anlockte. Die vielen Toten hätten, so makaber das klingen mag, die Situation auf dem Floß eigentlich etwas entspannen müssen, denn Tote essen nichts mehr und fangen auch keinen Streit an; doch das Schicksal wollte es anders. Sturm kam auf, und da Flöße so gut wie keinen Freibord haben, war die Wirkung verheerend. Wer sich nicht festhalten konnte, wurde über Bord gespült. Auch ein Teil der Lebensmittel ging auf diese Weise verloren, ebenso wie der Notmast und der Kompaß, so daß jede, einigermaßen präzise Möglichkeit der Orientierung verlorenging. Es ist ein Wunder, daß das Floß dem Sturm überhaupt widerstanden hat.

Die Überlebenden hatten nun erbarmungslos mit Durst, Hunger und dem Salzwasser zu kämpfen, dem die nackte Haut schutzlos ausgeliefert war. Der letzte Rest von Rücksicht wich einem brutalen Überlebenskampf, dem die wenigen noch lebenden Frauen und Kinder nicht gewachsen waren.

Am Morgen des fünften Tages lebten auf dem Floß nur noch 48 Menschen. Ein Großteil von ihnen war total geschwächt, abgemagert, hatte offene Beine und Füße. Sie waren meist nicht einmal mehr in der Lage, sich aufzurichten. Doch das Faustrecht und der Kampf ums Überleben forderte immer weitere Opfer. Einige, die vor Verzweiflung wahnsinnig geworden waren und zu toben begannen, wurden kurzerhand den Haien zum Fraß vorgeworfen. Nicht besser erging es denen, die jede Hoffnung aufgegeben hatten und apathisch geworden waren.

Am neunten Tag lebten nur noch 15 Menschen auf dem Floß. Der Proviant war mittlerweile ausgegangen und der letzte Tropfen Wein getrunken. Wie nun überleben? Zu was sind Menschen in ihrer Verzweiflung fähig? Von dieser letzten Phase auf dem Floß sprachen die wenigen Geretteten später nur in Andeutungen, denn das Wort »Kannibalismus« wollte niemand zuerst aussprechen, obwohl genau das ihnen das Leben gerettet hatte. Nochmals vergingen sechs nicht enden wollende, qualvolle Tage. Erst am 17. Juli, also nach vollen 15 Tagen, entdeckte die *Argus* das Floß, das ohne Mast in der bewegten See kaum auszumachen gewesen war.

Was war zwischenzeitlich geschehen? Die Gig des Kommandanten hatte nach drei Tagen, die Küste entlang rudernd, die Mündung des Senegal erreicht, wo man die drei anderen Schiffe des Geschwaders vorfand. Die *Argus* wurde auf die Suche nach den Schiffbrüchigen geschickt. Ihrem Namen wurde sie aber erst spät gerecht. Volle zwölf Tage war sie auf der Suche nach dem Floß, als sie es endlich finden konnte. Was man antraf, war erschreckend. Zwölf menschliche Wracks konnten abgeborgen werden und nur sechs war es vergönnt, lebend den festen Boden Afrikas zu betreten. Die anderen sechs starben unterwegs an Entkräftung. Ihnen konnte nicht mehr geholfen werden.

In Frankreich, ja in ganz Europa, löste die Kunde von der Katastrophe und den Geschehnissen auf dem Unglücksfloß selbstgerechte Empörung aus. Kannibalismus paßte nicht in das Lebensbild des zunehmend humanistisch geprägten Europa des frühen 19. Jahrhunderts. So hoch die Wellen anfangs auch schlugen, so schnell versuchte man die schauerlichen Vorgänge auch wieder zu vergessen und aus dem Gedächtnis zu streichen.

Die *Méduse* schien vergessen, obwohl der Kapitän wußte, daß man noch 17 Menschen, wenn auch zum Teil total betrunken, zurück gelassen hatte. Erst sieben volle Wochen später lief ein Schoner aus, um nach dem Wrack zu schauen. Nach drei vergeblichen Versuchen gelang es ihm an die *Méduse* heran zu kommen. Man fand nur noch drei halbverhungerte Männer vor. Die übrigen hatten versucht, weil die Lebensmittel ausgegangen waren, Land zu erreichen. Mit einem Floß gelang es zwölf von ihnen an die Küste zu kommen. Sie wurden aber, wie man später erfuhr, von Beduinen umgebracht.

Bei der Durchsuchung des Wracks fand man, und das erhöht die ganze Tragik erheblich, noch beachtliche Vorräte an Lebensmitteln. Sie hätten nicht nur für die Zurückgebliebenen über die sieben Wochen voll ausgereicht, auch die Tragödie auf dem Floß hätte erheblich gemindert werden können. An das Vorhandensein dieser Vorräte hatte sich offensichtlich niemand in der Hektik der Ereignisse erinnert.

Die Schuldfrage

So unverständlich und im höchsten Grade skandalös das Verhalten von Kommandant Chanmareys war, er hatte den Tod von 160 Menschen verschuldet und zu verantworten, so skandalös und unverständlich war auch das Urteil eines französischen Gerichtes. Es lautete auf drei Jahre »ehrenvolle« Haft und Verlust seines militärischen Ranges.

Es ist nicht bekannt, ob in irgendwelcher Weise Kritik daran geübt wurde, daß einem so verantwortungslosen und inkompetenten Mann wie Chanmareys überhaupt das Kommando über ein Geschwader gegeben worden war. Leider waren damals unabhängig arbeitende Untersuchungskommissionen noch nicht üblich, die dieser haarsträubenden Fehlentscheidung hätten auf den Grund gehen können. Chanmareys hatte sich dieser Aufgabe durchaus gewachsen gefühlt, denn er brüstete sich reichlicher Seerfahrung. Vermutlich war niemand auf die Idee gekommen, diese Behauptung nachzuprüfen. Den Ausschlag für seine Berufung soll jedoch seine politische Überzeugung gegeben haben. Chanmareys war ein zuverlässiger Royalist, und das schien ausreichend Gewähr für eine konsequente Durchsetzung der damaligen französischen Interessen unter dem Souverän Louis XVIII.

Weder der Größenwahn, die Überheblichkeit und die menschenverachtende Rücksichtslosigkeit des Geschwaderführers weder die Art und Weise wie die Berufung zustande kam noch das Urteil sind Ruhmesblätter in der Marinegeschichte Frankreichs, das so viele hervorragende Kapitäne und Seeleute hervorgebracht hat.

5.

Das Auswandererschiff *Johanne*

Datum: 6. November 1854
Ort: Küste von Spiekeroog
Schiffsname: *Johanne* (auch *Johanna*)
Schiffstyp: Bark
BRT: genaue Daten nicht bekannt
Art der Havarie: Strandung
Zahl der Opfer: 84
Unglücksursache: Fehleinschätzung der Wetterentwicklung

Es war Mitte des 19. Jahrhunderts. Die Zeit, in der viele Menschen jenseits des Atlantiks, in Amerika, dem Land »der unbegrenzten Möglichkeiten« ihre Zukunft sahen. Es waren unternehmungsfreudige Junggesellen, Handwerker in den besten Jahren, die sich eine neue Existenz aufbauen wollten. Es waren auch Gescheiterte, die ihre Hoffnung auf das freie Amerika setzten. Es waren Familien mit Kindern, aber auch dubiose Gestalten, denen der Boden in der Heimat zu heiß wurde. Allen gemeinsam aber war die Hoffnung auf eine bessere Zukunft. Man wußte, daß die Überfahrt ein Gang durch die Hölle sein konnte, das hatte sich herumgesprochen. Manche hatten schon Verwandte, die bereits drüben waren und die in anschaulichen Worten die Strapazen der Überfahrt brieflich geschildert hatten.

In der Tat waren die Bedenken bezüglich der Überfahrt nicht grundlos. So manches Schiff mit hoffnungsvollen Auswanderern ist in Amerika nie angekommen. In den 40er und 50er Jahren des 19. Jahrhunderts war die Auswandererwelle auf ihrem Höhepunkt. Allein von England aus sollen in dieser Zeit jährlich weit über 1000 Schiffe mit Auswanderern die

Reise über den Atlantik angetreten haben. Kriegsfolgen, Arbeitslosigkeit und Hungersnöte (viele Bauern waren zur Marine gepreßt worden) haben diese Flucht ausgelöst. Auch in Deutschland war der Drang ins gepriesene Land, weit im Westen über dem »großen Teich« nicht geringer.

Daß Reeder und Kapitäne unter diesen Voraussetzungen bestrebt waren, auch noch die letzte Ecke im Schiff für die Unterbringung von Passagieren zu nutzen, darf daher nicht verwundern. Wer Glück hatte, konnte auf einem Auswandererschiff eine Koje »erobern«. Viel gewonnen hatte er nicht, denn viel mehr Platz, als ihn ein Hase im Stall hat, war nicht vorhanden. Oft mußte er auch die Koje mit Angehörigen teilen. Bei schönem Wetter war der Aufenthalt an Bord noch erträglich. Man konnte sich an Deck bewegen, was aber die Matrosen nicht gerne sahen, da sie oft in ihrer Arbeit behindert wurden. Wer ein gutes Verhältnis zum Schiffskoch aufbauen konnte, hatte mit viel Geduld manchmal die Möglichkeit, sich ein warmes Essen zubereiten zu können. Grundlegend änderte sich aber die Situation bei schlechtem Wetter. Die wenigen Luken, durch die an schönen Tagen ohnedies nur spärliches Licht in den Laderaum oder das für Auswanderer vorgesehene Zwischendeck gefallen war, mußten geschlossen werden. Die einzige Beleuchtung waren nun ein paar müde Petroleumlampen.

Weit gravierender, als der Verlust von Licht, war der Verlust jeglicher Lüftung, was bei den vielen zusammengepferchten Menschen nach kurzer Zeit zu fast untragbaren Verhältnissen führte. Katastrophal aber waren die sanitären und hygienischen Zustände. Davon waren Frauen und Kleinkinder besonders betroffen. All das waren ideale Voraussetzungen für das Ausbrechen von Krankheiten, wie Typhus und Cholera. Je länger die Überfahrt dauerte, desto häufiger gesellte sich auch noch der gefürchtete Skorbut dazu, um die Leiden voll zu machen. Jeder, der eine Überfahrt gebucht hatte, war in der Hoffnung, heil und gesund in dem Land seiner Träume anzukommen, aber nicht jedem war das gegönnt.

Heil und gesund anzukommen, das hofften auch die »Fahrgäste« der *Johanne*. Sie war eine solide, große Bark, in Bremen beheimatet. Die Aussiedler an der Pier waren zuversichtlich, sich ihr anvertrauen zu können. Man schrieb das Jahr 1854 und es war November. November war zwar eine Jahreszeit, in der heftige Stürme nicht selten sind, aber das sollte das Schiff nicht am Auslaufen hindern. Die *Johanne* war ausgebucht und als die Festmacher ins Wasser klatschten, waren fast 200 Auswanderer, Männer, Frauen und Kinder, an Bord. Das Wetter war nicht erfreulich, und Kapitän Oldejans sah mit gerunzelter Stirn zum Himmel, wo ein kräftiger Westwind rasch dunkle Wolkenfetzen über den grauen Novemberhimmel jagte. Es war nicht das erste Mal, daß er bei solchem Wetter auslief und seiner noch neuen *Johanne* konnte er vertrauen. Weserabwärts war das Wetter hart, aber noch erträglich.

Das Schiff hatte die Wesermündung erreicht und kämpfte sich mühsam durch den immer höher werdenden Seegang. Krachend steckte es seinen Bug in die aufgewühlte See. Der Wind hatte kräftig zugelegt und in den Böen Sturmstärke erreicht. Längst waren die meisten Segel geborgen, aber zu viel konnte Kapitän Oldejans nicht wegnehmen, denn er mußte sich von den gefährlichen Sänden und Untiefen der Wesermündung freisegeln. Er hoffte auf ein Nachlassen des Sturmes, um in sicherem Abstand zur ostfriesischen Küste nach Westen fahren zu können. Der Sturm aber nahm weiter zu und tobte heulend in der Takelage. Bei den Auswanderern, die im Inneren des Schiffes »eingesperrt« waren, herrschte Angst. Seekrankheit und die schlechte Luft taten ihr Übriges. Aber auch an Deck wäre keine Aufenthaltsmöglichkeit gewesen, denn die *Johanne* wurde ständig von wütenden Brechern überspült, die alles, was nicht niet- und nagelfest war, mit sich in die

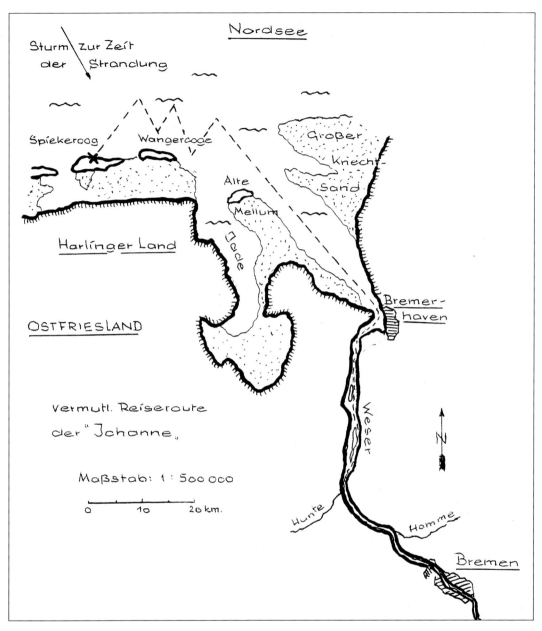

Die vermutliche Reiseroute der *Johanne*.

See rissen. Schließlich mußte Kapitän Oldejans auch noch weitere Segel, bis auf ein kleines Sturmsegel bergen lassen, um den gewaltigen Druck auf das Rigg zu mindern. Dieses letzte Segel mußte er stehen lassen, damit das Schiff noch genügend Fahrt voraus machte und dem Ruder gehorchte.

Die *Johanne* kämpfte sich unermüdlich durch die See, aber die Situation wurde kritisch. Den erfahrenen Seeleuten an Bord war klar, daß das Schiff nicht mehr lange diesem Höllentanz würde widerstehen können. Es ächzte in allen Fugen, wenn es von einer besonders hohen Welle emporgerissen und anschließend krachend in das nächste Wellental geschleudert wurde. Das bedrohlichste aber war, daß der Sturm immer mehr nach Norden drehte und die *Johanne* dadurch auf Legerwall geriet. Von der nahen Küste freisegeln, war unter den gegebenen Umständen nicht möglich. Dazu hätte man wieder Segel setzen müssen, und die konnte das Schiff nicht tragen. Unbarmherzig drückten der Sturm und die gewaltigen Seen die *Johanne* auf die Küste, und damit auf die todbringende Brandung zu. Auch an ein Abflauen des Sturmes war nicht zu denken. Im Gegenteil, in den Masten jaulte und pfiff er und erreichte in den Böen Orkanstärke.

Als hinter einem »Kaventsmann« (einer besonders hohen Welle) die *Johanne* in ein tiefes Wellental fiel, hatte sie eine kurze aber harte Grundberührung. Kurz darauf wurde Wasser im Schiff gemeldet, das schnell stieg. Der Kampf mit den wütenden Elementen war verloren.

Den sicheren Untergang des Schiffes aber, und damit den Tod aller Auswanderer und auch der gesamten Besatzung wollte Kapitän Oldejans unter allen Umständen vermeiden. Ihm blieb keine Wahl. Er mußte so schnell wie möglich, solange das Schiff noch schwimmfähig war und auf das Ruder gehorchte die Küste erreichen und die *Johanne* dort auf Grund setzen. Jede Minute war jetzt kostbar. Es war eine schwerwiegende Entscheidung, aber er wagte jetzt das einzig Richtige. »Ruder hart Backbord«, schrie er in dem tosenden Sturm den beiden Männern am Ruder zu und kräftige Seemannsfäuste drehten so schnell wie möglich das Ruderrad. Das Schiff gehorchte und fiel nach Süden ab. Die *Johanne* lag jetzt vor dem Wind und schoß förmlich, stark rollend und taumelnd auf die Küste zu in die immer gefährlicher werdenden Grundseen. Aber dort an der Küste, war wenigstens noch ein Funke Hoffnung einen Teil der Menschen auf dem Schiff zu retten. Gnadenlos fielen jetzt die Grundseen von achtern über das Schiff her, alles mit sich reißend, was sich ihnen in den Weg stellte, aber noch hielt das Schiff ihnen stand.

Alle Augen blickten gespannt und angestrengt voraus in das Inferno der Brandung. Wo war die Küste? Sie war niedrig und schwer erkennbar. Jeden Augenblick konnte der harte Stoß auf Grund kommen. Würden die Masten halten? Die Rahen, würden sie von oben kommen? Nicht lange blieben diese Fragen offen. Die Küste war schon in Sicht und wurde deutlicher. Die Nerven waren zum Zerreißen gespannt. Da, ein Krachen, das fast das Heulen des Sturmes übertönte, ein heftiger Stoß erschütterte das Schiff. Die *Johanne* saß auf Grund.

Die Möglichkeiten vom Schiff aus an Land zu kommen waren gleich Null. Die überkommenen Seen hatten die Rettungsboote längst aus ihren Davits gerissen, über Bord geschwemmt oder zerschlagen. Von Land aus, es war die Insel Spiekeroog auf der man gestrandet war, hatte man die Katastrophe beobachtet, aber an Hilfe war nicht zu denken. Drei lange Stunden mußte man noch warten, bis die Flut einsetzen würde und dann nochmal mindestens zwei Stunden, bis das Wasser hoch genug wäre, um zum Schiff zu kommen. Voraussetzung aber war ein Nachlassen des Sturmes. Eine vage Hoffnung für die Schiffbrüchigen. Selbst wenn, was erfahrungsgemäß kaum zu erwarten war, von Land aus ein Versuch gemacht worden wäre, die Schiffbrüchigen zu bergen, es fehlte an Booten, die dieser Aufgabe gewachsen gewesen wären. Auch Raketenapparate, mit deren Hilfe man die Leute in der Hosenboje an Land hätte holen können, waren noch unbekannt. Diese wurden erst später mit viel Mühe und vielen Rückschlägen entwickelt. Für die Leute auf der *Johanne* blieb nur die Hoffnung, daß das Schiff bis zum Nachlassen des Sturms standhielt. Aber auch diese letzte

Ein Rahsegler in schwerer See. Der »blanke Hans« steigt an Deck.

Hoffnung wurde buchstäblich zerschlagen. Gewaltige Brecher rissen das Schiff immer wieder hoch und ließen es anschließend hart auf den Grund fallen. Das Zerstörungswerk war nicht aufzuhalten.

Immer mehr Wasser drang in den Schiffsrumpf ein, Fässer und Kisten schwammen auf, alles im Schiff zerschlagend. Viele Menschen ereilte so im Schiff das Schicksal und die, die an Deck ihr Heil suchten, wurden von den Brechern über Bord gespült. Spieren und Rahen kamen von oben, erschlugen oder verletzten die Menschen im Wasser, oder die noch an Bord waren. Auch die Masten hielten den entfesselten Elementen nicht stand. Planke für Planke riß die Brandung vom Schiff und vollendete damit ihr Zerstörungswerk. Mit der Flut, ehe eine eventuelle Hilfe möglich gewesen wäre, wurden die Reste der neuen und stolzen *Johanne* an den Strand gespült. Nur wenigen gelang es, auf einer Planke oder an einen anderen Gegenstand des Schiffes geklammert, lebend an

Als das Denkmal zur Erinnerung an die Toten der *Johanne* errichtet wurde, stand es mitten in den Dünen, heute befindet sich an dieser Stelle bereits der Ortsrand von Spiekeroog.

Land zu kommen. Die See hatte ganze Arbeit geleistet und gnadenlos hoffnungsvolles Menschenleben vernichtet. Kinder hatte sie zu Waisen gemacht und Familien auseinander gerissen. Den Überlebenden hatte sie ihre letzte Hoffnung zunichte gemacht. Was sie besaßen, hatte die See genommen, das, was sie am eigenen Leib hatten, war alles, was ihnen blieb. Noch aussichtsloser war die Lage derer, die verletzt und hilflos ein Hospital gebracht wurden.

Als der Sturm sich legte, und ein Überblick über die Katastrophe möglich war, zählte man 84 Tote. Eine erschütternde Bilanz.

Ein Überlebender dieses grauenvollen Unglücks hat die Vorgänge in der »Weserzeitung« am 12. November 1854 geschildert. Dieser Zeitungsbericht rüttelte die Öffentlichkeit auf. Zum ersten Mal wurde man in dieser Unmittelbarkeit mit dem furchtbaren Schicksal Schiffbrüchiger konfrontiert. Die *Johanne* war zwar kein Einzelfall, nicht das einzige Opfer. Berichte und Augenzeugen von Schiffsunglücken hatte es immer gegeben, aber die *Johanne* war seit längerer Zeit das schrecklichste Opfer.

Im Zeitalter eines sich ausbreitenden humanistischen Gedankengutes begannen auch individuelle Schicksale, ja das Menschenleben als Wert an sich, zu interessieren und schwerer zu wiegen, als dies in früheren Zeiten der Fall war. Schon gar, wenn es in so großer Zahl und unter so dramatischen Bedingungen ausgelöscht wurde, wie dies bei der Strandung der *Johanne* der Fall war.

Es sei in diesem Zusammenhang daran erinnert, daß nicht sehr lange Zeit danach, aus ebenfalls humanem Antrieb heraus, im Jahre 1863 von Henri Dunant das Rote Kreuz gegründet wurde.

Zu unmittelbaren, handfesten Konsequenzen in Sachen Seenotrettung reichte die öffentliche Aufmerksamkeit über das Schicksal der *Johanne* aber noch nicht aus. Man nahm zwar Anteil, und in privater Initiative wurden Möglichkeiten effektiver Seenotrettung diskutiert, doch wurden diese von staatlicher Seite nicht aufgegriffen. So erlahmte schon ziemlich bald das Interesse wieder. Erst die Strandung der Brigg *Alliance* am 10. September 1860 vor Borkum sollte in Sachen Seenotrettung an deutschen Küsten die Wende herbeiführen.

In den Dünen auf Spiekeroog aber hat man ein Mahnmal errichtet zum Gedenken an die Toten des Auswandererschiffes *Johanne*, die dort am 6. November gestrandet ist.

Die Schuldfrage

Eine Verhandlung gegen Kapitän Oldejans, der das Unglück überlebte, gab es nicht. Über die genauen Einzelheiten dieses entsetzlichen Dramas wurde von offizieller Seite so gut es ging der Mantel des Schweigens ausgebreitet. Vielleicht wollten sich ja einflußreiche Personen das lukrative Geschäft mit den Auswanderer-Überfahrten nicht verderben lassen.

Im Grunde trifft den Kapitän aber auch keine Schuld. Hätte er, so wie es heute in der Seefahrt selbstverständlich ist, eine Ahnung von der Großwetterlage gehabt, hätte er sicher die Abreise um einen, oder zwei Tage verschoben. So aber konnte er auf Grund seiner Erfahrung zwar das Wetter der nächsten Stunden, nicht aber das der nächsten Tage beurteilen. Schließlich richtete erst im Jahr 1868 die Norddeutsche Seewarte die ersten Sturmwarnstellen ein, nach deren Prognosen sich Kapitäne richten konnten.

Auch im Sturm selbst tat Kapitän Oldejans mit seiner Entscheidung, das leckgeschlagene Schiff so gut wie möglich auf Grund zu setzen, um wenigstens einigen Menschen das Leben zu retten, das einzig richtige. In keinem Moment des Katastrophenverlaufs sind ihm, will man fair bleiben, Pflichtverletzung, Fehlentscheidungen oder Nachlässigkeit vorzuwerfen. Die *Johanne* und die Menschen an Bord wurden das Opfer höherer Gewalt und nicht menschlichen Versagens.

6.

Das Auswandererschiff
Austria

Datum:	13. September 1858
Ort:	Südküste Neufundlands
Schiffsname:	*Austria*
Schiffstyp:	Schraubendampfer mit drei vollgetakelten Masten
BRT:	2684
Art der Havarie:	Brand, Totalverlust
Zahl der Opfer:	451
Unglücksursache:	grobe Unachtsamkeit

Es mangelte nicht an Gefahren, denen Segelschiffe in den vergangenen Jahrhunderten ausgesetzt waren. Da sind in erster Linie Stürme und Orkane, die von der Schiffsführung nicht rechtzeitig erkannt werden konnten und vor denen niemand warnte. Und selbst wenn diese prognostizierbar gewesen wären, die Möglichkeiten, diesen auf See auszuweichen, waren sehr gering. Viele Fracht- und Passagiersegler scheiterten an extremen Wetterverhältnissen und gingen verloren, weil ihnen niemand helfen konnte und ihre Schiffe den harten Bedingungen, das gilt besonders für den nördlichen Atlantik, nicht standhalten konnten. Aber, so absurd sich dies auch anhören mag, auch Flauten bedrohten die Seefahrer nicht minder. Sie verzögerten die Ankunft am Bestimmungshafen beziehungsweise an anderen früher erreichbaren Häfen erheblich. So waren Passagiere und Besatzungen auf ihren Reisen zu fremden Kontinenten wochen-, ja oft monatelang auf See, ohne Wasser und Verpflegung ergänzen zu können. Die Folgen: Mangelkrankheiten wie Skorbut. Katastrophale hygienische Verhältnisse und völlig ungenießbares Wasser taten das übrige.

Den Auswanderern auf der *Austria* erging es 1858 nicht besser. Der Trend zum Auswandern war immer noch ungebrochen, die meisten Schiffe waren bis zum letzten Platz belegt. Allein im Jahr 1854, dem Rekordjahr, suchten 251.000 Menschen ihr Glück in Amerika. Wie auch auf der *Johanne*, vier Jahre zuvor, lebten auch auf der *Austria* die Menschen dicht gedrängt. Wenigstens aber konnten sie einen Teil der Reise an Oberdeck verbringen, denn die *Austria* hatte Glück mit dem Wetter.

538 Personen waren auf dem Schiff und man kann sich leicht vorstellen, daß der Sauberkeit und der persönlichen Hygiene recht deutliche Grenzen gesetzt waren. Diese Einschränkungen und die ständige Rücksichtnahme auf andere verlangte den Menschen an Bord, Passagieren wie Crew, ein erhebliches Maß an Disziplin und Toleranz ab. Man nahm es in Kauf, oder versuchte es zumindest, mit Blick auf die Zukunft, von der man viel erwartete.

Befinden sich so viele Menschen auf einem kleinen Schiff, sind vorbeugende Maßnahmen gegen Infektionskrankheiten bei längerer Überfahrt unerläßlich. Die Überfahrt nach New York dauerte auch bei den damals modernen Schraubendampfern, wie die gerade ein Jahr alte *Austria* einer war, im Schnitt etwa drei Wochen, bei schlechtem Wetter und starken Westwinden noch deutlich mehr.

Am 1. September des Jahres 1858 verließ die *Austria* mit 538 Passagieren an Bord den Hamburger Hafen. Es war ihre dritte Reise nach New York. Die *Austria*, ein Schiff der »Hapag«, hatte am 1. Mai des gleichen Jahres ihre Jungfernreise absolviert und war ein stattlicher Schraubendampfer. Zusätzlich führte sie drei vollgetakelte Masten. Das hatte den Vorteil, daß man mit Hilfssegeln günstige Winde ausnutzen, und damit Kohle sparen konnte. Ein sehr willkommener Nebeneffekt bei dem damals noch sehr hohen Verbrauch der Dampfmaschinen.

Ohne Schwierigkeiten verlief die Fahrt durch den Englischen Kanal und über den Atlantik. Es war schönes Wetter und ruhige See, was die Überfahrt und die Zeitvorgabe begünstigte. Am 13. September, keine zwei Wochen nach der Abreise, befand sich die *Austria* südlich der Neufundlandbänke. Viele Passagiere waren in Gedanken bereits in der »Neuen Welt«. Voller Erwartung schmiedeten sie Pläne für die Zukunft.

Schönes Wetter und ruhige See, das war eine günstige Gelegenheit, eine nicht sehr beliebte, aber notwendige sanitäre Maßnahme durchzuführen. Das Zwischendeck, der Aufenthalts-, Wohn- und Schlafraum der Auswanderer sollte ausgeräuchert und somit desinfiziert werden. Auch wenn, wie im vorliegenden Fall während der Überfahrt gutes Wetter herrschte und die Skylights nicht geschlossen werden mußten, waren doch viel zu viel Menschen auf engstem Raum gleichsam »zusammengepfercht«, was sich auf die Dauer der Reise negativ auswirkte. Unvermeidbar war, daß sich unter Deck ein ideales Klima zur Ausbreitung von Krankheiten bildete, denen ältere und schwächere Menschen oft erlagen. Jeder verantwortungsbewußte Kapitän, es waren leider nicht alle, war bestrebt, durch Räuchern die schlimmsten gesundheitlichen Gefahren zu vermeiden, ausschließen konnte man sie jedoch nicht.

Am frühen Nachmittag des 13. September ging der Vierte Offizier zusammen mit einem Mann der Besatzung hinunter ins Zwischendeck. Sein Auftrag war, den Raum zu räuchern. Um ungestört arbeiten zu können, schickte er die Passagiere nach oben. Leider kamen nicht alle der Aufforderung nach, was bei der Zahl der Aussiedler nicht verwunderlich ist. Sicher fühlten sich einige auch nicht gesund, oder waren sonstwie behindert. Der Mann hatte einen Eimer Teer bei sich und ein glühend gemachtes Stück einer alten Ankerkette. Er begann seine Arbeit, wie ihm geheißen und

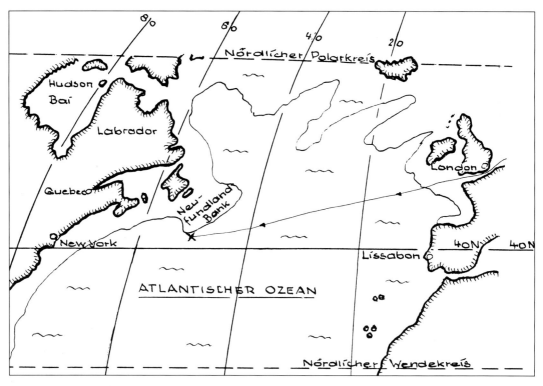

Fast am Ziel waren die Auswanderer auf der *Austria*, als sie das Unglück vor der Südküste Neufundlands ereilte.

tauchte die Kette in den Teer. Wer ihm den Auftrag gegeben hat, statt mit Essig, wie allgemein üblich, auf diese gefahrvolle Weise zu desinfizieren, wurde nicht bekannt. Auch der Offizier der *Austria*, der die Arbeit überwachen sollte, hatte keine Einwände. Er meinte sogar, daß noch gründlicher geräuchert werden sollte. Daraufhin steckte der Mann die Kette noch tiefer in den teergefüllten Eimer. Die Folge war eine außergewöhnlich starke Qualmentwicklung. Die ohnehin geringe Helligkeit im Zwischendeck wurde so stark beeinträchtigt, daß man kaum noch etwas sehen konnte. Aus Versehen, oder vor Schreck ließ der Matrose die Kette fallen. Der Eimer wurde umgeworfen und der brennende Teer lief aus. Laut schreiend: »Feuer, Feuer!«, versuchten nun die noch im Raum befindlichen Personen ins Freie zu kommen, wurden aber durch den Qualm und die miserable Sicht erheblich daran gehindert. Auch behinderten sie sich in der sich ausbreitenden Panik gegenseitig. Das Chaos war perfekt. Unten versuchte man noch mit Wasser das Feuer zu löschen, was aber keineswegs zur Eindämmung beitrug, sondern nur noch den letzten Rest an Sicht nahm. Rasend schnell breitete sich das Feuer aus, denn an brennbaren Gegenständen, wie Betten, Matratzen usw. fehlte es nicht.

Der Kapitän, der sich zur Ruhe gelegt hatte, wurde gerufen. Das war unnötig, denn das Geschrei der Passagiere hatte ihn bereits geweckt und er eilte an Deck. Ein kühler Kopf und eine starke Hand waren jetzt dringend zur Einleitung entschlossener Maßnahmen und zur Vermeidung einer Panik nötig. Es war schon reichlich spät, denn der Brand im Inneren des Schiffes hatte schon bedenkliche Ausmaße ange-

Über 450 Menschen fallen der Feuersbrunst auf der *Austria* zum Opfer.

nommen. Vielleicht hätte man des Feuers noch Herr werden können, wenn, ja wenn aus der Leitung noch Wasser gekommen wäre. Aber da kam nichts, denn die beim Bau des Schiffes verwendeten Rohre waren (angeblich) aus Blei, um ein Durchrosten auszuschließen. An irgend einer Stelle mußte aber das Blei bereits geschmolzen sein, was bei dem niedrigen Schmelzpunkt von Blei nicht verwunderlich ist. Ein geradezu paradoxer Zustand! Ringsherum jede Menge Wasser, und doch keine Möglichkeit zu löschen. An die Löscheimer, deren man sich jetzt erinnerte, konnte man nicht mehr heran, dort wütete bereits das Feuer. Dem nicht genug, behinderten auch die Passagiere, die wie ein aufgescheuchter Hühnerhaufen schreiend an Deck herum liefen, die letzten Maßnahmen der Besatzung zur Bekämpfung des Brandes. Inzwischen war es sogar aussichtslos geworden, das Feuer zumindest einzudämmen. Als letzte Rettungsmöglichkeit versuchte man nun die Boote klar zu machen, worum der Kapitän und die Offiziere sich bemühten. Aber auch das verzögerten unvernünftige Passagiere, die vor Angst völlig kopflos, sich vor den Booten drängten, um die Chance dort einen Platz zu bekommen, nicht zu verpassen. Es herrschte völliges Chaos. Das wurde noch verstärkt durch den Kapitän, der das Schiff bereits aufgegeben hatte und offensichtlich unter Schock über Bord sprang. So jedenfalls wurde es von Augenzeugen geschildert. Dieses Über-Bord-Springen des

Kapitäns soll aber nach einer anderen Schilderung nicht freiwillig gewesen sein. Die im Inneren des Schiffes wütenden Flammen sollen das Pulvermagazin erreicht haben, das explodierte. Brennende Trümmer, Männer, Frauen und Kinder und auch Kapitän Heydtmann seien schlichtweg durch die Luft geschleudert worden. Eine der wichtigsten, wenn auch je nach Lage schwierigsten Aufgaben eines Kapitäns im Falle eines drohenden oder unvermeidlichen Unterganges seines Schiffes ist es, eine Panik unter den Passagieren zu vermeiden. Gerade daran wurde Kapitän Heydtmann durch die Explosion gehindert. Diese Version dürfte die glaubwürdige sein. Er geriet, im Wasser vermutlich bewußtlos treibend, in die sich noch drehende Schiffsschraube, was sein Ende bedeutete. Wäre er freiwillig gesprungen, hätte er sich schwimmend sicher von ihr freihalten können.

Die Boote hätten nach Aussagen der geretteten Offiziere voll ausgereicht. Man hätte auch alle Boote zu Wasser bringen können, denn die *Austria* hatte kein Leck und somit auch keine Schlagseite, bei der ein Teil der Boote ausgefallen wäre. Das kopflose, sinnlose Gedränge an den Booten behinderte die Matrosen aber so lange, bis schließlich die Flammen die Boote an der Steuerbordseite erreichten und diese Feuer fingen. Das war unmittelbar nach der Explosion des Pulvermagazins der Fall. Zu allem Überfluß fachte auch der herrschende Wind die Flammen zusätzlich an. Von den Booten an der Backbordseite kam nur eines unversehrt zu Wasser. Die anderen wurden leck geschlagen durch Passagiere, die in ihrer Angst in die Boote sprangen, bevor diese klar waren, um abgefiert zu werden. Die 23 Personen, die in dem jetzt einzigen Boot saßen, glaubten sich schon in Sicherheit. Das war ein Trugschluß, denn zu viele, die über Bord gesprungen waren, klammerten sich an das Boot und versuchten hinein zu kommen, mit dem Ergebnis, daß das Boot kenterte. Um das Maß der Katastrophe voll zu machen, konnte auch die Maschine der *Austria* nicht gestoppt werden. Sie war zwar noch zu Beginn des Brandes auf halbe Fahrt gestellt worden, aber dann war der Rauch im Kesselraum zu dicht und die Bedienungsmannschaft erstickte, bevor ein Abstellen der Maschine möglich war. Nach unten konnte auf dem brennenden Schiff niemand mehr. Auch den Ruderstand hatten die Flammen erfaßt. So konnte das Ruder nicht bedient werden und das Schiff änderte ständig seinen Kurs. In Folge davon breiteten sich die Flammen nach verschiedenen Richtungen aus und erreichten so auch das Vorschiff und die Takelage. Dorthin hatten sich viele geflüchtet. Es dauerte nicht lange, dann waren die Wanten zerstört. Der Fockmast fiel und erschlug Leute an Deck. Bald darauf folgte der Großmast und zuletzt, es war noch keine Stunde nach Ausbruch des Feuers vergangen, fiel auch der Besanmast.

Der Aufenthalt an Deck der *Austria* war unmöglich geworden. Menschen versuchten, sich an Tauen, die sie an der Reling befestigt hatten, herunter zu lassen. Auch der Klüvermann, wohin sich viele geflüchtet hatten, und wo in der Zwischenzeit das Recht des Stärkeren galt, war durch Rauch und Hitze kein sicherer Ort mehr. Wieder andere sprangen mit irgend einem hölzernen Gegenstand, dessen sie habhaft werden konnten, über Bord.

Grauenvolle Szenen spielten sich ab. Vielen war der Weg nach oben schon von Anfang des Brandes an versperrt. Deren verzweifeltes Schreien war längst im Rauch und in den Flammen verstummt. Endlich blieb die Maschine stehen, aber das änderte an der Katastrophe nichts mehr.

Der Feuerschein und besonders die riesige Rauchwolke über der *Austria* wurde auf dem französischen Segler *Maurice* bemerkt. Kapitän Renand ließ sofort Kurs zum Unglücksort nehmen, aber der schwache Wind ließ nur eine geringe, viel zu geringe Fahrt zu, um wirksam helfen zu können. Die *Maurice* hatte am 8. September Neufundland verlassen und hatte Order die Reunions-Insel anzulaufen. Am 13. September, etwa um 14.00 Uhr hatte Kapitän Remand die *Austria* ausgemacht. Dabei war ihm nichts Ungewöhnliches aufgefallen. Erst eine halbe Stunde später sah er die Rauchwolke, die sich rasch vergrößerte. Kapitän Remand ließ sofort Kurs auf das Schiff nehmen und bereitete das Aussetzen von zwei Booten vor.

Als sich die *Maurice* dem Havaristen auf etwa eine Seemeile genähert hatte, wurden die beiden Boote ausgesetzt, da ihnen bereits Schiffbrüchige entgegenschwammen. Die Boote der *Maurice* konnten 40 Menschen retten. Gegen abend gelangte noch ein beschädigtes Boot zur *Maurice*. Es hatte 23 Menschen aufgenommen. Es war das einzige Boot der *Austria*, das zu Wasser gekommen war. Nach dem Kentern konnten ein paar kräftige Männer das Boot wieder aufrichten und lenzen, so daß es die Schiffbrüchigen wieder aufnehmen konnte. Das schließlich letzte Boot, es war inzwischen Nacht geworden, brachte noch zwei Überlebende zur *Maurice*.

Die norwegische Bark *Katarina* war auch noch, aber sehr spät auf das brennende Wrack der *Austria* aufmerksam geworden und konnte in der Nacht noch 22 Menschen dem sicheren Tod entreißen. Für 451 unglückliche Passagiere war die Reise in eine, wie man hoffte, »bessere Zukunft«, eine Reise in den Tod.

Die Schuldfrage

Unvorsichtigkeit und mangelnde Sorgfalt führten zu einer der größten Katastrophen in der Geschichte der Seefahrt des vergangenen Jahrhunderts. Kein Unwetter, keine Kollision, kein Navigationsfehler hatte Schuld an dem Untergang der *Austria*, sondern ein durch Unachtsamkeit entstandener Brand. Zu der damaligen Zeit waren Brände besonders gefürchtet, weil sie sich meist mit rasender Geschwindigkeit ausbreiteten. Das betraf Schiffe bei denen sowohl der Innenausbau als auch der Rumpf aus Holz bestanden, und das waren die meisten Schiffe der damaligen Zeit.

Auch ohne den Kapitän hätte es bei entschlossenem Eingreifen der Offiziere möglich sein müssen, die Boote zu besetzen und unbeschädigt zu Wasser zu bringen. Dies umso mehr, als ruhige See die beste Voraussetzung dazu war. Das aber scheint weitgehend durch Passagiere, die sich in panischer Angst um die Boote drängten, verhindert worden zu sein. Das sich überaus rasch ausbreitende und auf die Boote übergreifende Feuer tat ein übriges.

Es sind Fälle bekannt, wo beherzte Offiziere mit der Waffe in der Hand kopflos gewordene Passagiere zur Vernunft zwangen, und so deren und auch gegenebenfalls ihr eigenes Leben gerettet haben. Ob im Fall der *Austria*, deren Offiziere versagt haben, kann schwer beurteilt werden. Es ist ein deutlicher Unterschied, ob ein großes, leck gewordenes Schiff, wie zum Beispiel die *Titanic*, langsam sinkt, oder ob sich auf einem kleinen Schiff ein Brand rasend schnell ausbreitet und das gesamte Schiff in nur kurzer Zeit erfaßt. Alle nachträgliche Besserwisserei nach solchen Ereignissen macht die Vorfälle nicht mehr ungeschehen und tröstet auch nicht die Hinterbliebenen.

Da der Kapitän den Brand seines Schiffes nicht überlebte, kam es zu keiner Verhandlung vor einem Seegericht. Unmittelbare und wirksame Konsequenzen für die Sicherheit auf See wurden aufgrund des damaligen Standes der Technik und aufgrund des Fehlens einer effektiv organisierten Seenotrettung in den Ländern der führenden Seefahrernationen nicht gezogen.

7.

Die Brigg *Alliance*

Datum: 10. September 1860
Ort: das Borkum-Riff
Schiffsname: *Alliance*
Schiffstyp: Brigg
BRT: 250
Art der Havarie: Strandung
Zahl der Opfer: 9 (die gesamte Besatzung)
Unglücksursache: vermutlich Navigationsfehler

Sechs Jahre waren nach der Strandung der Bark Johanne vor Spiekeroog vergangen, ohne daß sich ein weiteres schweres Unglück vor den friesischen Inseln ereignet hatte. Keine Strandung, die als Katastrophe oder als ein schweres Unglück bekannt wurde. Die Nordsee war gnädig. Im September des Jahres 1860 aber wurde diese Ruhe jäh unterbrochen.

An der Nordwestecke der Insel Borkum, der westlichsten der ostfriesischen Inseln liegt ein gefährliches Riff, das schon manchem Schiff zum Verhängnis geworden ist. Man sagt »Riff« und das verleitet dazu, sich harte Felsen vorzustellen. Das ist aber, wie auch bei dem gefürchteten »Scharhörn-Riff« irreführend, denn bei beiden Riffen handelt es sich um Sandbänke. Im Gegensatz zu einem Unterwasserfelsen, der seine Lage nicht ändert, unterliegen Sandbänke dem Einfluß von Strömungen und der Tide. Die Sände bestehen aus sehr feinem Treibsand, der besonders durch Stürme in großen Mengen verfrachtet und an anderer Stelle wieder abgelagert wird. Genau das macht solche Sände, zumindest was ihre Ausdehnung betrifft, unberechenbar und gefährlich. Auch das Borkum-Riff ist Änderungen unterworfen, behält aber seine Lage an der NW-Ecke der Insel bei.

An diesem Riff scheiterte im September des Jahres 1860 eine Brigg. Sie war nicht mehr das jüngste Schiff und hatte schon viele Seemeilen im Kielwasser gelassen. Daß Schiffe stranden, war zu der damaligen Zeit nichts Ungewöhnliches. So wäre denn auch das Unglück der *Alliance* längst in Vergessenheit geraten, hät-

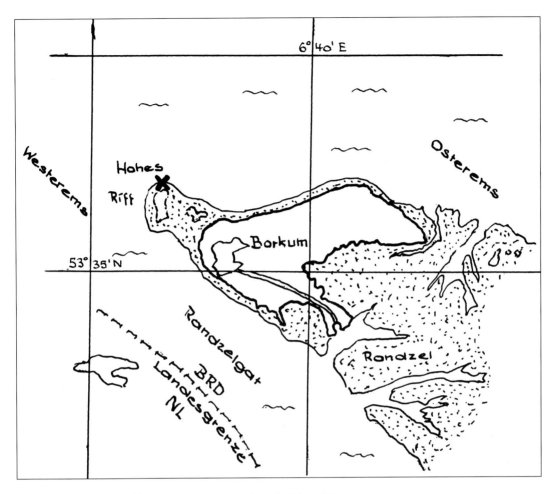

Am Hohen Riff, unmittelbar vor Borkum, strandete die Brigg *Alliance*.

te nicht sein Verlauf weitreichende Folgen gehabt.

Die gesamte Besatzung hätte wahrscheinlich gerettet werden können. Damals aber galt noch das sogenannte »Strandrecht«, das, wie bereits im Einleitungskapitel dieses Buches erläutert, alles, was die See an den Strand spült, dem Finder als Eigentum überläßt. Das galt auch bei Strandungen, aber nur dann, wenn kein Schiffbrüchiger lebend den Strand erreicht. In Borkum wurde dieses Recht nicht ganz dem Sinn entsprechend ausgelegt, denn die Augenzeugen des Geschehens warteten untätig so lange, bis die Bedingung, niemand darf lebend den Strand erreichen, erfüllt war.

Vermutlich noch vor der Morgendämmerung muß die *Alliance* auf das Riff aufgelaufen sein. Was genau an Bord geschah, weiß man bis heute nicht. Es hat niemand von der *Alliance* die Strandung überlebt.

Vielleicht war der Rudergänger übermüdet, auch der Ausguck könnte unaufmerksam gewesen sein, oder hat die gefährliche Brandung zu spät erkannt. Wahrscheinlich war es der Tidenstrom, der die Brigg von ihrem Kurs abbrachte. Damals gab es noch wenig Möglichkeiten dies zu erkennen, wenn eine Landsicht fehlte.

So sehr sich die Männer der *Alliance* auch verzweifelt bemüht haben dürften, sie hatten keine Chance, das Schiff saß eisern fest.

Als ein paar Melkerinnen in den frühen Morgenstunden zum Strand gingen, trug ihnen der Wind, der von See kam, Geräusche zu. Sie glaubten Stimmen zu erkennen, aber zu sehen war nichts. Deshalb glaubten sie an Geisterstimmen und liefen aufgeregt ins Dorf und erzählten, was sie soeben erlebt hatten. Aber nicht nur die Frauen, auch die Fischer waren Frühaufsteher. Sie hatten die Brigg bereits entdeckt. Sie kannten ihr Riff und wußten, daß das Schiff bei dem derzeitigen Wind und Seegang nicht wieder frei kommen konnte. Es war schutzlos den anstürmenden Wellen preisgegeben. Da ein stürmischer Wind herrschte und die Seen alle weiße Schaumköpfe trugen, war ihnen klar, daß der Todeskampf des Schiffes nicht mehr lange dauern würde. Von Land aus konnte man erkennen, daß die See ihr Zerstörungswerk schon ziemlich weit vorangetrieben hatte. Man sah Trümmer auf Land zutreiben und an dem Deckshaus, das schon angespült war, konnte man erkennen, daß es sich um ein älteres Schiff handeln mußte. Die Leute der Brigg waren in die Wanten geklettert, weil ein Aufenthalt an Deck nicht mehr möglich war. Sie riefen in ihrer Not um Hilfe, aber keiner der Fischer unternahm etwas. Gleichgültig, stumm, teilnahmslos und ungerührt von den Hilferufen standen sie am Strand. Man wartete bis das Wrack auseinanderbrechen würde. Man wartete auf das Strandgut, das nicht nur aus Trümmern bestehen würde. Fast zwei Stunden vergingen. Die Rufe der Männer auf dem Wrack wurden immer verzweifelter. Sie sahen die Fischer am Strand und sahen, daß sie keinerlei Anstalten machten, ihnen zu helfen.

Ein älterer, ehemaliger Kapitän, der sich in Borkum aufhielt, kam vorbei und sah das Schiff draußen in der Brandung. Erregt forderte er die Fischer auf, ins Dorf zu gehen und weitere Männer zu holen, damit man versuchen könne, die Schiffbrüchigen abzubergen. Er wußte aus Erfahrung, daß ein Versuch keinesfalls aussichtslos war. Aber keiner der Fischer rührte eine Hand. Teilnahmslos starrten sie hinüber zum Wrack, ohne den Kapitän zu beachten. Auch Appelle an die Menschlichkeit, an das Pflichtbewußtsein, und daran, daß man sich an Gott vergehe, wenn man die Hilfe verweigere, zeigten keinerlei Wirkung. Die Fischer waren so auf ihr Strandrecht fixiert, daß sie offensichtlich nur an das zu erwartende Strandgut dachten und jede Hilfe ablehnten. Nur einer der umstehenden Fischer reagierte unwirsch und mürrisch: Es habe keinen Sinn den Leuten auf der Brigg helfen zu wollen, die See sei viel zu rauh und ein Boot habe keine Chance das Wrack zu erreichen, geschweige denn helfen zu können. Man soll aber deutlich heraus gehört haben, daß er damit nur sein schlechtes Gewissen besänftigen wollte.

In der Zwischenzeit setzte die Brandung ihr Zerstörungswerk fort. Planke um Planke rissen die Brecher aus dem Rumpf. Noch einen letzten Versuch unternahm der Kapitän mit dem Hinweis, daß ihnen doch das gleiche Schicksal, wie den Leuten draußen auf der Brigg widerfahren könne. Aber auch diese Worte fanden bei den Fischern nur taube Ohren. Die Rufe draußen wurden immer verzweifelter, aber seltener. Man konnte erkennen, wie der eine oder andere von der überkommenden See mitgerissen wurde. Als ein besonders hoher Brecher das Schiff überspülte, sah man, wie die Brigg auseinander brach und die Masten in die aufgewühlte See stürzten. Nochmal, als die See zurückflutete, konnte man Reste des Wracks erkennen, dann war alles vorbei.

Die »Weserzeitung« berichtete am 30. September 1860 ausführlich über das Unglück und brandmarkte dabei offen und nachdrücklich das Verhalten der Fischer als menschenunwürdig. Das brachte den entscheidenden Wandel, denn die Stimmen, die auf Abhilfe drängten, und die das sture, mitleidlose Verhalten der Fischer als skandalös anprangerten, wurden immer lauter. Es mußte etwas geschehen, und es geschah etwas.

Einen Monat nach dem beschämenden Ereignis vor der Insel Borkum, veröffentlichte der Navigationslehrer Adolf Bermpohl am 3. Oktober 1860 in der »Vegesacker Wochenschrift« einen flammenden Aufruf. Es sei endlich an der Zeit, dem Beispiel Englands und der Niederlande zu folgen, und unter Anteilnahme des ganzen Volkes ein Seenotrettungswerk ins Leben zu rufen, denn die Ereignisse vor Borkum seien eine Schande für ganz Deutschland. Weitere Veröffentlichungen zur Einrichtung von Seenotrettungsstationen an den Küsten Deutschlands, u. a. zusammen mit dem Advokat Carl Julis Adolph Kuhlmay, folgten.

Ein halbes Jahr später, im März 1861, berief der Oberzollinspektor Georg Breusing in Emden eine Versammlung ein, bei der der erste deutsche »Verein zur Rettung Schiffbrüchiger« gegründet wurde. Aber, wie so oft, widerstrebende Interessen und in Folge davon eine Zersplitterung der Bemühungen ließen die Zeit ungenutzt verstreichen. Erst im Mai 1865, fast fünf Jahre nach dem tragischen Untergang der *Alliance*, konnte Dr. Arved Emminghaus nach mühsamer Arbeit und mit viel Überredungskunst die verschiedenen Bestrebungen koordinieren. Der endgültige Durchbruch war geschafft. Am 29. Mai 1865 wurde die »Deutsche Gesellschaft zur Rettung Schiffbrüchiger« (DGzRS) in Kiel gegründet. Heute verdanken Tausende von Seeleuten aller Nationen diesem Rettungswerk ihr Leben.

Keine vier Jahre waren nach den aufwühlenden Ereignissen vor Borkum vergangen, da trug das Bemühen um ein Rettungswerk bereits Früchte. Am 7. September 1864 wurde von Spiekeroog aus die fünfköpfige Besatzung des französischen Seglers *Gagnerie* gerettet.

Nachtrag
Eine Brigg mit dem Namen *Alliance* wird bereits im Jahr 1843 erwähnt. Diese Brigg mit 125 Last (etwa 250 t) Ladefähigkeit war in Elsfleth beheimatet und segelte als Robbenfänger unter oldenburgischer Flagge. Die Besatzung zählte 47 Mann. Der Name *Alliance* muß also nicht zwangsläufig auf ein französisches Schiff hindeuten. Im Jahre 1853 wurde die Brigg verkauft. Es ist daher anzunehmen, daß es sich bei diesem Schiff um die am 10. September 1860 vor Borkum gestrandete Brigg handelte.

Die Schuldfrage

Die Brigg *Alliance* war ein Opfer der See geworden. Die Brandung ließ – ohne Hilfe von außen – keinem der erschöpften und kraftlos gewordenen Männern eine Chance, lebend an Land zu kommen. Hinsichtlich der Unglücksursache können also nur Vermutungen angestellt werden. Damit verliert aber auch jeder Versuch einer Schuldzuweisung seinen Sinn; vorausgesetzt, man sieht einmal vom Verhalten der vor Ort gewesenen und auf ihr Recht pochenden Fischer ab. Als wahrscheinlichster Grund für die Havarie wird ein Navigationsfehler angenommen.
Nur Leichen, die Trümmer des Schiffes und das begehrte Strandgut wurden an Land gespült. Eine stumme, aber eindringliche Anklage.

8.

Die geheimnisvolle *Mary Celeste*

Datum:	5. Dezember 1872
Ort:	Nordatlantik, zwischen Santa Maria und Gibraltar
Schiffsname:	*Mary Celeste* (ex *Amazon*)
Schiffstyp:	Brigantine
BRT:	282
Art der Havarie:	unbekannt; das intakte Schiff trieb besatzungslos auf See
Zahl der Opfer:	11 (die gesamte Besatzung nebst Passagieren)
Unglücksursache:	ungeklärt

Wir würden das Schiff heute als Brigantine (auch Schonerbrigg) klassifizieren. Damals war es eine Hermaphrodit-Brigg, also ein Zwitter. Je zur Hälfte war es sowohl ein Schoner, als auch eine Brigg. Die Rede ist von einem Schiff, um das sich von Anfang an die unglaublichsten Geschichten rankten. Dazu gesellten sich noch viel unglaublichere, je mehr sie, mit entsprechendem »Beiwerk« geschmückt, weitererzählt wurden.

Die Rede ist von der *Amazon*, die im Jahr 1861 in Spenzer Island, (Neuschottland) gebaut wurde. Sie war ein schmuckes Schiff von 282 BRT, solide und kräftig, so wie die Schiffe in dieser Gegend allgemein gebaut wurden. Das Unheil, das sich mit ihm und seinen Kapitänen und Eignern verbinden sollte, war ihm anfangs natürlich nicht anzusehen, wurde aber sehr bald unheimliche Wirklichkeit.

Die *Amazon* war gerade in ihr Element gekommen und offiziell registriert, was etwa der

Die hannoversche Schonerbrigg *Amoenitas* entsprach in Schiffsform und Takelung der *Mary Celeste*. Die leicht bedienbare Takelung war für eine kleine Besatzung ideal zu handhaben.

Ausstellung einer Geburtsurkunde entspricht. Nicht mehr als zwei Tage vergingen, da verstarb ihr erster Eigner. Das war noch kein Menetekel, das Schiff wurde verkauft. Der zweite Eigner hat das Schiff vermutlich günstig erworben und freute sich auf die Jungfernfahrt. Die verlief anfangs recht zufriedenstellend, denn die Werft von Joshua Dewis hatte ein gutes Schiff abgeliefert. Lange währte die Freude des zweiten Kapitäns allerdings nicht, denn noch auf der Jungfernfahrt geriet die *Amazon* aus nicht näher bekannten Gründen in ein Fischwehr und wurde beschädigt. Also wurde das Schiff aufgeslippt und die Reparatur begann. Der Schaden war nicht allzu groß und der Kapitän wollte sein Schiff in den nächsten Tagen übernehmen, da brach auf der Werft ein Feuer aus, das sein Schiff besonders betraf. Auch das Deck wurde zum Teil ein Raub der Flammen. Unter diesen Umständen ist es nachvollziehbar, daß der Eigner die Freude an seinem neuen Schiff verlor. Zwei Unfälle unmittelbar nacheinander, das war zuviel.

Bald darauf hatte die *Amazon* ihren dritten Kapitän und Eigner. Wie lange dieser sich an dem Schiff erfreuen konnte, ist nicht bekannt. Er hatte vermutlich eine Fracht nach Südengland zu bringen. Den Atlantik hatte er hinter sich, aber in der Straße von Dover, besser unter dem Namen Englischer Kanal oder Ärmelkanal bekannt, kollidierte das Schiff mit einer Brigg. Als Beweis ihrer soliden Konstruktion schickte die *Amazon* das andere Schiff dabei auf den Grund des Meeres. Die *Amazon* wurde wieder einmal aufgeslippt und repariert und der Kapitän hatte seinen Ärger mit dem Gericht, das den Schuldigen an dem Unfall ausfindig zu machen hatte.

Im Jahre 1867, das Unglücksschiff war schon sechs Jahre alt, strandete es an der neuschottischen Küste bei Cape Breton Island. Das ist an der Nordspitze der Halbinsel Nova Scotia (Neu Schottland). Strandung bedeutet in den meisten Fällen das Ende eines Schiffes. Nicht so bei der *Amazon*. Das Schiff war zwar schwer beschädigt, aber noch schwimmfähig und kam wieder frei. Nachdem eine Instandsetzung des Katastrophenschiffes sinnvoll erschien, wurde sie auch durchgeführt. Es ist anzunehmen, daß auch dieser Kapitän von seinem »Unglückseimer« die Nase voll hatte. Jedenfalls wurde die *Amazon* wieder einmal verkauft.

Fast verliert sich jetzt ihre Spur. Wer das Schiff erwarb, ist nicht bekannt, aber man weiß, daß auch er die *Amazon* nicht lange behielt und weiterveräußerte. Vielleicht war auch noch ein fünfter Kapitän im Spiel. Die Namen sind unbekannt. Jedenfalls brachte sich das Unglücksschiff bald wieder ins Gerede durch ein Ereignis, das wahrlich nicht alle Tage vorkommt. Die *Amazon* strandete exakt an der gleichen Stelle, die ihr schon im Jahre 1867 zum Verhängnis geworden war. Die Folgen für den Kapitän, der gleichzeitig auch ihr Eigner war, waren schwerwiegend. Das Schiff konnte zwar wieder freigeschleppt und repariert werden, aber der Eigner war nicht in der Lage, die entstandenen Kosten zu begleichen. Die *Amazon* wurde gepfändet. Wieder einmal wechselte das Schiff den Besitzer und es scheint ihm gut bekommen zu sein. Ein gewisser James Winchester, der das Schiff erworben hatte, war Reeder in New York. Er unterzog das Schiff einer Generalüberholung und gab auch noch einen Kupferbeschlag für das Unterwasserschiff in Auftrag.

Zu dieser Zeit geschah etwas, wovor alte »Seebären«, und die sind oft abergläubisch, zurückschrecken. Die *Amazon* wurde in *Mary Celeste* umbenannt. Ob es, was wahrscheinlich ist, der neue Eigner veranlaßte, oder ob es einer seiner Vorgänger war, ist unbekannt und auch belanglos. Wie auch immer, wenn ein Schiff einmal getauft ist, sollte man den Namen beibehalten, so lautet ein alter Seemannsgrundsatz. Namensänderungen brächten immer nur Unheil mit sich. Es mag aber auch sein, daß man durch die Umbenennung das Katastrophenschiff von seiner nicht gerade glorreichen Vergangenheit befreien wollte.

Ein neuer, hoffnungsvoller »Lebensabschnitt« sollte für die *Mary Celeste*, ex *Amazon* beginnen. Schließlich sind elf Jahre noch kein Alter für ein gut gebautes Schiff, zumal, wenn es generalüberholt ist.

Anfang September 1872 lag die *Mary Celeste* klar zum Auslaufen in New York am East River. Sie übernahm eine Ladung Alkohol, die für Genua bestimmt war. Am 7. September fielen die Festmacher in das trübe Hafenwasser und die *Mary Celeste* verließ New York.

Kapitän des Schiffes war Benjamin Spooner Briggs. Er hatte seine Frau und seine zweijährige Tochter mit an Bord. Man könnte nun sagen: Alkohol in der Obhut von Seeleuten sei ungefähr so, als mache man einen Bock zum Gärtner, aber der Kapitän war nicht nur Abstinenzler, wie es für einen überzeugten Puritaner, der er war, selbstverständlich ist, sondern man kannte ihn auch als hervorragenden und zuverlässigen Kapitän. Insofern war die Ladung in guten Händen und es war nicht zu erwarten, daß ein Faß aus »unbekannten« Gründen während der Reise »undicht« würde.

Einen Tag nach der *Mary Celeste*, also am 8. September 1872 verließ die *Dei Gratia* (zu deutsch: »Gott sei Dank«) unter Kapitän Edward Morehouse New York. Das Schiff hatte Petroleum geladen, und der Zielhafen war Gibraltar. Kapitän Morehouse steuerte damit den gleichen Kurs, den auch die *Mary Celeste* anlegen mußte, die auch zunächst die Meerenge bei Gibraltar zum Ziel nehmen mußte.

Die *Dei Gratia* war noch knapp 600 sm von Gibraltar entfernt, als der Kapitän am Horizont ein Schiff entdeckte. Mit dem Glas konnte er eine Besegelung erkennen, die ihm merkwürdig

Die geheimnisvolle Mary Celeste

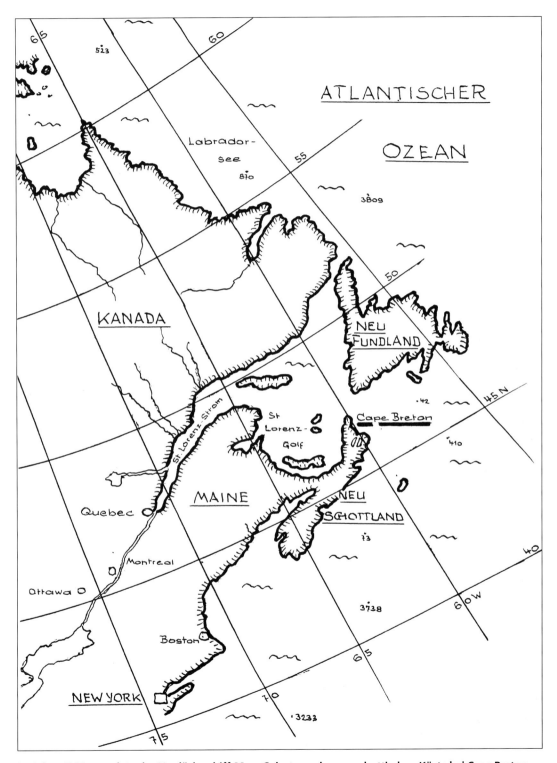

Im Jahre 1867 strandete das Unglücksschiff *Mary Celeste* an der neuschottischen Küste bei Cape Breton.

vorkam. Es waren nur das Fockmarssegel und der Klüver gesetzt, obwohl absolut kein Grund vorlag, so wenig Segel zu fahren. Beim Näherkommen stellte Kapitän Morehouse fest, daß die Segelstellung und der Kurs des Schiffes nicht zueinander paßten. Er wies den Rudergänger an, den Kurs auf das merkwürdige Schiff abzusetzen und auf Rufweite heranzufahren. Wieder sah er mit dem Glas zu dem eigenartigen Schiff und betrachtete es aufmerksam. Jetzt konnte er auch den Namen lesen: *Mary Celeste* stand deutlich am Heck. Sein Blick fiel dabei auch auf das Ruder des Schiffes, aber da stand niemand. Da konnte etwas nicht in Ordnung sein, soviel stand fest. Er preite das Schiff mehrmals laut an, aber niemand zeigte sich an Deck.

Kapitän Morehouse ließ nun sein Boot klar machen, und schickte drei Mann, Oliver Deveau, seinen Ersten Maat, seinen Zweiten Maat und einen zuverlässigen Matrosen (er hatte vier deutsche Matrosen angeheuert) zu dem Geisterschiff. Mit der nötigen Vorsicht, die in solchen Fällen immer geboten ist, stiegen die drei an Deck der *Mary Celeste*. Niemand war zu sehen und es war leidlich aufgeräumt. Keine Spur von Verwüstung, die auf einen Überfall hätte schließen können. Sie fanden die Kajüttüre offen und riefen laut nach unten. Keine Antwort, nichts rührte sich. Was war mit dem Schiff geschehen? Ein Kampf mit Piraten konnte nicht stattgefunden haben, dafür gab es keinerlei Hinweise.

Man ging in die Kajüte. Ein Bett stand drin, ungemacht, aber das Bettzeug war naß. Jemand hatte darin geschlafen. War es eine Frau gewesen? Sie fanden Frauenkleider. Alles sah so aus, als hätte man den Raum in aller Eile verlassen. Immer mehr Rätsel gab das Geisterschiff auf. Schließlich gingen die drei nach unten. Es roch jetzt stark nach Alkohol und sie stellten fest, daß Fässer ausgelaufen waren. Auch Wasser war im Laderaum, aber nicht viel. Das Schiff schien dicht zu sein. Also bestand auch kein objektiver Grund das Schiff zu verlassen. Man ging wieder nach oben. Die Kompaßsäule und der Kompaß war beschädigt, ebenso die gesetzten Segel, aber das wäre reparierbar gewesen und sicher hatte der Kapitän zur Sicherheit noch einen zweiten Kompaß an Bord. Auch das Mannschaftslogie wurde in Augenschein genommen. Die Seekisten waren noch vorhanden mit allem Inhalt, aber zu ihrem Erstaunen auch Tabakspfeifen und sogar Seestiefel. Das war der sicherste Beweis, daß das Schiff in Eile verlassen worden war. Welcher Seemann trennt sich von seiner Pfeife, oder verläßt ein Schiff ohne seine Seestiefel, wenn nicht höchste Eile geboten ist?

In der Kajüte des Kapitäns lag das Logbuch noch auf dem Tisch, aber jedes Suchen nach einem Sextanten oder einem Chronometer war vergebens. Warum ließ der Kapitän gerade das Logbuch, dieses wichtige Dokument, zurück? Der Erste Maat blätterte darin. Es waren darin nur wenige Eintragungen vorgenommen worden. Der letzte Eintrag, so stellte er fest, war am 24. November, also 7 Wochen nach der Abreise gemacht worden. Danach soll das Schiff zu diesem Zeitpunkt 100 sm südwestlich der Azoren gewesen sein. Vermerkt, aber noch nicht im Logbuch eingetragen, fand er den Hinweis, daß die *Mary Celeste* am 25. November, also 1 Tag später, um 8.00 Uhr früh die Insel *Santa Maria* passiert habe. Das war also 10 Tage bevor man das Schiff entdeckt hatte. Sonst ließ sich aus dem Logbuch wenig entnehmen, kein Hinweis auf gereizte Stimmung an Bord, geschweige denn auf eine Meuterei. Ein Eintrag wies auf stürmisches Wetter hin, aber das war vor dem 25. November, so daß der Sturm, oder das stürmische Wetter nicht der Anlaß zum Verlassen des Schiffes gewesen sein konnte. Wann das Schiff verlassen wurde, konnte der Maat nicht feststellen. Nur das ungemachte Bett ließ auf den Vormittag schließen. Da aber die Kombüse schon aufgeräumt und alles an seinem Platz war, konnte nur der späte Vormittag in Frage kommen. Das waren sehr dürftige Erkenntnisse und alles andere blieb im Dunkeln und unerklärlich. Die drei Seeleute pullten zu ihrem Schiff zurück und Oliver Deveau erstattete seinem Kapitän Bericht über das Unerklärliche, das sie gesehen hatten. Kapitän Morehouse überlegte lange. Schließlich schickte er seinen Ersten Maat mit zwei guten Matrosen zurück auf die *Mary Celeste*. Sie sollten das Schiff aufklaren, seetüchtig machen und es nach Gibraltar segeln.

Einen Tag nach der *Dei Gratia* traf das Schiff in Gibraltar ein. Kapitän Morehouse erstattete dort dem zuständigen Beamten der britischen Admiralität, einem gewissen Mr. Flood, ausführlich Bericht. Damit glaubte er die unangehme Sache vom Hals zu haben. Er ahnte nicht, daß diese für ihn nun erst begann.

Das Rätsel bleibt ungelöst

Morehouses Geschichte war so abenteuerlich, daß Mr. Flood sie von vornherein als erlogen einstufte und glaubte, einem Verbrecher auf der Spur zu sein. Plötzlich sah sich Kapitän Morehouse in der unerwarteten peinlichen Rolle eines Angeklagten. Auch der Erste Maat der *Dei Gratia* Mr. Deveau, der die *Mary Celeste* als Erster betreten hatte, sah sich unversehens einem »hochnotpeinlichen« Verhör unterzogen. Entweder, so mutmaßte Mr. Flood in seinem unbezähmbaren Drang Verbrecher bzw. Piraten zu entlarven, war das ein abgekartetes Spiel zwischen den beiden Kapitänen, um in den Genuß des Bergelohns zu kommen, oder er hatte es mit raffinierten, total abgebrühten Piraten zu tun, die sorgfältig alle Spuren ihres Verbrechens beseitigt hatten. Jedenfalls verbaute sich dieser ehrenwerte Mr. Flood durch seine Vorverurteilung jede nüchterne und sachliche Beurteilung. Er hätte sich zumindest die Frage stellen müssen, was Piraten dazu bewegen kann, ihre Beute in einen britischen Hafen zu segeln und sich obendrein selbst den Behörden zu stellen. Schließlich, nach langem hin und her, landete die Angelegenheit vor einem Seegericht, als letzter Instanz. Dieses Seegericht wurde seiner Verpflichtung zur Sachlichkeit und Objektivität voll gerecht. Nach eingehender Prüfung sprach es Kapitän Morehouse und seinen Ersten Maat von aller Schuld frei. Das Geheimnis der *Mary Celeste*, so meinten die hohen Herren, sei aber auch in dieser Verhandlung nicht zu klären gewesen.

Wo Tatsachen fehlen, sind bekanntlich Vermutungen, Theorien und sagenhaften Gerüchten Tür und Tor geöffnet. Selbst die einzige Spur, bei deren Verfolgung man hoffen konnte, Licht ins Dunkel des unerklärlichen Geschehens zu bringen, endete in einer Sackgasse: Es könnte bei dem stürmischen Wetter die Ladung in Bewegung geraten sein. Die Fässer seien hart gegeneinander gestoßen und einige davon undicht geworden. In den wärmeren Zonen wäre dann eine starke Verdunstung des ausgelaufenen Alkohols die Folge gewesen, verbunden mit der akuten Gefahr einer Entzündung oder mehr noch, einer Explosion. Kapitän Briggs habe daraufhin die Luken öffnen lassen und sei mit seiner Familie und der gesamten Mannschaft in das Beiboot gestiegen. Dies, mit einer kräftigen Leine am Heck der *Mary Celeste* festgemacht, habe er dann achteraus gefiert. Bei den geöffneten Luken wären die gefährlichen Dämpfe langsam verflogen und man hätte sich dann wieder an das Schiff heranholen und umsteigen können. Die Leine aber, so wurde glaubhaft argumentiert, könnte sich aber unversehens gelöst haben, oder aus einem nicht erfindlichen Grund gebrochen sein, weshalb man habe hilflos zusehen müssen, wie das Schiff unerreichbar davonsegelte.

Soweit ist diese Spur durchaus glaubhaft und nachvollziehbar. Aber warum nimmt der Kapitän dann den Chronometer, den Sextanten und die Schiffspapiere mit? Würde die Theorie zutreffen, dann hätte der Kapitän sicher das Ruder festgelascht, damit in der Zeit ohne Steuermann das Schiff auf Sollkurs bleibt und nicht aus dem Ruder läuft. Es wurden Fragen über Fragen gestellt, die alle bis heute unbeantwortet sind und es auch bleiben werden. Die *Mary Celeste* läßt sich ihr Geheimnis nicht entreißen.

Die *Dei Gratia* konnte ihre Ladung in Gibraltar löschen und die *Mary Celeste* erreichte mit einer Verspätung von drei Monaten den Hafen von Genua. Zurück in New York wurde das Unglücks- und Geisterschiff verkauft. Es wechselte, wie könnte es anders sein, in den darauf folgenden Jahren noch mehrmals den Besitzer. Im Jahr 1884 lief die *Mary* in Westindien auf ein Riff. Die Begleitumstände waren aber so widersprüchlich, daß es zu einer Anklage wegen Versicherungsbetruges kam. Sein Kapitän, der gleichzeitig Eigner war, starb wenige Monate später. Sein Erster Maat verlor den Verstand, und, als wäre alles, was mit der *Mary Celeste* zu tun hat, verhext, der Zweite Maat beging Selbstmord.

Bis zu ihrem Ende auf dem Riff und darüber hinaus war die *Mary Celeste*, ex *Amazon* ihrem Ruf, ein Unglücksschiff zu sein, treu geblieben. Auch der »Aberglaube« um die Umbenennung eines Schiffes hat sich auf traurige Weise bestätigt.

Kapitän Briggs, seine Frau, sein Kind und alle acht Mann seiner Besatzung blieben verschollen und wurden vermutlich ein Opfer der See. Das Geheimnis der *Mary Celeste*, das die Öffentlichkeit bis heute immer wieder einmal beschäftigte, nahmen sie mit.

9.

Das Auswandererschiff *Cimbria*

Datum: 19. Januar 1883
Ort: Nordsee, nahe Borkum
Schiffsname: *Cimbria*
Schiffstyp: Schraubendampfer mit Brigg-Takelung
BRT: 3025
Art der Havarie: Kollision
Zahl der Opfer: 437
Unglücksursache: zu hohe Geschwindigkeit bei schlechter Sicht

---

Wer heutzutage von einem europäischen Flughafen aus nach Übersee fliegt, erwartet nicht nur einen angenehmen Flug, er erwartet auch Pünktlichkeit. Sein möglicher Geschäftspartner drüben verläßt sich darauf, schließlich sollten vereinbarte Termine eingehalten werden. »Time is money«, »Zeit ist Geld!« Dieser Spruch ist aber keineswegs eine Erkenntnis unserer modernen Zeit. Wir können mehr als ein Jahrhundert zurückgehen, da wurde bereits nach dieser Devise gehandelt.

Die Zeit der »Teeklipper« ist dafür ein deutlicher Beweis. Das Schiff, das als erstes mit der neuen Ernte in London eintraf, erzielte für seine Ladung die besten Preise. So kam es u. a. auch zu dem spektakulären Rennen zwischen den beiden englischen Teeklippern *Taeping* und *Ariel* im Jahr 1866. Die *Taeping* gewann zwar das Rennen, aber mit einem so hauchdünnen Vorsprung, daß man von einem Sieg nicht reden konnte. Beide Kapitäne hatten von ihren Mannschaften und Schiffen das Äußerste verlangt. Jeder nur mögliche »Fetzen Tuch«

Bis gegen Ende des 19. Jahrhunderts hatte man noch Dampfschiffe mit Hilfsbesegelung in Betrieb. Solange der Kohleverbrauch im Verhältnis zur Leistung der Maschine noch sehr hoch war, behielt man die zusätzliche Besegelung bei.

war gesetzt worden, um den Sieg zu erringen und damit den besseren Preis für den Tee zu erzielen. Ehrgeiz? Prestige? Geld? Man muß einräumen, daß in diesem Rennen der sportliche Ehrgeiz, das schnellere Schiff zu haben, oder auch der bessere Kapitän zu sein, aller Wahrscheinlichkeit nach sogar überwog. Leider änderte sich das in der Folgezeit gründlich. Immer mehr tritt der wirtschaftliche, rein kaufmännische Aspekt in den Vordergrund. Besser sein, als der Wettbewerb, schnell und pünktlich am Ziel sein, das war gefragt. Man sollte meinen, daß solch ein Bestreben den Fahrgästen zugute kommt. Leider ist aber dieser, durch den Wettbewerb ausgelöste Druck eine zweischneidige Sache. Er zwingt zwar zu permanenter Leistungssteigerung, aber es wird dabei auch die wichtige Forderung nach Sicherheit allzu oft vernachlässigt.

Das beste und zugleich traurigste Beispiel dafür ist die Katastrophe der *Titanic* im Jahr 1912. Die *Titanic* mußte pünktlich in New York eintreffen. Darauf legte die Reederei den größten Wert. Drei Gründe gab es dafür: Das Prestige der Reederei stand auf dem Spiel, die Welt verfolgte mit Interesse die Jungfernfahrt des Schiffes und nicht zuletzt, Verspätungen sind teuer. In New York warteten die Dockarbeiter.

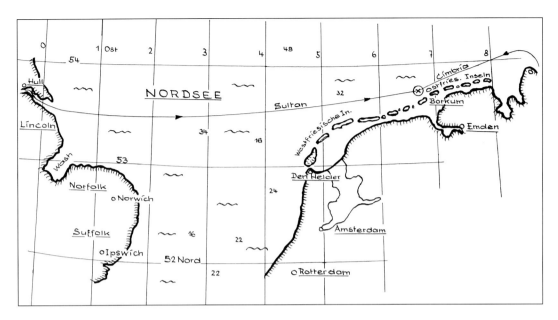

Die Reisewege der beiden Schiffe *Sultan* und *Cimbria*.

Wenn hundert, oder noch mehr Leute mehrere Stunden, oder vielleicht sogar einen ganzen Tag auf die Ankunft eines Schiffes warten müssen, ist das für die Reederei eine sehr teure Angelegenheit. So liegt der Verdacht nahe, daß Kapitän Smith, obwohl für gewagte Manöver bekannt, trotz Nebel und mehrfacher Warnung vor Eisbergen gegen seine Erfahrung und gegen sein Gewissen mit überhöhter Geschwindigkeit fuhr. Er und mehr als 1500 Menschen bezahlten mit ihrem Leben.

Nicht nur die Katastrophe der *Titanic*, auch die Kollision des italienischen Passagierschiffes *Andrea Doria* mit dem schwedischen Dampfer *Stockholm* 44 Jahre später, ist ein Beweis dafür, daß zu Gunsten der Pünktlichkeit, des Prestiges, und um Kosten zu sparen, zu hohe Risiken eingegangen werden.

Aus der Katastrophe der *Titanic* hatte man nicht viel gelernt, oder hatte die Lehren daraus längst vergessen. Beide Schiffsführer verließen sich auf die moderne Technik, die eine uneingeschränkte Geschwindigkeit auch bei schlechter Sicht und Nebel erlauben würde. Menschliches Versagen im Umgang mit dieser Technik belehrte sie eines Besseren. Nur der schnellen Hilfe in der Nähe befindlicher Schiffe ist es zu verdanken, daß der größte Teil der Menschen auf der *Andrea Doria* gerettet werden konnte.

Der Fall des Auswandererschiffes *Cimbria*, 29 Jahre vor dem Untergang der *Titanic* liegt ähnlich.

Über 70 Male hatte die *Cimbria* zuverlässig Auswanderer und ihre Ladung von Hamburg nach New York gebracht. Als sie am 18. Januar in Hamburg ablegte, sah ebenfalls alles nach reiner Routine aus. Die *Cimbria* war kein Ozeanrenner mit Ambitionen auf das »Blaue Band« (siehe Anhang). Sie war, was sicher wichtiger ist, ein solide gebautes Schiff. Ein Schraubendampfer mit Briggtakelung. Im Jahr 1867 war sie auf der Werft Caird & Co. in Greenock am Firth of Clyde an der Westküste Englands vom Stapel gelaufen. Beim Stapellauf aber bekam sie noch keinen Namen, was alten und zum Aberglau-

Der Augenblick der Katastrophe. Es kam alles zusammen, was dazu dienen konnte, das Unglück weiter zu verschärfen: völlige Dunkelheit, dichter Nebel, eiskalte See und frostige Temperaturen.

ben neigenden »Salzbuckeln« nicht gefiel. Die Ehrengäste hatten sich verspätet und bis zu ihrem Eintreffen wollte man nicht warten. Vielleicht konnte man auch nicht. Aberglaube hin, Aberglaube her, die *Cimbria*, die von der angesehenen Reederei »Hapag« in Hamburg geordert war, strafte diesen Aberglauben, der aus den Köpfen der Seeleute nicht verschwinden wollte Lügen. Das Schiff war für die damaligen Verhältnisse nicht klein. Knapp über 100 Meter war die *Cimbria* lang und war mit 3025 BRT vermessen.

Als das Schiff an diesem 18. Januar in Hamburg ablegte, waren insgesamt 502 Menschen und 1200 Tonnen Ladung an Bord. Die Besatzung belief sich auf 100 Mann, da man für die Bedienung der Segel Seeleute und für den Betrieb der Maschine ausreichend Personal benötigte. Von den Fahrgästen war die überwiegende Zahl wie üblich im Zwischendeck untergebracht. Die meisten waren Auswanderer, die um die Jahrhundertwende den Großteil der Fahrgäste nach Übersee stellten. Deren Zahl war erheblich und dementsprechend war das Geschäft mit Auswanderern bei den Reedereien hart umkämpft.

Noch lag die *Cimbria* seeklar an der Pier. Auch der Lotse war an Bord. Der aber hatte wegen des Nebels Bedenken. An diesem Tag war es viel wärmer, als man für Mitte Januar erwar-

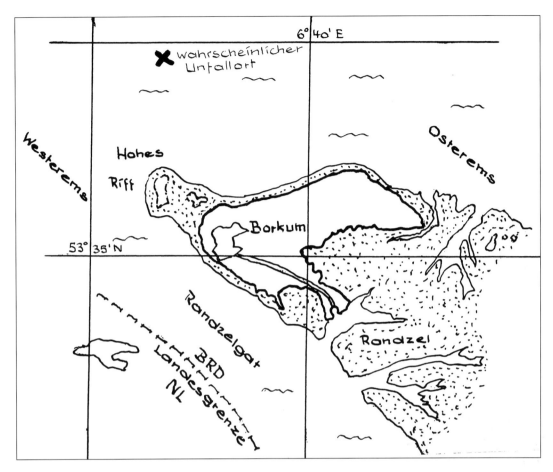

Der wahrscheinliche Unfallort vor Borkum. Aufgrund der sehr geringen Wassertiefe war es möglich, daß die Masten, nachdem das Schiff schon versunken war, noch aus dem Wasser ragten.

ten konnte. Warme und feuchte Luft über kaltem Wasser, das führt zu Nebel und der kann lange andauern. Der Lotse, der die Gefahren auf der Unterelbe bei Nebel kannte, wollte den Kapitän zum Warten veranlassen, das hielt er für seine Pflicht. Kapitän Hansen blieb die schwierige und einsame Entscheidung nicht erspart. Einerseits seine Verpflichtung der Reederei gegenüber, andererseits seine Verantwortung für Passagiere und Schiff. Er denkt an die vielen gut verlaufenen Fahrten in die »neue Welt« und er weiß auch von verlorenen Tagen und Hafengebühren. Er verläßt sich auf seine langjährige Erfahrung. Die *Cimbria* legt ab. Zwar mit halber Kraft, aber auch das war schon viel angesichts der schlechten Sicht, die kaum über den Bug hinaus ging. Gegen Mittag hatte man mit knapper Not noch eine Kollision verhindern können. Der Ausguck, den Kapitän Hansen verstärkt hatte, war aufmerksam gewesen und die Matrosen hatten blitzschnell reagiert. Der Anker rauschte aus, faßte und stoppte die Fahrt noch rechtzeitig ab. Daraufhin blieb die *Cimbria* ein paar Stunden vor Anker. Kapitän Hansen war ungeduldig und wollte, wie schon öfter bei schlechter Sicht, die Fahrt fortsetzen. Schließlich glaubt er mit erhöhter Vorsicht die Weiterfahrt verantworten zu können, aber ein ungutes Gefühl blieb doch. Etwa um 18.00 Uhr ging die *Cimbria* wieder Anker auf. Zu allem Übel kam zum Nebel jetzt auch noch die Dunkelheit. Kapitän Hansen hatte sich deshalb dazu durchgerungen, die Fahrgeschwindigkeit erheblich zu drosseln. So verlief die Nacht und der darauffolgende Morgen ohne Zwischenfall. Nicht zuletzt wegen des jahreszeitlich bedingten geringen Verkehrs. Viele Schiffe waren im sicheren Hafen geblieben. Gegen Mittag stoppte eine Sandbank die Weiterfahrt. Das Schiff war aufgelaufen. Ein Schaden war zwar wegen der geringen Fahrt nicht eingetreten, aber Kapitän Hansen mußte auf die kommende Flut warten, um wieder frei zu kommen. Das kostete nochmals einige Stunden. Endlich erreichte die *Cimbria* ohne weiteren Zwischenfall die Außenelbe und die freie Nordsee. Den Elblotsen hatte das Versetzboot übernommen und Kapitän Hansen hatte freie Fahrt entlang der westfriesischen Inseln durch den Kanal zum Atlantik. Die Aufregung und die Zwischenfälle auf der Elbe waren vergessen. Der Nebel aber war geblieben.

Kurz nach 2.00 Uhr nachts, die *Cimbria* stand querab der Insel Borkum, sah der Ausguck durch den Nebel zuerst schwach und undeutlich die Positionslichter eines Schiffes. Kaum gesehen, ging alles rasend schnell. Schon sah man in der Dunkelheit drohend und erschreckend nahe das Schiff selbst. Ehe man auf der *Cimbria* reagieren konnte, bohrte sich der Bug des anderen Schiffes mit einem infernalischen Krachen und Bersten in das Vorschiff der *Cimbria*. Ihr Rumpf wurde unterhalb der Wasserlinie bis hinter das Kollisionsschott aufgerissen. In breiter Front drangen Unmengen von Wasser in das Schiff ein. Unmittelbar nach dem Rammstoß und ehe man Klarheit über die Situation bekommen konnte, bekam das Schiff spürbare Schlagseite. Es gab keine Chance mehr das Schiff zu retten.

Die Passagiere, die meisten wurden im Schlaf überrascht, liefen in panischer Angst hilflos in der völligen Dunkelheit umher und wußten nicht, was sie tun sollten. Die an Deck waren, behinderten die Seeleute, die in höchster Eile die Boote klar zu machen versuchten. Den meisten Passagieren im Zwischendeck war schon kurz nach der Kollision der Weg nach oben abgeschnitten. Vergeblich versuchten einige in der Dunkelheit an Oberdeck zu gelangen. Verzweifelte Szenen müssen sich abgespielt haben, als den Menschen klar wurde, daß es für sie keine Rettung gab. Durch die ungewöhnlich rasch zunehmende Schräglage konnte man von den zehn vorhandenen Rettungsbooten nur die vier Backbordboote zu Wasser lassen. Das gelang nur durch den entschlossenen Einsatz der Besatzung unter Leitung von Kapitän Hansen. In der überstürzten Eile jedoch kenterten zu allem Unglück zwei der Boote. Andere Boote, in denen sich viele Frauen und Kinder befanden, konnten nicht mehr zu Wasser gelassen werden und gingen mit dem Schiff unter, das kurz darauf sank.

39 Menschen konnten in einem Boot gerettet werden. Die britische Bark *Theta* sichtete dieses Boot und nahm die Insassen auf. Das andere Boot erreichte Borkum mit neun Überlebenden. Die geringe Wassertiefe am Unfallort rettete weiteren Menschen das Leben. Ein Teil der Masten der *Cimbria* ragte noch aus dem Wasser. Dorthin zu kommen, auf eine Rah zu klettern, sich festzuhalten und auch noch die eiskalte Nacht zu überstehen, gelang nur einigen wenigen. Für alle anderen gab es keine Rettung. Das kalte Nordseewasser im Januar setzte ihrem Leben rasch ein Ende.

Am nächsten Morgen konnte die Bark *Diamant* die Leute in den Masten der *Cimbria*, die die eisige Nacht lebend überstanden hatten, steif und halb erfroren abbergen und zur ärztlichen Versorgung an Land bringen.

Die Schuldfrage

Die Bilanz der nächtlichen Kollision: 437 Menschen, unter ihnen auch der Kapitän und viele Frauen und Kinder haben die Katastrophe nicht überlebt. Die tatkräftige Hilfe der Offiziere und Mannschaften der *Cimbria*, deren Verhalten von den Überlebenden nachdrücklich gelobt wurde, konnte das Unheil aber nicht verhindern.

Und der Kollisionsgegner? Es war der 2500-Tonnen-Dampfer *Sultan*, der Hull-Hamburg-Linie, der mit Passagieren, Kohle und Stückgut nach Hamburg wollte. Ihr Kapitän war James Cuttill. Der Bug seines Schiffes war zwar stark beschädigt worden, aber das vordere Kollisionsschott hielt stand und das Schiff blieb schwimmfähig. Nach dem Unfall kamen die beiden Schiffe im Nebel außer Sicht. Auf der *Sultan* hörte man zwar die verzweifelten Hilferufe von der sinkenden *Cimbria*, aber der Kapitän der *Sultan* hielt unverständlicherweise die eigene Lage für so bedrohlich, daß er keine Hilfsmaßnahmen einleitete, obwohl im eigenen Schiff kein Wassereinbruch festzustellen war. Bittere und herbe Vorwürfe wurden daher Kapitän Cuttill seitens der Überlebenden gemacht. Er hatte sich nicht um die Folgen des Unfalls gekümmert und sich buchstäblich bei Nacht und Nebel davongeschlichen. Er behauptete zwar, Boote ausgesetzt zu haben, aber Schiffbrüchige wurden durch sie nicht gerettet, obwohl sie durch ihre Nähe zum Unfallort die besten Chancen gehabt hätten, die Katastrophe zu lindern. Gerettet wurden 48 Menschen von den beiden Booten der *Cimbria* und 17 am anderen Morgen von der Bark *Diamant*. Wen also sollten die Boote der *Sultan* vom sicheren Tod bewahrt haben, wenn insgesamt nur 65 Menschen gerettet wurden?

Kapitän Cuttill dürfte es schwer gehabt haben, sein Verhalten in Hamburg zu erklären und zu verteidigen. Gewiß, auch sein Schiff war schwer havariert. Auch könnte er die Befürchtung geäußert haben, bei der Übernahme von Schiffbrüchigen sich selbst der Gefahr des Sinkens auszusetzen. Beides aber wäre wenig überzeugend gewesen, nachdem bekannt war, daß er mit dem beschädigten Schiff den langen Weg von Borkum nach Hamburg mit eigener Kraft und ohne fremde Hilfe zurückgelegt hatte.

Wie ist der Fall zu beurteilen? Unbestreitbar ist, daß der Kapitän der *Cimbria*, vermutlich aber auch der der *Sultan* angesichts der sehr beschränkten Sichtverhältnisse zu schnell gefahren sind und den Tod vieler unschuldiger Menschen zu verantworten haben. Den Kapitän der *Sultan* belastet zusätzlich noch der schlimme und berechtigte Vorwurf der unterlassenen Hilfeleistung. Daß aus der Kollision eine Katastrophe wurde, hätte vermieden werden können. Ob das auch für die Kollision selbst zutrifft, kann nachträglich nicht mehr mit Sicherheit beurteilt werden. Ein Seeamtsspruch würde heute wahrscheinlich in diesem Sinne ausfallen, auch wenn die Frage offen bleibt, ob die *Cimbria* bei langsamerer Fahrt noch rechtzeitig hätte stoppen können.

Bei oberflächlicher Betrachtung kann man den Reedereien bei solchen Unfällen im Nebel eine moralische Schuld anlasten, weil sie von ihren Kapitänen schnelle und pünktliche Reise fordern. Sieht man aber genauer hin, dann unterliegen auch sie allzu oft einem unausweichlichen Zwang. Sie müssen angesichts einer, auch zur damaligen Zeit harten Konkurrenz sparen und so wirtschaftlich wie nur möglich arbeiten. Tun sie das nicht, oder können sie das nicht, werden sie gnadenlos vom Wettbewerb verdrängt. Ein Teufelskreis! Eines muß aber unter allen Umständen beachtet werden: Eine fahrlässige Gefährdung von Menschenleben, ganz gleichgültig aus welchem Grund auch immer, kann niemand verantworten und ist nicht entschuldbar.

Es ist schwierig, nach vielen Jahrzehnten und sich nur auf subjektive Berichte von Augenzeugen stützen könnend, ein sachlich richtiges und fundiertes Urteil abzugeben. Wie sagt man so treffend: »Die besten Kapitäne stehen immer an Land«. Wichtig aber ist, warnend und nachdrücklich auf die Gefahren bei Fahrten im Nebel hinzuweisen. Das gilt auch heute noch. Die Kollision zwischen der *Andrea Doria* und der *Stockholm* spricht eine deutliche Sprache. Beide Schiffe verfügten über Radar!

Um einer Kollision, wie sie sich zwischen der *Cimbria* und der *Sultan* ereignete, präventiv zu begegnen, wurde in die Seestraßenordnung ein entsprechender Passus aufgenommen. In der heute gültigen, seit 1889 bestehenden Fassung steht hierzu: »Regel 19. Bei verminderter Sicht, wie Nebel, starkem Regen oder Schneefall, sind erhöhte Vorsicht, mäßige Geschwindigkeit und die Abgabe von Nebelschallsignalen geboten.« Und weiter heißt es: Jedes Fahrzeug muß mit »sicherer Geschwindigkeit« fahren.»Unter *sicherer Geschwindigkeit* ist im Normalfall zu verstehen, daß das Fahrzeug auf *halbe Sichtweite* zum Stehen gebracht werden kann!« Wer hat da den »schwarzen Peter«? Der Gesetzgeber jedenfalls nicht.

10.

Die Viermastbark
H. Bischoff

Datum:	28. Oktober 1900
Ort:	Großer Vogelsand vor der Elbmündung
Schiffsname:	*H. Bischoff*
Schiffstyp:	Viermastbark
BRT:	genaue Daten nicht bekannt
Art der Havarie:	Strandung
Zahl der Opfer:	12
Unglücksursache:	Navigationsfehler

Eines der gefürchtetsten Reviere ist die deutsche Nordseeküste. Besonders die beiderseits des Fahrwassers der Außenelbe liegenden Sandbänke, das »Scharhörn-Riff« und der »Große Vogelsand«, fordern immer wieder Opfer an Menschen und Schiffen. Die Sände bestehen aus sehr feinem Treibsand, der besonders von Stürmen in ungeheuren Mengen verfrachtet und an anderer Stelle wieder abgelagert wird. Auch die Tide, also der Flut- und Ebbstrom tragen zur Veränderung der Bänke bei. Um den ein- und auslaufenden Schiffen den sicheren Weg durch diese Sände zu zeigen, wurden schon sehr früh Seezeichen ausgelegt, die das Fahrwasser bezeichneten. Die anfänglich nur sehr dürftige Kennzeichnung wurde im Laufe der Jahre ständig verbessert. Leuchttonnen und später auch Feuerschiffe kamen dazu. In der Elbmündung wurden die Feuerschiffe *Elbe 1*, *Elbe 2* und *Elbe 3* ausgelegt, um die Sicherheit des ständig zunehmenden Verkehrs zu verbessern. Stürme, Nebel und Stromversetzungen führten aber immer wieder zu Strandungen. Dabei erwies sich der Große Vogelsand, einlaufend an der Backbordseite des Fahrwassers gelegen, als besonders gefährlich

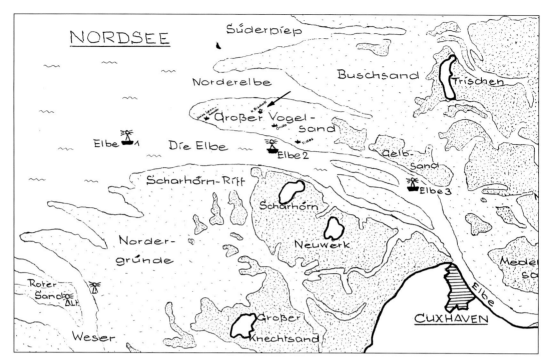

Die Elbmündung heute, mit dem Schiffsfriedhof »Großer Vogelsand«. Nach wie vor für die Schiffahrt eine gefährliche Ecke.

und tückisch. Er sollte auch der deutschen Viermastbark *H. Bischoff*, wie schon vielen Schiffen vor ihr, zum Verhängnis werden.

Besonders schwierig gestaltete sich auf dem Vogelsand stets auch die Bergung der Schiffbrüchigen und oft kostete der vergebliche Versuch auch einem oder mehreren Rettern das Leben. Angetriebene Leichen der Seeleute, Holztrümmer sowie Teile der Ladung und manchmal ein kahler, aus der See ragender Mast, zeugen von einem verzweifelten Kampf mit den entfesselten Elementen. Schiffe, die am Großen Vogelsand strandeten, hatten nur geringe Chancen wieder frei zu kommen. Viele Versuche, mit Schleppern die Schiffe wieder ins freie Fahrwasser zu ziehen, schlugen fehl. Da war zunächst die Abhängigkeit von der Tide, die ein Freischleppen meist nur bei Hochwasser ermöglichte, und da war der tückische »Mahlsand«, der wie eine Krake die Schiffe festhielt.

Oft schneller, als eine Bergung Erfolg hatte, spülten die Strömung und der Seegang den Sand unter den Schiffen weg und die Schiffe sackten immer tiefer. Bergungsversuche, und mögen die Schlepper noch so kräftig sein, wurden so vereitelt. Nicht selten brachen die Schiffe in zwei Teile auseinander, weil Bug und Heck unterspült waren. Damit war das Schicksal eines Schiffes endgültig besiegelt. Oft benötigten der Sturm und die wütende See mit ihren tonnenschweren, mit Sand vermischten Grundseen nur wenige Stunden, um aus einem stolzen Schiff ein Wrack zu machen, von dem nur noch Teile des Bugs, oder des Hecks aus dem Sand herausragten.

Der Große Vogelsand, so friedlich er sich an ruhigen Sonnentagen gibt, wo der Ebb- oder Flutstrom, sich leicht kräuselnd, darüber fließt, so unheilverkündend und todbringend ist er, wenn Stürme über ihn hinweg heulen und ton-

Die Viermastbark H. Bischoff

Eine der seltenen Aufnahmen der einst so stolzen *H. Bischoff*, die hier in Bremen vor Anker liegt.

nenschwere Brecher schäumend und tosend die Brandung hochpeitschen.

Man schreibt den 28. Oktober 1900. Schon seit einigen Stunden fegt der gerade in Bezug auf den Großen Vogelsand so ungünstige und gefährliche SW-Wind mit Böen in Orkanstärke über die See. Auf dem Feuerschiff *Elbe 2*, das die Schiffe an dem gefährlichen Sand sicher vorbeiführen soll, ist es denkbar ungemütlich. Immer wieder wird das Schiff von den Wellen hochgerissen und ruckt besorgniserregend an der über 200 m langen Kette. Ein Mann der Besatzung hat Wache. Er sucht sich eine möglichst windgeschützte Ecke des Schiffes aus, von der er Überblick hat auf die breite aufgewühlte Außenelbe und den Schiffsverkehr. Der freilich ist bei diesem »Sauwetter« nicht gerade rege. Außer dem Lotsendampfer, der wie er das »Vergnügen« hat, hier draußen den Sturm abreiten zu dürfen, sieht er nichts, als einen bleigrauen Himmel, über den zerzauste Regenwolken dahinjagen und Gischt über der See. Ab und zu schüttet ein Brecher eine kalte Dusche über das Schiff, aber das kennt er und weiß sich davor zu schützen. Routine!

Es ist Mittagszeit und die Freiwache ist unten beim Essen. Da bleibt sein Blick an einem Punkt weit draußen hängen. Da ist was! Er ist plötzlich hell wach, nimmt das Glas vor die Augen, das vom Regen immer wieder beschlägt und beobachtet angestrengt. Es ist ein großer Segler, stellt er fest, der rasch aufkommt. Auch der Lotsendampfer, es ist die *Simon von Utrecht* muß ihn schon gesehen haben, denn er hat Kurs auf das Schiff genommen und kämpft sich mühsam vorwärts. Der wachhabende Mann auf *Elbe 2* kann jetzt das Schiff erkennen. Es ist die Viermastbark *H. Bischoff*, die eine Ladung Salpeter nach Hamburg bringen soll. Er sieht jetzt das Signal hochgehen, mit dem der Segler einen Lotsen anfordert. »Er muß sich beeilen«, denkt er, er ist verdammt nahe am Rand des Fahrwassers, aber da sieht er, wie der Lotse in einem gekonnten Manöver übergesetzt wird. Für einen kurzen Augenblick wendet er sich ab, um sein schweres Doppelglas abzuwischen, dann sieht er wieder hinüber zu der *H. Bischoff*. Ein Schreck durchfährt ihn! Das darf doch nicht wahr sein! Der hat Kurs auf den Vogelsand, jeden Augenblick… Er poltert so schnell er kann den Niedergang hinunter, um seinen Kapitän zu verständigen. Schnell in die Seestiefel, den Wachmantel im Laufen anziehend, stürzt dieser an Deck, gefolgt von einem wachhabenden Matrosen. Beide sehen hinüber zu der *H. Bischoff*, aber sie können nicht mehr warnen. Das Schiff ist bereits aufgelaufen und sitzt fest.

Zu dieser Zeit waren die Feuerschiffe vorgeschobene Posten der DGzRS. Man hatte erkannt, daß die Anmarschwege der Rettungsboote vom Festland aus zu lange sind und die Hilfe oft zu spät kam. Deshalb stattete man die Feuerschiffe mit stabilen Rettungsbooten aus. Als Besatzung der Feuerschiffe waren auch Seenotretter an Bord.

Hilfe für die *H. Bischoff* war jetzt dringend gefragt. Jeder Mann wußte, was zu tun war und jeder Handgriff war x-mal geübt worden. Im Handumdrehen ist das Rettungsboot mit vier Mann Besatzung zu Wasser gelassen und legt ab. Die auflaufende Flut aber verhindert, daß die Männer sich an den Havaristen heranarbeiten können. Ein glücklicherweise in der Nähe befindlicher Schlepper, die *Albatros*, nimmt das Rettungsboot auf den Haken und schleppt es so weit nach Luv der *H. Bischoff*, daß die Rettungsmänner die Möglichkeit haben, an den Havaristen heran zu kommen. Vom Feuerschiff aus kann man noch erkennen, wie das Rettungsboot vom Schlepper loswirft und ein stark gerefftes Segel setzt, dann verdeckt ein Schauer wieder jede Sicht. Zwischendurch taucht das Boot auf einem Wellenberg auf und man sieht, daß die Männer schwer mit der See zu kämpfen haben.

Fast 2 Stunden sind seit der Strandung der Viermastbark vergangen. Immer wieder verhindern schwere Regenböen die Sicht. Besorgt sucht der Kapitän von *Elbe 2* die See in der Nähe des Havaristen ab, aber er sieht nur grauen Himmel und wütende Brecher mit weißer Gischt. Gegen 15.00 Uhr klart es etwas auf. Auf dem Feuerschiff *Elbe 3*, das weiter flußaufwärts seinen Liegeplatz hat, hat man die Strandung des Großseglers mitbekommen. Dem Kapitän war klar, daß das Boot von *Elbe 2* nicht die ganze Besatzung der *H. Bischoff* würde übernehmen können. Deshalb schickt auch er sein Boot los, das von dem Lotsendampfer in die Nähe der Unglücksstelle geschleppt wird. Die Gedanken konzentrieren sich jetzt auch auf das zweite Rettungsboot. Bedenklich schüttelt man die Köpfe! Diese schwere See! Werden sie es schaffen? Dazu auch noch die Gefahr, beim Abbergen mit dem Boot gegen die Bordwand des Havaristen geworfen zu werden.

Man setzt auf die Erfahrung und das Können der Männer, die ihr Leben einsetzen, um anderen das Leben zu retten. Die Zeit verrinnt. Man kann für einen Augenblick beide Boote ganz in der Nähe der *H. Bischoff* erkennen, dann werden sie wieder von einer grauen Regenwand verschluckt. Nichts ist zu erkennen, als ab und zu die Masten des Havaristen inmitten von Brechern und stiebender Gischt.

Es dunkelt. Gegen 17.00 Uhr stoppt der Schlepper *Cuxhaven* in Luv von *Elbe 2*. Er schreit etwas zum Feuerschiff hinüber, aber der Sturm läßt nur Wortfetzen dort ankommen. Schließlich gelingt doch die Übermittlung der schrecklichen Nachricht. Eines der Boote sei gekentert und drei Mann säßen auf dem Kiel. Der Kapitän von *Elbe 2* weiß um die mehr als geringen Chancen der Leute, sich dort länger festhalten zu können. Das übersteigt das Durchhaltevermögen selbst des stärksten Mannes. Es ist nur eine Frage der Zeit, bis ein Brecher die Männer von

Gestrandet: Die Brandung hat ihr Zerstörungswerk begonnen. Schon nach wenigen Wochen wird die See hier an den Strand laufen, als habe an dieser Stelle nie ein Wrack gelegen.

dem gekenterten Boot wäscht. Aber ein Funke Hoffnung bleibt doch! Der Kapitän sieht in die Runde seiner Leute. Jeder ist bereit das Äußerste zu wagen, um die Kameraden zu retten. Seine drei besten Seeleute sucht der Kapitän aus. Sie springen in das Ausholboot und legen ab. Schon hat sie der nächste Regenschauer den Blicken der besorgten übrigen Crew entzogen.

Erst nach Einbruch der Dunkelheit kehren sie zurück. Wenngleich der Kapitän erleichtert ist über die Rückkehr seiner Leute, schwer wiegt die schreckliche Nachricht: Weder die Kameraden, noch das Boot waren gefunden worden. Die Suche war eine Verzweiflungstat, und jeder wußte, daß es fast aussichtslos war, von dem niedrigen Boot aus bei dieser wilden hohen See im Wasser treibende Personen zu finden.

Inzwischen ist es den Männern im Boot von *Elbe 3* unter gewaltiger Anstrengung, mehrfach von Brechern überspült und bis auf die Haut durchnäßt, gelungen zur Luvseite des Havaristen zu gelangen. Hart wird in den Wind gedreht und blitzschnell das Segel geborgen. Der schwere Draggen fliegt über Bord und er faßt. Jetzt stecken sie Hand über Hand so viel Leine, bis sie längsseit der *H. Bischoff* scheren können. Acht Schiffbrüchige können sie, dank ihrer Erfahrung und unter Einsatz all ihrer Geschicklichkeit übernehmen. Einen, meinte der Vormann, könnte das Boot noch mitnehmen. Es kommt nicht dazu. Eine gewaltige See rollt heran, hebt das Boot und drückt es mit unwiderstehlicher Gewalt vom Havaristen weg. Die Ankerleine, zum Zerreißen gespannt, bricht und das Boot triftet nach Norden ab. Nicht nur die Ankerleine, auch das Ruder, wie sie zu ihrem Schrecken feststellen mußten, war gebrochen. Sie wissen sich zu helfen. Sie nehmen die Riemen heraus, halten den Bug des Bootes gegen die See und lassen sich über den Vogelsand nach Norden treiben. Acht Mann mehr im Boot, das verringert den Freibord gewaltig und sie nehmen viel Wasser über. Auch die Schiffbrüchigen wissen, was sie tun können. Sie nehmen die Ösfässer und ihre Südwester, um das Boot zu lenzen und damit schwimm- und manövrierfähig zu halten. So treiben sie in der pechschwarzen Nacht. Zu sehen ist nichts. Nur das Rauschen der See und das Heulen des Sturmes begleiten sie. Durchgefroren, fast am Ende ihrer Kräfte starren sie in die frühe Dämmerung. Als der Sturm einmal kurz Atem holt und die Sicht sich bessert, erkennen sie den Schlepper *Norderney*, der sich für einen eventuellen Versuch, die *H. Bischoff* freizuschleppen, bereit hält. Sie halten auf ihn zu, aber sie müssen noch ein paar Stunden aushalten, bis sie bei dem Schlepper längsseit gehen und die Schiffbrüchigen übergeben können. Man diskutiert, aber übermüdet, wie die Leute sind, nochmal durch die noch immer gewaltige See und durch den Sturm zum Havaristen zurückzukehren, übersteigt ihre Kräfte. Man bleibt bei dem Schlepper. Ohne Ruder und ohne Anker wäre der Einsatz ohnehin ohne Erfolgschancen gewesen.

Der Morgen des 29. Oktober dämmert herauf. Nochmal unternimmt das Rettungsboot den Versuch, weitere Schiffbrüchige von dem Wrack abzubergen. Der Sturm hat etwas abgeflaut, aber der Wind ist noch recht steif und die See hat sich nur wenig beruhigt. Wieder nehmen sie den Kampf mit der wilden Nordsee auf. Ihr Verantwortungsbewußtsein für die noch auf dem Wrack vermuteten Seeleute treibt sie an. Es gelingt ihnen auch in die Nähe des Viermasters zu kommen, aber da sehen sie, daß der Seezeichendampfer *Neuwerk* bereits bei der *H. Bischoff* ist und die vermutlich letzten Männer, die während der Nacht noch auf dem Wrack ausharren mußten, übernimmt. Jetzt sicher, daß niemand mehr auf dem Wrack ist, wenden sie und segeln zurück zum Schlepper *Norderney*. Der nimmt sie auf den Haken und nimmt Kurs auf Cuxhaven.

Kurz vor Mitternacht machen sie fest. Sie waren 32 Stunden im Einsatz. Eine Opferbereitschaft, die ihresgleichen sucht und für die

Männer der DGzRS doch eine Selbstverständlichkeit ist, wenn das Leben von in Not befindlichen Seeleuten in Gefahr ist.

Der Seezeichendampfer *Neuwerk* hatte sich ebenfalls am Morgen des 29. Oktober auf den Weg gemacht, um vielleicht doch noch Überlebende des Rettungsbootes oder das Boot selbst zu finden. Bei dieser Gelegenheit stellt er, als er in die Nähe des Wracks kommt, fest, daß noch Schiffbrüchige an Bord ausharren und verzweifelt auf Rettung hoffen. Er läßt sein Boot klar machen. Drei Mann springen hinein und das Boot wird zu Wasser gelassen. Vier Mann, darunter Kapitän Schwarting, werden als letzte abgeborgen. Dabei erfährt der Vormann, daß gleich nach der Strandung der Lotse mit neun Mann Besatzung in einem Boot abgelegt hat. Den Männern gelang es auch an das Feuerschiff *Elbe 3* zu kommen, wo man sie aufnahm. Das gleiche versuchten acht Matrosen mit dem zweiten Boot. Sie aber blieben verschollen und auch das Boot wurde nie gefunden.

Vier Rettungsmänner haben ihr Leben bei dieser Katastrophe verloren, vier erfahrene Männer im besten Alter. Sie haben das Äußerste gewagt, um das Leben anderer zu retten. Die See aber war stärker, sie belohnt nicht den Mut, nicht die aufopfernde Hilfe.

Die Schuldfrage

Der Leser wird fragen, wie es zu dieser Katastrophe kommen konnte, wo doch ein Lotse an Bord war. Wie der wachhabende Matrose auf dem Feuerschiff *Elbe 2* festgestellt hat, war die *H. Bischoff* schon am Rande des Fahrwassers, als der Lotse an Bord kam. Bis dieser dann bei den gegebenen Verhältnissen an Deck bei dem Rudergänger eingreifen konnte, war es aller Wahrscheinlichkeit nach schon zu spät. Es wäre vielleicht besser gewesen, wenn Kapitän Schwarting bereits bei der Annäherung an die Außenelbe seine Fahrt reduziert hätte, aber dann wäre er vielleicht Gefahr gelaufen, zu wenig Ruder im Schiff zu haben, was in seiner Lage nicht minder gefährlich gewesen wäre. Es stellt sich auch die Frage, warum er nicht schon bei *Elbe 1* einen Lotsen angefordert hat. Warum das nicht geschah, kann heute nicht mehr nachvollzogen werden. Wir kennen die Gründe, die Kapitän Schwarting dafür hatte, nicht. Es ist daher weder sinnvoll, noch wird man der Schiffsführung der *H. Bischoff* gerecht, wenn man sich hier als Richter aufspielt. Nach der Katastrophe, an Land ist es leicht, in Ruhe alles besser zu beurteilen: »Er hätte doch ... Warum hat er nicht ...?« Kritiker wird es immer geben, aber sind die Kritiker so sicher, daß sie es unter den damals gegebenen Umständen besser gemacht hätten? Fehlerfrei in ihren Entschlüssen?

Die Deutsche Bucht und besonders die Elbmündung zählen zu den gefährlichsten und gefürchtetsten Seegebieten. Bei einem Wetter, wie es die *H. Bischoff* antraf, kann schon das geringste Versäumnis, der kleinste Irrtum ein Unglück zur Folge haben – trotz der vielen Präventivmaßnahmen die für die Schiffssicherheit dort schon getroffen worden sind.

Zahllose Strandungen in diesem Gebiet, auch nach dem Unglücksfall *H. Bischoff*, die dort nach zweijähriger erfolgreicher Reise das Schicksal ereilte, beweisen die traurige Wahrheit dieser Worte. Die zwölf toten Seeleute dieser Katastrophe blieben nicht die einzigen Opfer des Großen Vogelsandes, der sich zurecht den makabren Ruhm als »Schiffsfriedhof« erworben hat.

11.

Der Weizensegler *Dundonald*

Datum: 28. Februar 1907
Ort: Auckland-Inseln; südl. von Neuseeland
Schiffsname: *Dundonald*
Schiffstyp: Viermastbark
BRT: 2205
Art der Havarie: Strandung
Zahl der Opfer: 16
Unglücksursache: unberechenbare Strömung

Als am 17. Februar 1907 die britische Viermastbark *Dundonald* den Hafen von Sydney verließ, waren die großen stolzen Frachtsegler noch gut im Weizengeschäft tätig. Es ist sicher wenig bekannt, daß noch in den Jahren 1938/39, also unmittelbar vor dem Zweiten Weltkrieg, stolze 13 Frachtsegler Getreide von Australien nach Europa beförderten. Damals kam es zu dem spektakulären »Weizenrennen«, an dem so bekannte Schiffe wie die *Pamir* und die *Passat* teilnahmen. Mit einer Reisezeit von 91 Tagen, hatte damals die Viermastbark *Moshulu* die »Nase vorn«. Der finnische Reeder Erikson hatte sie noch im Jahr 1824 erworben. Das hätte der erfahrene und scharf rechnende Reeder sicher unterlassen, wenn er sich nicht, auch noch in dieser Zeit, Erfolg und Wirtschaftlichkeit versprochen hätte. Nachdem das lukrative Transportgeschäft von Tee auf die Dampfer übergegangen war, fanden die Frachtsegler noch lange Jahre Beschäftigung im Transport von Getreide nach Europa.

Die *Dundonald* ist vollgeladen mit Weizen. Von der viel besungenen Romantik der christlichen Seefahrt ist nicht viel zu spüren. Die Arbeit auf der *Dundonald* ist reine Routine. Zu dieser

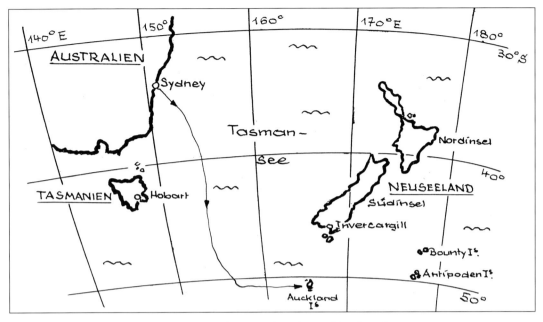

Die Route der *Dundonald* bis zu ihrer Strandung an einer der Auckland-Inseln.

Zeit, um die Jahrhundertwende, prägten die Windjammer noch das Bild der Häfen an der Süd- und Südostküste Australiens. Segler kamen und liefen wieder aus.

Die *Dundonald* hatte ausklariert und war seeklar. Auch der Lotse war an Bord. Für »seeklar« hatte der Erste Offizier zu sorgen. Das ist auf der *Dundonald* ein Deutscher, namens Peters. Er gehörte mit seinen 62 Jahren bereits zu den älteren Seeleuten, aber auf die war Verlaß. Sie hatten schon viele tausend Seemeilen auf den Ozeanen im Kielwasser zurückgelassen. Die See war ihr Zuhause.

Trotz aller routinemäßiger Nüchternheit, Seeleute halten ihre Tradition wach, »Three cheers for Sydney«, das wurde nicht vergessen, als der bullige Schlepper antaute. Das Deck wird aufgeklart, die Festmacher aufgeschossen. Es wird eine lange Reise werden, so um die drei Monate, bevor man in Europa die Ladung löscht. Kapitän Thorburn teilt die Wachen ein, legt den Kurs fest und sieht nochmal zurück zum Hafen. Ein paar Menschen stehen noch an der Pier und winken, aber die werden rasch kleiner. Der Wind ist ablandig. »Lassen Sie die Segel setzen McLaughin«, wird er zum wachhabenden Zweiten Offizier gesagt haben, »die Royals aber bleiben noch fest«. Es wird lebendig an Deck der *Dundonald*, Kommandos werden gegeben. Langsam kommt das erste Segel hoch. Andere folgen, so die Bramsegel, die Fock, das Großsegel. Auch die Klüver und Stagsegel läßt der Kapitän setzen. Das Schiff nimmt Fahrt auf, die schwere Schleppleine beginnt durchzuhängen. Sie wird losgeworfen und eingeholt. Es muß nicht viel gebrüllt werden, Kapitän Thorburn hat eine gut eingespielte Mannschaft. Der Schlepper kommt längsseits und übernimmt den Lotsen. Ein kurzer Gruß mit der Dampfpfeife, der Schlepper fährt zurück in den Hafen.

Kapitän Thorburn will zunächst nach Süden, um in den Gürtel der Westwinde zu gelangen, dann mit Generalkurs Ost über Kap Hoorn nach

Hause. Das ist die Route der meisten »Weizenschiffe«. Auslaufend durch den Kanal in den Atlantik und um das Kap der guten Hoffnung herum. Von dort aus nach Osten zum Verladehafen in Australien. Die Rückreise führt, wie bereits erwähnt, um Kap Hoorn herum nach Nordosten über den Atlantik nach Europa und zu dem Bestimmungshafen, wo die Landung gelöscht wird. Die *Dundonald* hat jetzt auch die Royals gesetzt und kreuzt nach Süden. Auf Kreuzkursen, hart am Wind braucht ein Schiff einen guten und erfahrenen Rudergänger. Wenn man nicht scharf aufpaßt und im richtigen Augenblick reagiert, schlagen die Royals back. Segelt man »auf der sicheren Seite« verschenkt man zu viel Höhe und kommt nicht voran.

Stunde um Stunde zieht die *Dundonald* ihre Bahn. Das Log an der Reling zeigt fast konstant acht Knoten an. Das ist kein schlechter Wert. Australien verschwindet langsam hinter der Kimm. Zwei Tage bleibt das Wetter gut. Dann aber erkennt man deutliche Zeichen einer Wetterverschlechterung. Es ist schwül und diesig, die See ist rauher, als sie bei dem gegenwärtigen Wind sein dürfte. Das Barometer fällt. Das ist für Kapitän Thorburn und seinen ersten Offizier kein Grund zur Unruhe. Das Schiff wird auf schweres Wetter vorbereitet. Die Lukenkeile werden überprüft, Strecktaue bereit gelegt. Das hat man alles schon x-mal durchexerziert. Die *Dundonald* ist auf freier See und hat, wenn es dick kommt, genügend Seeraum beizudrehen oder vor dem Sturm abzulaufen. Gegen Abend flaut der Wind ab. Der Himmel ist so drohend, daß der Kapitän zur Vorsicht die Royals und gleich auch die Bramsegel bergen läßt.

Das Unwetter kommt rasch mit Blitz und Donner auf die *Dundonald* zu und schon fällt die erste Böe heulend und pfeifend über das Schiff her. Rasend schnell läuft die See auf. Der Sturm ist in vollem Gange. Glasig-grün schimmernd mit weißen Mähnen rollen die Seen auf das Schiff zu, brechen und schleudern Tonnen von Wasser über das Deck. Kapitän Thorburn läßt auf Südost-Kurs gehen, damit keine Brecher mehr überkommen und das Schiff entlastet ist. Damit hat er den ersten Ansturm des Unwetters im Griff. Sorge macht ihm die Ungewißheit über die Dauer des Sturmes. Wetterberichte gibt es nicht. Einziger Anhalt ist der Blick zum Himmel und zum Barometer. Soweit es möglich ist, kehrt man zur Bordroutine zurück. Am Ruder stehen die beiden besten Matrosen und das Schiff macht gute Fahrt. Bereits während der Nacht aber schralt der Wind, bis er wieder aus Süden weht und langsam nachläßt. Eine Wolkenlücke erlaubt eine Standortbestimmung. Kapitän Thorburn ist zufrieden. Was ihm nicht gefällt ist, daß er offensichtlich in ein Gebiet unsicherer Mißweisung kommt. Er benötigt nochmal einen genauen Standort, aber den bekommt er nicht. Der Himmel ist zu. Mit Sorge stellt er fest, daß jetzt auch zunehmend Dünung aufläuft und das auch noch aus drei Richtungen. Auch das Barometer fällt wieder. Ein paar Stunden später tritt das ein, was er erwartet hat: Es bläst aus allen Rohren. Dabei ist es empfindlich kalt geworden und fast waagrecht wird der Regen vom Sturm herangepeitscht und behindert erheblich die Sicht. Die Royals hat Kapitän Thorburn bereits bergen lassen. Vorsichtshalber läßt er auch noch die Bramsegel bergen. Eine Maßnahme, die sich schon bald als berechtigt herausstellt.

Aus dem Starkwind wird rasch ein handfester Sturm mit orkanartigen Böen, der heulend und jaulend durch die Takelage pfeift. Langsam dringt die Kälte durch die dickste Kleidung und die Hände werden klamm und steif. Die Seen sind jetzt keine Seen mehr, es sind Ungetüme, die Hunderte von Meilen ungebremst zurückgelegt haben. Durch dieses Inferno schießt die *Dundonald* mit nahezu zwölf Knoten Fahrt. Kapitän Thorburn ist wieder an Deck. Sorgenvoll blickt er zu den Segeln. Das ist zu viel, das kann das Schiff nicht lange ab. Es müssen weitere Segel geborgen werden, obwohl er lieber seine

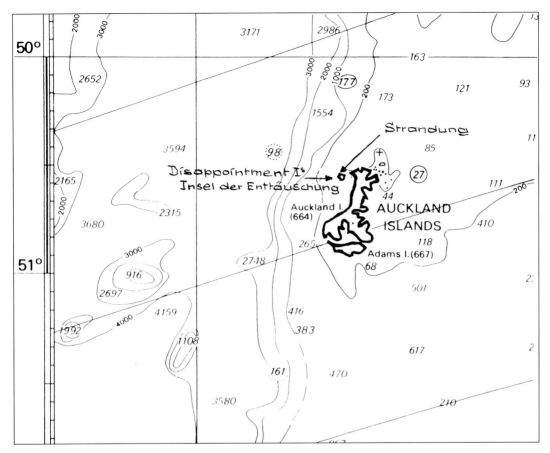

Ausgerechnet Disappointment Island wurde der *Dundonald* zum Verhängnis.

Leute geschont hätte. Seine Männer müssen ins Rigg, das Schiff muß entlastet werden. Fast eineinhalb Stunden plagen sie sich bis zur Erschöpfung und kämpfen mit dem wild gewordenen Tuch, dann ist es geschafft. »Besanschot an«, ein kräftiger Schluck aus der Buddel, ist nur eine bescheidene Belohnung, aber mehr läßt der Sturm nicht zu. Die Freiwache kann unter Deck. Wie »nasse Säcke« fallen sie in die Kojen.

Gegen Morgen hat sich der Sturm ausgetobt, es wird wärmer. Kapitän Thorburn könnte sich darüber freuen, ihn überstanden zu haben, aber er hat keinen genauen Standort während des Sturmes bekommen können. Der aufkommende Nebel nimmt ihm auch jetzt jegliche Chance dazu. Es ist der elfte Tag, seit die *Dundonald* Sydney verlassen hat. Der Nebel weicht nicht. Soweit dies möglich war, hat Kapitän Thorburn mitgekoppelt und glaubt gut nördlich der Auckland-Inseln zu sein. Wenn er jetzt auf Ostkurs ginge, würde er die Inselgruppe in einem Abstand von etwa 30 bis 40 Meilen passieren. Nochmal rechnet er nach, um Fehler auszuschließen, dann gibt er Weisung auf Ostkurs zu gehen. Es ist immer noch stark diesig und regnerisch. Der Tag geht zu Ende. Der nächste Tag ist nicht freundlicher, als der vergangene. Kapitän Thorburn benötigt dringend einen genauen Standort, aber der Regen und der bedeckte Himmel lassen es nicht zu. Der

Ausguck wird angewiesen, besonders aufmerksam zu sein. Er ist es auch und nach ein paar Stunden glaubt er einen hellen Streifen voraus zu erkennen. Ist es Land? Sind das Brecher? Er schreit nach dem Ersten Offizier Peters. Der läuft nach vorne und schaut. Kein Zweifel, sein geübtes Auge erkennt sofort die Brandung und schemenhaft dahinter Land. Er brüllt: »Alle Mann, alle Mann«, rast zum Kapitän und verständigt ihn mit hastigen Worten. Es geht um Minuten. Es ist jetzt deutlicher zu erkennen: der helle Streifen voraus ist Brandung.

»Hart Backbord«, ruft der Kapitän dem Rudergänger zu, »hart Backbord!« Langsam, viel zu langsam gehorcht die *Dundonald* dem Ruder. Der helle Streifen kommt bedrohlich näher. Es ist ein verzweifelter Wettlauf und alle starren gebannt auf die Brandung voraus. Hinter dieser wird langsam eine hohe, steile und schwarze Wand sichtbar. Dem Kapitän und dem Ersten wird klar, das Schiff schafft das nicht, und ein Freisegeln ist nicht mehr möglich. Kurz darauf hört man ein häßliches Schleifgeräusch unterm Kiel, nochmal; dann, verbunden mit krachen, bersten, splittern und vermischt mit Schreien, ein Ruck. Die *Dundonald* sitzt fest.

Peters, der Erste Offizier hat sich rasch von dem Schrecken erholt. Er läßt die Marsfallen loswerfen. Die Männer haben gerade den Befehl ausgeführt, da packt eine besonders hohe Brandungswelle das Schiff und wirft es in eine breite Spalte direkt unter die fast senkrechte Felswand. Der Bug des Schiffes ragt aus dem Wasser, das Heck wird von der tosenden Brandung umspült. Der Großmast, in den sich zwei Matrosen und der Zweite Offizier gerettet haben, steht noch. Einer der Matrosen sieht sich um, und bemerkt, daß die Oberbramrah mit ihrer Nock auf einem schmalen Felsvorsprung aufliegt. Das könnte die Rettung sein, schießt es ihm durch den Kopf, denn unter ihm rauscht ein Brecher nach dem anderen über das Deck der *Dundonald*. Da kann er nicht hin. Es gibt nur einen Weg an Land zu kommen, und der geht über die Rah. Er verständigt den »Zweiten« und den anderen Matrosen. Es eilt, denn jeden Augenblick kann das Schiff nochmal angehoben werden und die Rah von dem Felsvorsprung wieder abrutschen. So gelingt es den drei Männern tatsächlich, wie auf einem Drahtseil balancierend, auf den Felsvorsprung zu kommen. Sie sehen sich um nach den übrigen Männern und wollen noch Lebende retten, bevor die vernichtende Brandung das Wrack völlig zerschlägt. Aber wie kann das geschehen? In der Eile hatten sie nicht daran gedacht, ein Ende mit auf die Plattform zu nehmen. Bevor es dunkel wird, erreichen sie noch mit letzter Anstrengung den nächsten Felsvorsprung und sind damit oben. Die Felswand ist überwunden.

Am nächsten Morgen, beim ersten Tageslicht, gehen sie an den Rand der Felswand, um nach den Kameraden zu sehen. Sie sehen nur Gischt und Teile des von ihr verhüllten Wracks. Als es etwas heller wird, können sie noch einige Männer erkennen, die sich an den noch stehenden Masten festgebunden hatten und so die Nacht überlebten. Mit viel Mühe und mit Hilfe der Männer auf dem Mast gelingt es, ein Tau von dem Mast hinauf zu ihrer Plattform zu spannen. Einer nach dem anderen versucht auf seine Weise, mehr oder weniger halsbrecherisch vom Mast aus auf die rettende Plattform zu kommen. Es gelingt und alle kommen oben an, dem sicheren Tod entrissen. Allen ist bewußt, daß jeden Augenblick auch der letzte Mast der anrennenden See zum Opfer fallen kann.

Es sind jetzt 13 Mann, die sich gerettet haben. Darunter sind die drei Offiziere. Der Kapitän und sein Sohn, insgesamt 15 Mann fehlen. Es muß angenommen werden, daß sie die Katastrophe nicht überstanden haben. Während die Geretteten noch beraten, was zu machen ist, kommen noch drei Mann auf sie zu, die sich auf ähnliche Weise nach der anderen Seite des Wracks hin retten konnten. Die Zahl der Geretteten erhöht sich damit auf 16 Mann.

Wie geht es weiter? Essen? Wasser? Feuer? Drei lebenswichtige Dinge auf diesem menschenleeren, einsamen »Felsbrocken«. Klar ist inzwischen, daß das Schiff auf einer der gottverlassenen Auckland-Inseln gestrandet ist. Klar ist inzwischen, daß man zwar Segeltuch und Tauwerk vom Schiff noch bergen kann, und das tun sie auch, solange noch Gelegenheit dazu vorhanden ist. Auf, und in das Schiff kommt man aber nicht. Zuerst kümmern sich die Männer um ein Dach über dem Kopf und mit dem geborgenen Segeltuch errichten sie ein Zelt.

Der Hunger meldet sich. Da können sie zunächst abhelfen. Es gibt jede Menge Vogel- und Möveneier. Auch die Robben sind noch nicht mißtrauisch und tragen am Anfang dazu bei, den gröbsten Hunger zu stillen, aber rohes Fleisch ist nicht jedermanns Sache, zumindest nicht auf Dauer. Feuer muß her. Das ist jetzt die wichtigste Forderung. Aber niemand hat Streichhölzer. Sie versuchen es nach Art der Steinzeitmenschen, aber es fehlt das Knowhow, und sie haben kein Glück. Nochmals werden alle Taschen durchsucht und Möglichkeiten überprüft und endlich findet einer in einer vergessenen Tasche noch ein paar nasse Hölzer. Sorgfältig getrocknet zündet buchstäblich das letzte Hölzchen. Von da ab wird das Feuer rund um die Uhr wie ein teurer Schatz gehütet. Das Verzehren rohen Fleisches gehört zur allgemeinen Erleichterung der Vergangenheit an. Ihre Freude darüber wird jedoch arg getrübt. Ihr bisheriger Anführer, der Erste Offizier Peters, der bei der Strandung eine Brustquetschung erlitten hatte, erliegt seinen Verletzungen.

Nach und nach, vielleicht hatte man sich auch der Geschichte von »Robinson Crusoe« erinnert, richten sie sich besser ein. Durst ist bei dem vielen Regen in dieser Gegend nicht das dringendste Problem. Die Nahrung wird knapp, weil die Tiere scheu geworden sind. Pfeil und Bogen werden benötigt. Aber auch dieses Problem wird gelöst. Sie haben Tauwerk und Tierhäute und ein brauchbares Stück Holz findet sich auch. All das, was sie bisher zum Überleben erreicht haben, hilft jedoch nicht über ihr Schicksal hinweg, auf dieser trostlosen Insel gefangen zu sein. Längst späht jeweils einer von ihnen vom höchsten Punkt der Insel aus nach einem Schiff. Bisher vergebens, wer kommt schon in diese verlassene Gegend. So vergehen zwei, vielleicht auch mehr Monate. Ihre Kleider sind allmählich zu Lumpen geworden, die sie nur mühsam mit Tauresten zusammenhalten. Einer der Offiziere erinnert sich, daß der »Erste« gelegentlich erwähnt habe, eine der Inseln sei einmal ein Stützpunkt für die Fischerei gewesen, den man aber wieder aufgegeben habe. Dort könne sich möglicherweise noch ein Vorratslager befinden. Sie beschließen, die Nachbarinsel, die sie schon lange kennen, zu erkunden, aber dorthin zu schwimmen wäre reiner Selbstmord. Das Problem kann nur mit Hilfe eines Bootes gelöst werden. Sie beraten also, ob sie in der Lage sind, mit den gegebenen Mitteln ein Boot zu bauen. Sie haben Tauwerk, und wenn passendes Holz zu finden ist, könnte man ein Gestell bauen und es mit einer oder zwei Tierhäuten überziehen. Das könnte die Lösung sein. Der Gedanke wird konkreter und sie machen sich an die Arbeit.

Es gibt Rückschläge, denn auch primitiver Bootsbau will gelernt sein, aber schließlich ist etwas fertig, was man mit etwas Nachsicht als Boot bezeichnen kann. An einem windarmen Tag mit wenig Dünung und Seegang legen drei Mann ab, in der Hoffnung von der Strömung nicht zu sehr abgetrieben zu werden. Es ist ein abenteuerliches Unternehmen, aber der immer stärker werdende Wunsch, diese verdammte Insel endlich verlassen zu können, gibt ihnen Kraft und Ausdauer. Das Wunder geschieht, das Boot hält durch und die Strömung hat sogar ihr Vorhaben unterstützt. Sie erreichen die Nachbarinsel.

Die drei verabreden, sich am nächsten Mittag wieder am Boot zu treffen, und teilen sich die Insel zur Erkundung auf. Das Ergebnis ist niederschmetternd. Nichts, aber auch gar nichts, außer kahlen Felsen und etwas Holz und Moos. Sie weiten die Suche aus, weil sie immer noch Hoffnung haben und nicht mit leeren Händen zurückkommen wollen. Nach über einer Woche geben sie auf. Im Innersten sind sie aber im Zweifel, ob sie wirklich gründlich genug gesucht haben. Einer glaubt sich der Katastrophe der *General Grant* erinnern zu können. Aber war das auf der Insel, die sie gerade durchsucht haben?

Ohne Zwischenfall erreichen sie ihre Strandungsinsel und berichten. Für alle ist es eine herbe Enttäuschung. So gründlich, daß sie nur schwer zu überwinden ist. Fast zum Beweis der Hoffnungslosigkeit zieht einer der drei noch etwas Glitzerndes aus der Tasche. »Da, das ist alles, was ich gefunden habe!« Er reicht den Scherben dem Zweiten. Der betrachtet ihn genau und plötzlich erhellt sich seine Miene. »Das ist Glas! Und dann muß auch noch mehr auf dieser Insel zu finden sein«, meint er. Eine weitere Fahrt auf die Nachbarinsel wird beschlossen. Sie sind ungeduldig und achten nicht sorgfältig genug auf den Seegang. Bereits in der Brandung schlägt das Boot quer und kentert. Die Männer erreichen zwar wieder den Strand, aber das Boot wird von der Brandung zerschlagen. Ein lähmender Rückschlag und lange Gesichter sind die Folge. Aber einer ist immer unter ihnen, der den Mut nicht sinken läßt. »Dann bauen wir eben ein neues Boot«, meint der Dritte trocken. Er reißt die anderen aus ihrer Lethargie. Das schafft wieder neuen Mut.

Knapp vier Wochen später ist das neue Boot fertig. Sie haben aus dem Bau des ersten Bootes gelernt und ein stabileres Boot gebaut, als beim ersten Mal. Mit einer neuen Besatzung starten sie und legen die sechs Meilen zur Nachbarinsel trotz lebhafter See wohlbehalten zurück. Drei Tage suchen sie erfolglos. Schon beginnt sich Hoffnungslosigkeit einzuschleichen, aber sie wollen nicht aufgeben. Den Kameraden können sie einen nochmaligen Mißerfolg nicht zumuten. Das wäre eine Katastrophe für alle und auch für sie selbst. Am vierten Tag, sie sammeln nebenbei Holz für ihr Feuer, schiebt der jüngste von ihnen einen Stein weg, um an ein Stück Holz zu kommen. Er stutzt, sieht nochmal genau hin, und ihm fällt auf, daß die Steine schön geordnet dort liegen. Das macht die Natur nicht, das können nur Menschen gewesen sein. Plötzlich zittert er vor Aufregung. Hastig schiebt er die restlichen Steine zur Seite und stößt auf Blech, das sich beim Weitergraben als großer Kanister entpuppt. Er stößt einen Freudenschrei aus und ruft seine Kameraden so laut er kann. Was die drei gefunden haben, ist das lang herbeigewünschte, sagenhafte Depot.

Nur mit Mühe kommen sie an den Inhalt. Was sie finden sind Lebensmittel, die für alle einige Zeit reichen dürften. Auch Kleider, Notraketen, Lampen und Petroleum, alles, was sie so lange entbehren mußten, finden sie reichlich. Ein Briefumschlag lag oben auf. Darin befindet sich ein Hinweis auf einen Ort, wo sie ein Boot finden können, das am Strand versteckt ist. Die Freude der drei ist unbeschreiblich, sie fallen sich um den Hals, vergießen Freudentränen, aber vergessen auch nicht die Wende zum Guten zu begießen. Reichlich Rum ist dazu vorhanden. Eine der Raketen wird abgeschossen, damit die Kameraden auf der Insel drüben ahnen können, welche Überraschung ihnen bevorsteht. Am nächsten Tag suchen sie das Boot, finden es und stellen fest: Es ist unversehrt, groß, kräftig und stabil. Mit der Rückkehr auf ihren »Steinhaufen« müssen sie noch warten, so schwer ihnen das auch fällt. Das Wetter läßt es nicht zu und ein Risiko wollen sie jetzt auf keinen Fall eingehen. Endlich nach ein paar Tagen beruhigt sich die See und sie können die Überfahrt mit dem neuen Boot wagen. Von den begeisterten Männern drüben werden sie mit Fragen fast durchlöchert.

Sie können sich vor Freude kaum beruhigen. Dann aber heißt es: Nichts wie weg! Sie vergessen nicht ihren Ersten Offizier Peters, den sie alle sehr schätzten. Ihm gilt noch ein letzter Gruß. Mit zwei Touren sind alle drüben. Not leiden sie vorerst nicht, aber sie müssen die Lebensmittel rationieren. Der Winter steht bevor. Das heißt auch, daß in den kommenden Monaten kaum mit einem Schiff zu rechnen ist. Hoffnung gibt aber eine Notiz, die sie in einem der Behälter finden. Dort heißt es, ein Schiff habe am 1. Februar die Insel angelaufen. Das nächste käme etwa 6 Monate danach.

Die Zeit verrinnt. Man weiß nicht wieviel Tage und Nächte der Beobachtungsposten abgelöst wurde, ohne daß ein Schiff gesehen wurde. Eines Nachts aber sieht der Posten zunächst schwach, aber dann deutlich ein Licht über der Kimm. Er zündet noch schnell ein Blaufeuer, dann rast er zum Lager. »Schiff in Sicht, Schiff in Sicht«, schreit er zum wiederholten Male wie übergeschnappt. So schnell wie jetzt waren noch nie alle hell wach. Der Zweite schießt eine Rakete ab, die von draußen erwidert wird. Ein Dampfer ist es, der sich jetzt der Insel nähert. Die Männer kennen eine Bucht, die meistens, und auch diesmal in Lee liegt. Dort warten sie auf den Dampfer, der ein Boot aussetzt, um sie abzuholen.

Es ist der 16. Oktober 1907. Acht Monate sind seit dem Schiffbruch vergangen. Das Schiff, das sie rettet, ist die *Hinemoa*, ein neuseeländisches Expeditionsschiff. Im Hafen von Invercargill werden die 15 Überlebenden der *Dundonald* an Land gesetzt.

Die Schuldfrage

Kapitän Thorburn hat die Strandung seines Schiffes nicht überlebt. Auch seinen Sohn ereilte das gleiche Schicksal. In einem Gebiet, in dem Strömungen noch nicht erforscht sind, nützt auch eine vorsichtige Berechnung des Standortes nur nach Kompaß und Logge wenig. Eine Schuld an der Katastrophe hat man Kapitän Thorburn daher nicht angelastet. Ausschlaggebend war, daß er keine Möglichkeit hatte, mit Hilfe eines Sextanten seinen wahren Standort zu ermitteln. Ständig bedeckter Himmel und Nebel verhinderten es. Es muß zwar angenommen werden, daß Kapitän Thorburn ein Segelhandbuch für diese Gegend an Bord hatte, aber für diese abgelegene Gegend konnte er, wenn überhaupt, nur vage Hinweise entnehmen. Rein rechnerisch hätte die *Dundonald* die Auckland-Inseln in einem Abstand von etwa 30 Seemeilen passieren müssen. Bei dieser Differenz kann nur eine Strömung die Ursache der Strandung gewesen sein, und die konnte Kapitän Thorburn weder feststellen, noch erkennen.

Die Auckland-Inseln sind unbewohnt. Sie wurden im Jahr 1806 vom Kapitän eines britischen Walfängers entdeckt. Versuche, die Inseln als Stützpunkt für die Fischerei oder für wissenschaftliche Beobachtungen zu nutzen, wurden wieder aufgegeben.

Die *Dundonald* war nicht das einzige Schiff, das auf den Aucklands von der Brandung zerschlagen wurde. Von drei Schiffen weiß man, daß ihnen schon vor der Strandung der *Dundonald* die Inseln zum Verhängnis geworden waren. Es waren die *General Grant*, die *Minerva* und die *Invercauld*. Auch deren Strandung ist auf die damals noch unerforschte Strömung zurückgeführt worden. Es ist nicht bekannt, daß aus den Erfahrungen aus der Strandung der *Dundonald* Konsequenzen gezogen worden sind oder neue Schlüsse hätten gezogen werden können.

Die Tjalk *Ora et labora*

Datum: 3./4. Dezember 1909
Ort: Mellum Plate, Ostfriesland
Schiffsname: *Ora et labora*
Schiffstyp: Tjalk
BRT: ca. 12
Art der Havarie: Leck gesprungen
Zahl der Opfer: 6
Unglücksursache: höhere Gewalt

»Ich denke, wir gehen Anker auf. Der Wind ist zwar ziemlich rauh, aber er kommt günstig, und das sollten wir nutzen.« Smit, Kapitän der *Ora et labora* (was auf deutsch »Bete und arbeite« heißt), streckt prüfend den Kopf nach draußen. Man schreibt den 2. Dezember 1909 und das Schiff von Kapitän Smit liegt auf der Elbe vor Cuxhaven. Es ist eine stäbige, breitbrüstige und stabil gebaute holländische Tjalk. Ein Schiffstyp, der bei den Holländern für den küstennahen Verkehr sehr beliebt ist.

Smit will in die Jade und nach Wilhelmshaven. An Bord ist seine Frau mit dem gemeinsamen, fünf Monate alten Kind. Unterstützt wird er von seinen beiden Brüdern, die gute Seeleute sind und schon länger unter Kapitän Smit fahren. »Die paar Meilen zur Jade müßten zu schaffen sein, auch wenn der Wind noch auffrischen sollte.« Noch ein kurzer Blick auf die Signalstation bei der »Alten Liebe«, aber da ist kein Sturmball vorgeheißt. Der jüngste der drei Brüder klopft noch schnell seine Pfeife aus. Rein ins Ölzeug, Seestiefel an und dann gehen die drei nach oben. Der Skipper geht an die schwere Ruderpinne. Die beiden anderen sind bereits mit dem Ankerspill beschäftigt. Es bedarf keiner großen Worte, oder gar Befehle. Die drei sind eine erfahrene und eingespielte Crew und jeder weiß, was zu tun ist.

Als der Anker kurzstag geholt ist, kommt ein Zeichen nach hinten. Ein kurzes Nicken ist die Antwort. Der Anker wird aufgeholt, kurz darauf wird die Fock gesetzt. Das Schiff fällt ab und gleich darauf kommt das Großsegel hoch. Ka-

Modell einer typischen holländischen Tjalk, wie sie auch heute noch Verwendung findet. Ihm dürfte die *Ora et labora* entsprochen haben.

pitän Smit nimmt Kurs elbeabwärts auf das Feuerschiff *Elbe 3*. Nachdem der letzte Landschutz achteraus liegt, wird die See rauher und die ersten Brecher kommen über. Das war zu erwarten und ist nicht außergewöhnlich.

Draußen querab von Neuwerk läßt der Skipper zwei Reffs in das »Groß« und den Klüver stecken, denn der Wind hat aufgefrischt und die dunkle, drohende Wand im Südwesten gefällt ihm nicht. Leise Zweifel kommen dem Skip-

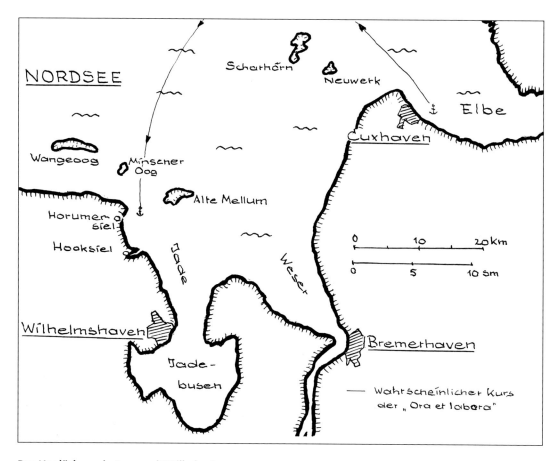

Das Unglück passierte unweit Wilhelmshaven.

per, ob er nicht doch besser in der schützenden Elbe geblieben wäre, aber nun ist er unterwegs und außerdem kann er sich auf sein Schiff verlassen. Hinter dem Feuerschiff *Elbe 1*, das in der zunehmenden See schon gewaltig an seiner Kette zerrt, geht der Schiffer höher an den Wind. Mit langen Kreuzschlägen steuert er die Jademündung an. Nun doch etwas besorgt, schauen Kapitän Smit und seine Brüder immer wieder nach Südwesten, wo die schwarze Wand langsam näher kommt. »Das entwickelt sich noch zum Sturm«, meint der ältere der Brüder und er sollte recht bekommen. Bevor es »aus allen Rohren bläst« entschließt man sich bei Schillighörn vor Anker zu gehen. Sie haben

keine Eile und kennen die gefährlichen steilen Grundseen der Jade bei Südweststurm. Wenn es wirklich zu toll werden sollte, dachte man als letzte Lösung an einen Schlepper. Bis dahin waren alles nur Vorsichtsmaßnahmen und ernste Bedenken hatte man noch nicht.

Inzwischen ist schnell aus der Dämmerung des grauen, wolkenverhangenen Himmels dunkle Nacht geworden. Auch das verändert die Lage nicht ungünstig. Im Gegenteil. Voraus kann man jetzt das Leuchtfeuer auf Wangeroog erkennen, das weithin Orientierung gibt. Zaghaft, aber immer deutlicher kommen auch die Leuchttonnen des Jadefahrwassers aus dem Dunkel in Sicht. Bei Tag, und bei diesem Wetter, wären sie noch lange nicht auszumachen gewesen. Auch in der Kajüte scheint die Frau des Schiffers die Situation keineswegs bedrohlich zu empfinden. Sie macht sich daran, das Abendessen zuzubereiten. Eine sicher willkommene Stärkung für die Männer draußen in der kalten, unfreundlichen Nacht.

Zur selben Zeit sitzen die Männer und Frauen von Horumersiel in einem großen Saal beim traditionellen Winter-Gesellschaftsabend. Es geht hoch her und mancher steife Grog läuft durch die Kehlen. Draußen, wo die See lauter und lauter und die Brandung immer höher wird, ist es weniger gemütlich. Das ist kein Wind mehr, das ist ein handfester Südweststurm, der sich gegen Mitternacht entwickelt hat. Manche meinen, wenn ein Sturm sich so schnell entwickelt habe, wäre er auch schnell wieder vorbei, aber sie täuschen sich. Gegen Morgen sind es satte 9 bis 10 Bft., die die Jade in eine aufgewühlte, kochende Wasserwüste verwandelt haben. Der Sturm reißt die Gischt der Wellenkämme waagrecht ab und die Sicht ist stark behindert.

Der Besitzer des Hotels, in dem gefeiert wurde, Fritz Tiarks, sieht, nicht ganz ausgeschlafen, sorgenvoll über die Jade. Im Fahrwasser liegen mehrere Schiffe vor Anker. Bei der Mellum, einer Sandbank vor der Jade, brüllt eine gewaltige Brandung. Er wiegt bedenklich den Kopf, wenn er sieht, wie die Schiffe draußen in ihre Ketten rucken, sobald eine Welle ihren Bug hochschleudert. Das Leben der Besatzungen steht auf dem Spiel, hängt buchstäblich an der Kette und an dem Anker. Er weiß, schneller, als irgend ein Schiff zu Hilfe kommen kann, treiben sie in die tödliche Brandung und auf die Sände, wenn die Kette bricht, oder der Anker nicht hält. Sein Blick schweift weiter über die Wasserwüste. Da sieht er noch ein Schiff. Es ist ein Segler. Er holt sein Glas. Ja, es ist eine holländische Tjalk, die dort, eine knappe Seemeile von der Fahrwasserkante entfernt vor Anker liegt. Sein Blick geht nochmals zurück und er sieht

sich alle Schiffe genau an, aber nirgends entdeckt er eine Notflagge. Damit gibt er sich zunächst zufrieden und geht zurück ins Haus. Er hat nach dem Fest genug zu tun.

Der Vormittag vergeht, aber der Sturm hat noch nichts von seiner Heftigkeit eingebüßt. Nach wie vor tobt er in voller Stärke. Die Lage der Schiffe vor Anker in der Jademündung wird bedenklich. Halten die Ketten die Dauerbelastung aus? Halten die Anker im Grund? Fritz Tiarks will nochmal nach draußen sehen, da hört er, zuerst schwach und vom Sturm verweht, dann aber deutlich ein Hornsignal. Er weiß sofort, was das bedeutet. Ein Schiff ist in Not. Er eilt auf den Deich und sieht auch schon die Rettungsmänner am Schuppen, wie sie das Boot, die *Vegesack*, zum Einsatz vorbereiten. Er läuft hinunter und steckt seinem Bruder Heinrich, der Vormann des Rettungsbootes ist, noch einen »Flachmann« in die Tasche des Ölzeugs. Er wird den Inhalt brauchen können. Dabei erfährt er, daß die holländische Tjalk, die draußen im Fahrwasser vor Anker liegt, die Notflagge gesetzt habe. Er erfährt auch, sein Bruder schreit ihm das durch das Heulen des Sturmes zu, daß die Besatzung nicht vollständig ist und er mitkommen müsse. Fünf Minuten später hat er sein Ölzeug an, setzt im Laufen noch den »Südwester« zurecht und ist im Boot. »Leinen los, heiß auf die Fock«, das Boot legt ab. Der Bugmann, der 73jährige Tiedemann und der Mann am Heck des Bootes holen die Festmacher ein. Mit langen Schlägen, hart überliegend kreuzt das Boot mit stark gerefften Segeln auf die in Seenot geratene Tjalk zu.

Nach fast zwei Stunden harten Segelns, die Rettungsmänner durchnäßt von den überkommenden Seen, mit klammen Händen ständig mit Handpumpen und Ösfaß lenzend, steht die *Vegesack* in Lee der Tjalk in Rufnähe. Längsseits zu gehen erlaubt der hohe Seegang nicht. Die Gefahr, dabei an die Bordwand der Tjalk geschleudert zu werden, ist zu groß. Heinrich Tiarks, der Vormann des Rettungsbootes, preit den Skipper der *Ora et labora* an, was los sei und ob er versuchen solle, ihn abzuschleppen. Das sei nicht nötig, aber sein Schiff sei Leck gesprungen und wenn seine Männer helfen könnten, das Schiff zu lenzen, könne er wieder frei kommen. Derzeit habe er Grundberührung. Zudem, meint der Holländer, habe er einen Schlepper angefordert. Der Vormann peilt die Lage. Es sieht nicht sehr gut aus. Als er gewahr wird, daß auch eine Frau mit einem kleinen Kind an Bord ist, meint er, es sei auf alle Fälle ratsam, wenn er mit seinem Boot zunächst die Frau mit ihrem Kind in Sicherheit bringe. Wenn er, der Kapitän mit seinen Leuten an Bord bleiben wolle, sei das in Ordnung, zumal er einen Schlepper angefordert habe. Als die Frau aber das hört, protestiert sie heftig. Nein, sie wolle an Bord bei ihrem Mann bleiben. Auch deutliche Hinweise des Vormanns auf die Gefährlichkeit der Situation, können die Frau nicht umstimmen. Schweren Herzens entschließt sich der Vormann zunächst zu versuchen, die Tjalk lenz zu bekommen. Er stellt ein paar seiner Männer dazu ab und legt selbst Hand mit an. Drei Stunden arbeiten sie angestrengt, dann kommt die Tjalk durch die Tide wieder flott. Das Rettungsboot schleppt den Holländer auf tieferes Wasser, wo dieser ankert. Man wartet auf den Schlepper, aber der kommt nicht.

In einer Verschnaufpause an Deck sieht Heinrich Tiarks im Norden, nahe der Schilligreede ein großes Kriegsschiff. Gerade will er wieder unter Deck gehen, wo die Männer immer noch mit lenzen beschäftigt sind, da sieht er wie der Rauch aus den Schornsteinen lebhafter wird. »Der geht Anker auf« und »der kann uns helfen«, schießt es ihm durch den Kopf. Schnell bespricht er sich mit dem Skipper der *Ora et labora* und veranlaßt ihn, Blaufeuer abzubrennen. Gespannt beobachten sie das Kriegsschiff, das Tiarks bereits als das Panzerschiff *Kurfürst Friedrich Wilhelm* identifiziert hat. Sie sehen wie der Bug schwenkt und das Schiff auf sie zudreht. In ihrer Nähe in Lee stoppt es. So können sich nun die Tjalk und das Rettungsboot ohne großes Manövrieren auf das Kriegsschiff zutreiben lassen. Nach kurzer, durch das Tosen des Sturmes erschwerter Verständigung, weiß man an Bord des Panzerschiffes Bescheid. Von dort werden Leinen geworfen, die der Holländer am kräftigen Poller seiner Tjalk festmacht. Die *Vegesack* will gerade ihre Vorleine am Havaristen festmachen, da rutscht der Rettungsmann Weihhusen beim Umlegen der störenden Flaggleine aus und geht über Bord. Glücklicherweise erwischt er aber noch die Bordkante des Rettungsbootes und kann sich daran festhalten. Sich mit eigener Kraft an Bord zu ziehen ist ihm bei der rauhen See nicht möglich. Der Vormann will ihm helfen, aber auch dessen Kräfte reichen nicht aus, um den schweren, durchnäßten Mann wieder an Bord zu bekommen. Erst mit Hilfe weiterer Männer gelingt es den über Bord Gefallenen aus der See zu bergen.

Nun kann die *Kurfürst Friedrich Wilhelm* langsam antauen. Langsam, Hand über Hand, um ein hartes Einrucken des Schlepptaues zu vermeiden, wird von der Schanz des Kriegsschiffes Leine gesteckt und Kurs Jade-aufwärts genommen. Der Schlepp wird zur erneuten Gefahr für die Schiffe, denn die See kommt nun querein. Noch hat der Sturm nicht nachgelassen, und die Jade ist ein weißschäumendes Inferno. Gefährlich und erschreckend nahe ist die tobende Brandung an der Mellum Plate. Mit Bangen sehen alle auf die Schlepptrosse, von der allein nun das Gelingen des Bergungsmanövers abhängt. Trotz richtig bemessener Länge kommt sie manchmal lose, um kurz darauf wieder aus dem Wasser zu schnellen und bis zum Zerreißen gespannt zu werden. Was man befürchtet hatte wird wahr. Eine besonders hohe See reißt die *Ora et labora* ruckartig hoch. Mit einem lauten Knall wird der kräftiger Poller aus dem Deck des Schiffes gerissen und die Schleppleine klatscht ins Wasser. Die Tjalk und das Rettungsboot treiben rasch ab und wegen

Südwestlich der Mellum-Riffe sprang die *Ora et labora* leck.

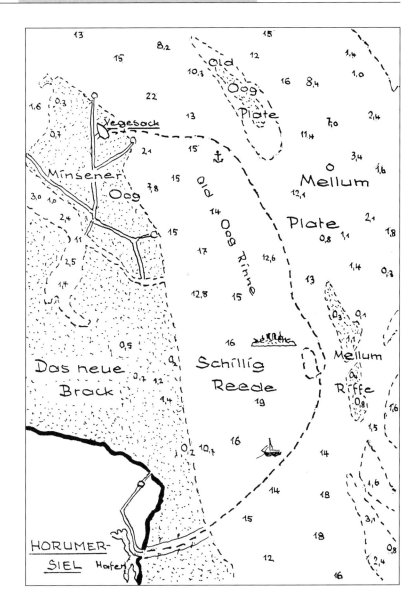

der Nähe der Sandbank ist höchste Eile geboten. Durch ein äußerst geschicktes Manöver des Panzerschiffes gelingt es in letzter Minute, nochmal eine Leinenverbindung herzustellen, aber auch die hält nicht sehr lange. Zu allem Unglück wird es jetzt auch für den Kommandanten der *Kurfürst Friedrich Wilhelm* gefährlich. Wegen des großen Tiefgangs seines Schiffes besteht die Gefahr, selbst auf der Mellum festzukommen. Er muß das Bergungsmanöver aufgeben.

Für den Holländer und das Rettungsboot gibt es jetzt nur einen Weg von der Hölle der Brandung frei zu bleiben. Die Tjalk muß aufgegeben werden und alle müssen sofort vom Rettungsboot übernommen werden. Das geschieht auch. Es ist ein gefährliches Unternehmen, aber schließlich sind alle heil übergestiegen. Schweren Herzens muß die Tjalk ihrem Schicksal überlassen werden. Vormann Heinrich Tiarks hat jetzt alle Schiffbrüchigen an Bord. Das Boot ist zwar überbesetzt, aber er hofft doch, alle sicher an Land bringen zu können.

Sie sind noch nicht lange unterwegs, da sieht er, als das Boot gerade auf einem Wellenkamm ist, etwas in einiger Entfernung schwimmen. Er kann noch nicht erkennen, was es ist. Nochmal hebt eine Welle sein Boot hoch, da erkennt er ein winziges Boot mit zwei Männern auf den Wellen treiben. Er schiebt seine Bedenken, noch zwei Personen in sein bereits überladenes Rettungsboot aufzunehmen beiseite. Menschenleben zu retten geht vor.»Wir pullen hin«, ruft er seinen Männern zu,»die können sich nicht mehr lange halten.« Den Rettungsmännern ist klar, daß es sein muß. Sie pullen hin, obwohl sie selbst, völlig durchnäßt, frierend und mit klammen Fäusten, nicht mehr lang werden durchhalten können. Auch diese beiden Schiffbrüchigen werden noch übernommen. Ihr Schiff, beladen mit Klinkern, so berichten sie, sei Leck gesprungen und wie ein Stein abgesoffen. Einer der beiden hatte weder Strümpfe, noch Schuhe an. Er war nahe an einer Unterkühlung, was bei der Jahreszeit nur zu verständlich war.

16 Personen waren jetzt an Bord des Rettungsbootes. Es lag tief im Wasser, nahm immer mehr Seen über und mußte ständig gelenzt werden. Tiarks überlegte. Nach Horumersiel zurück bei diesem Seegang und Sturm erschien ihm aussichtslos. Beim Minsener Oog aber, dachte er, könne man an Land gehen und zu Fuß bei Niedrigwasser nach Schillig gehen. Entsprechend gab er seinen Leuten Order.

Es ist dunkel geworden und der Vormann konnte nur eine unsichere Vorstellung von seinem tatsächlichen Standort haben. Die Richtung allerdings war klar. Jetzt bei Nacht hatte man den Eindruck, daß der Sturm eher noch zugelegt hatte.

Zwei Stunden waren sie schon in der totalen Dunkelheit unterwegs. Kein Leuchtfeuer, keine Fahrwassertonne war zu sehen. Alle sind völlig durchnäßt, steif gefroren. Die beiden zuletzt geborgenen Seeleute sitzen völlig teilnahmslos im Boot, aber man hat noch einen Funken Hoffnung, denn weit konnte das rettende Ufer nicht mehr sein. Doch da geschieht das Unheil. Drei gewaltige Sturzseen überrollen mit donnerndem Tosen die *Vegesack*. Das Boot schlägt voll und treibt manövrierunfähig in der chaotischen See. Zu allem Übel und Unheil weiß der Vormann, daß um diese Zeit die Ebbe einsetzt und das Boot in die offene See abtreibt. Der Anker muß raus, und das so schnell wie möglich. Er schreit es durch den Sturm den Männern im Vorschiff zu. Der Anker geht über Bord und faßt. Sie müssen lenzen, denn das Boot schwimmt nur auf seinen Luftkästen, aber die Ösfässer sind weg. Auch die Handpumpe ist unbrauchbar geworden. Sie schöpfen mit ihren Südwestern, aber das dient nur der Bewegung, um Unterkühlung zu vermeiden. Nur ein paar Männer haben noch die Kraft dazu. Die anderen sitzen völlig apathisch im Boot. Ihre Widerstandskraft ist gebrochen. Das Kind der jungen Holländerin, das sie in völlig durchnäßten Decken im Arm hält, bewegt sich nicht mehr. Es ist tot. Das übersteigt die seelische und körperliche Leidensfähigkeit der jungen Frau. Sie bricht bewußtlos zusammen. Zwei Rettungsmänner fangen sie auf und bemühen sich um sie. Vergebens, auch sie stirbt ihnen unter den Händen weg. Scheinwerferstrahlen huschen über das Boot hinweg.»Sie suchen uns«, ruft der Vormann, um die Leute im Boot aufzumuntern. Er weiß, das kann nur das Panzerschiff sein, aber das ist zu weit weg. Antworten, und das wäre jetzt ein großer Schritt zur Rettung, können sie nicht, denn die Blaufeuer sind verbraucht oder wurden von den drei Kaventsmännern aus dem Boot gespült.

Die Lage wird immer verzweifelter. Trotz der Dunkelheit kann der Vormann, der das Revier seit Kindesalter kennt, feststellen, daß sie nur eine knappe Seemeile vom Minsener Oog entfernt sind. Aber das nützt jetzt nichts, denn sie müssen warten bis die Flut kommt. Bis dahin sind sie zur Untätigkeit verdammt. Seit dem Tode seines Kindes und seiner Frau hat der holländische Schiffer, der sich selbst auch Vorwürfe gemacht hat, kein Wort gesprochen. Hilflos müssen die Retter zusehen, wie er zusammensackt und stirbt. Auch der Kapitän, den sie mit nackten Füßen aus der Nußschale geborgen haben, ist überfordert. Er ist unterkühlt. Sein Herz macht nicht mehr mit. Es dauert nicht lange, dann folgen ihm auch sein Matrose, der bei der Rettung auch nur leicht bekleidet war und schließlich stirbt auch noch der jüngste Bruder des holländischen Schiffers Smit. Der Tod hält reiche Ernte. Der Rest wehrt sich immer noch verzweifelt. Keiner spricht ein Wort. Sie müssen durchhalten, angesichts der nahen Küste, wenn sie überleben wollen, und das wollen sie.

Der Seegang hat etwas nachgelassen. Die Flut setzt ein. Neue Hoffnung kommt auf. Sie schauen nach ihren Riemen. Ganze vier sind noch da. Wortlos nehmen die, die nach diesen grausamen und zermürbenden Stunden dazu noch fähig sind, die Riemen und pullen los. Langsam, unendlich langsam kommen sie vorwärts.

Voraus erkennt jetzt Heinrich Tiarks, der Vormann, einen weißen Streifen. Angestrengt sieht er mit vom Salz brennenden Augen durch die Dunkelheit. Die Schlenge, schießt es ihm durch den Kopf! Wenn wir der entlangpullen, kommen wir an die zwei Baken. Das ist das Ende unseres Leidens, das ist die Rettung. Er ruft es den Männern im Boot zu, und aktiviert so ihre letzten Kräfte. Männer, die sich in den vergangenen zwölf Stunden, die sie unterwegs sind, völlig verbraucht haben. Schemenhaft taucht jetzt die erste 20 Meter hohe Bake aus dem Dunkel auf. Es ist 2.00 Uhr morgens, wie die letzte noch intakte Taschenuhr anzeigt. Steif und halb erfroren wälzen sie sich aus dem Boot. Nur einer rührt sich nicht. Es ist der Rettungsmann Behrens. Sie rufen ihn an, aber er gibt keine Antwort. Sie holen ihn vom Boot und wollen ihn zur Bake bringen, aber er stirbt ihnen unter den Händen weg. Dann müssen sie sich selbst beeilen, denn das Wasser steigt schnell. So schwer es ihnen auch fällt, sie haben keine andere Wahl, sie müssen den Toten in seiner Rettungsweste an der Bake festbinden. Wie sie auf die hohe Bake gekommen sind, wissen sie später selbst nicht mehr. Aber sie haben es geschafft.

Vier Mann sind sie, die auf die kleine Bake geklettert sind, wo sie nur Wasser und Hartbrot finden. Vor Kälte zitternd versuchen sie, sich gegenseitig zu wärmen und sehnen den Morgen herbei. Alle haben sie die Nacht überstanden. Die in der großen Wohnbake, nicht weit von der ersten entfernt, erheblich besser, denn die konnten sich am Feuer wärmen.

Am Morgen, als das Wasser fast wieder abgelaufen war, machen sie eine schreckliche Entdeckung. Die Flut hat den verstorbenen Rettungsmann aus seiner Weste herausgewaschen und in die See gespült. Dann stellen sie auch noch fest, daß die *Vegesack*, ihr Rettungsboot verschwunden ist. Die Vorleine hatte sich in der Nacht durchgescheuert.

Die vier halb Erfrorenen konnten sich in der großen Bake aufwärmen. Währenddessen gibt der Vormann die Ereignisse der letzten Stunden telephonisch nach Horumersiel durch. Dort atmet man auf, denn durch einen Funkspruch vom Panzerschiff, das die Nacht über vergeblich die *Vegesack* gesucht hatte, war man der Meinung, die *Vegesack* sei der See zum Opfer gefallen. Die Hoffnung, die Besatzung lebend wiederzusehen, war aufgegeben worden. Jetzt aber geht alles sehr schnell. Die Signalstation Schillig benachrichtigt die *Kurfürst Friedrich Wilhelm*, daß die Männer der *Vegesack* auf der Wohnbake am Minsener Oog seien. Sofort läßt der Kommandant die Leute dort abholen. Im Lazarett des Panzerschiffes werden sie ärztlich versorgt und anschließend mit der Pinasse nach Wilhelmshaven gebracht. Nach 38 Stunden Abwesenheit treffen sie endlich wieder zu Hause ein.

Ihr Rettungsboot, die *Vegesack* wurde einen Tag später mit den Leichen östlich von Helgoland geborgen und nach Helgoland eingeschleppt.

Die Schuldfrage

Wegen der Toten muß sich auch das Seeamt in Oldenburg mit dem Fall befassen. Am 12. Februar 1910 fällt der Spruch. Das Seeamt drückt zunächst sein tiefstes Bedauern darüber aus, daß sechs Personen die Unglücksfahrt nicht überstanden haben. Im Anschluß aber würdigt es den mehr als 15stündigen Kampf des Vormannes und der Männer der DGzRS als vorbildlich und über alles Lob erhaben.

Die See kennt kein Erbarmen. Herzlos und unberührt von Heldenmut vernichtet und zerstört sie, wenn Stürme und Orkane sie aufpeitschen. Eine schicksalhafte Erkenntnis, mit der die Menschen an der Küste sich abfinden und leben müssen.
Dem Kapitän der Tjalk *Ora et labora* war kein Vorwurf zu machen.

13.

Das Fünfmastvollschiff *Preußen*

Datum:	5./6. November 1910
Ort:	vor der Küste Südenglands
Schiffsname:	*Preußen*
Schiffstyp:	Fünfmastvollschiff
BRT:	5081
Art der Havarie:	Kollision
Zahl der Opfer:	keine
Unglücksursache:	eindeutige Schuld des Kollisionsgegners

Es war eine schwierige Zeit, in die die Preußen im Jahr 1902 »hineingeboren« wurde. Mit der Eröffnung des Suez-Kanals im Jahr 1869 begann der Niedergang der frachttragenden Großsegler. Aber es dauerte rund 70 Jahre, bis sie endgültig von den Dampfern verdrängt waren. Die berühmten »Windhunde der Meere«, die Teeklipper, verschwanden zuerst. Sie mußten den großen Umweg über das Kap der guten Hoffnung machen und wurden rasch unwirtschaftlich wegen ihres hohen Bedarfes an Mannschaften und der geringen Ladefähigkeit, die meist um die 1000 t lag.

Wenn Segler noch gewinnbringend betrieben werden sollten, mußte ihre Ladekapazität erheblich gesteigert werden. Zudem kam nur der Transport von Massengut über große Entfernungen in Frage. Das Anlaufen mehrerer Häfen unterwegs, um Ladung zu bekommen, war unwirtschaftlich. Reeder und Werften erkannten diese Situation und es entstanden Schiffe mit völligen Rümpfen, sogenannte »Baldheader«.

Die Lademöglichkeit steigerte sich rasch. Erleichterungen in der Bedienung der Segel und der Fracht erlaubten eine deutliche Reduzierung der Mannschaft. Hatten die Klipper bei et-

Die *Preußen* unter vollem Tuch.

wa 1000 t Ladung noch um die 50 Mann Besatzung, so benötigte eine Viermastbark von rund 5000 t nur etwa 35 Mann. Eine erhebliche Ersparnis. Erstaunlich war, daß die großen Frachtsegler, obwohl sie wegen der Reisen um Kap Hoorn sehr stabil gebaut waren, den Klippern nur wenig in der Reisegeschwindigkeit nachstanden.

Gegen Ende des 19. Jahrhunderts strebte der Bau großer Rahsegler seinem technischen Höhepunkt zu. Führend waren Frankreich und Deutschland. Den Anfang machte Frankreich mit der *France*, die die französische Reederei Bordes in Auftrag gab. Ihre Aufgabe war der Transport von Salpeter von Südamerika nach Europa. Später kam die *Maria Rickmers* der Reederei Rickmers dazu. Beide Schiffe fuhren jedoch unter keinem guten Stern. Die *France* kenterte 1901 in einem Pampero und 1892 ereilte die *Maria Rickmers* ihr Schicksal. Sie ist auf der Rückreise von Singapur verschollen.

Erfolgreich war der dritte Fünfmaster, die berühmte *Potosi*, die eine Tragfähigkeit von 6000 t hatte und, wie viele Schiffe zu dieser Zeit, für die Salpeterfahrt bestimmt war. Der Erfolg des Schiffes ruhte auf »drei Säulen«: 1. Die Werft C. Tecklenborg hatte viel Erfahrung mit großen Rahseglern. 2. Die Reederei Laeisz war straff und hervorragend geführt. 3. Die Reederei verfügte auf Grund ihres guten Rufes über hervorragende Kapitäne, von denen stellvertretend nur einer genannt sei: Kapitän Robert Hilgendorf, der lange Zeit die berühmte *Potosi* führte.

Die reichliche Erfahrung der Kapitäne, des Reeders und der Werft floß in den Bau der

Preußen ein, die damit auch den Endstand einer jahrzehntelangen Entwicklung darstellte. Dementsprechend war auch das weltweite Aufsehen und die Bewunderung, die dieser majestätischen »Königin der Meere« zuteil wurde. Sie repräsentierte die Kunst des Großseglerbaues in seiner vollendetsten Form. 8000 t konnte die *Preußen* laden und ihre 5560 qm Segel ließen sie mit einer Geschwindigkeit zwischen 16 und 18 kn durch die Meere rauschen. Eine gigantische Leistung, wenn man das Gesamtgewicht von stolzen 11.150 t berücksichtigt.

Einer der kompetentesten maritimen Schriftsteller, Alan Villiers, schilderte in seinem viel beachteten Buch »The Way of a Ship« (dt.: »Auf blauen Tiefen«) die Begegnung der kleinen englischen Bark *Inver* mit der *Preußen*.

Es war im Jahr 1910 und es wehte ein frischer SO-Passat. So etwa müssen es die Matrosen auf der *Inver* empfunden und erzählt haben: »Wir machten gute Fahrt. Als wir einmal nach achtern sahen, bemerkten wir Mastspitzen, die am Horizont auftauchten. Sie wurden so schnell größer, daß wir dachten, es sei ein Dampfer. Aber es war kein Dampfer, es war ein großer Segler, ein großes Rahschiff, das sich rasch näherte. Eine gewaltige Pyramide weißer Segel tauchte auf und es dauerte nicht lange, bis das Schiff in voller Größe mit schäumender Bugwelle sichtbar wurde. Wir hatten selbst alles Tuch gesetzt und wunderten uns, wie schnell der fremde Segler aufkam. Gerade vor einer Stunde waren die Mastspitzen aufgetaucht und jetzt lag er schon auf gleicher Höhe mit uns. Wie ein Riese erschien er uns mit seinen gewaltigen Masten. Fünf vollgetakelte Masten zählten wir, als das Schiff an uns vorbeizog. Das ging so schnell, daß wir trotz unserer guten Fahrt von neun Knoten meinten, auf der Stelle zu stehen. Die Segel standen hart wie Bretter. Wir zählten sie, es waren nicht weniger als 46. Eh' wir uns recht versahen, zeigte uns der Segler schon sein Heck. *Preußen* Hamburg war zu lesen. So schnell, wie er gekommen war, so schnell, wie aus einer Mastspitze ein Schiff wurde, so schnell war nur noch eine Mastspitze zu sehen. Dabei war unsere Wache noch gar nicht vorüber.«

Ihr ganzes Leben lang sollten die Männer der *Inver* diese überzeugende Demonstration von Kraft und Anmut, Schnelligkeit und Souveränität nicht vergessen.

Salpeter war noch für mehrere Jahre ein begehrter Artikel, in erster Linie für die Landwirtschaft, aber auch für die Herstellung von Explosivstoffen. Zudem ließ der Panama-Kanal noch auf sich warten, er wurde erst am 15. August des Jahres 1914 eröffnet. Beide Faktoren bildeten ideale Bedingungen für die großen Frachtsegler, die sich in der Salpeterfahrt nach Chile als äußerst wirtschaftlich erwiesen und den Dampfern überlegen waren. Für diese waren Wasser und Kohle ein gravierender Kostenfaktor. Auch die ausreichende Versorgung mit diesen Artikeln war nicht immer gewährleistet. Eine der Reedereien, die sich besonders in der Salpeterfahrt engagierten, war die Reederei Laeisz in Hamburg. Um die Jahrhundertwende und auch noch zehn Jahre später, konnten die Schiffe stets mit einer Ladung Salpeter rechnen, ohne lange auf Reede liegen zu müssen. So auch die *Preußen*. Aber auslaufend nach Chile, mußte sie öfters in Ballast segeln, weil für Südamerika nicht genügend Ladung zu bekommen war. Das hatte man aber bei der Planung bereits einkalkuliert und so wurde die *Preußen* nicht etwa »ins Blaue hinein« auf Kiel gelegt, sondern auf Grund der Überzeugung des Reeders, daß noch genug Fracht für einen gut geführten Segler zu finden ist. Die Praxis gab ihm recht. Nicht zuletzt, weil amerikanische und britische Reeder den Segler mit wenigen Ausnahmen als überholt, veraltet und unrentabel aufgegeben hatten.

Was sich auf der *Potosi* bewährt hatte und was man für die *Preußen* selbstverständlich übernahm, war das Aufbaudeck mittschiffs.

Eine Begegnung zweier großer Rahsegler auf hoher See war um die Jahrhundertwende noch keine Seltenheit. Neuigkeiten tauschte man per »Flüstertüte« aus.

Dieses Deck hatte den Vorteil, bei schwerem Wetter, und speziell dafür waren die Schiffe gebaut, die Mannschaft zu schützen. Sie konnte einen Großteil ihrer Arbeit auf diesem Deck verrichten, ohne Gefahr zu laufen, über Bord gespült zu werden. Ferner hielt das Aufbaudeck gefährliche, tonnenschwere Wassermassen ab, die älteren Schiffen zum Verhängnis werden konnten, weil sie durch die Lenzpforten zu langsam abliefen. Nicht zuletzt bot das Aufbaudeck auch sichere Unterkunft für die Offiziere, den Navigationsraum und den Smutje. Auch der Ruderstand wurde vom exponierten Achterdeck zur Schiffsmitte verlegt. All das kam dem Schiff und der Besatzung bei schwerem Wetter, und das gab es um Kap Hoorn herum des öfteren, zu gute.

Umstritten war die Takelung der *Preußen* als Vollschiff. Fast alle Laeisz-Segler waren Barken. Sie waren zwar etwas langsamer, dafür aber handlicher und wiesen bessere Manövriereigenschaften auf. Die meisten erfahrenen Kapitäne gaben der Bark den Vorzug. Kapitän Nissen, der sowohl die *Potosi*, als auch das Vollschiff *Preußen* geführt hat, hat sich dazu recht offen und deutlich geäußert: »Die *Potosi* habe *ich* immer gesegelt, aber die *Preußen* ist doch manchmal mit mir gesegelt.«

Schiffbautechnisch war die *Preußen* der vollkommene Frachtsegler, aber ein vollkommenes Schiff benötigt auch die entsprechenden Seeleute. Die gab es damals, zumindest bei der Reederei Laeisz. Auf deren Schiffe waren viele Seeleute, die ihr Leben vom Schiffjungen an auf Segelschiffen verbrachten. Matrosen, die jedes Fall, jede Brasse und alles auf dem Schiff, was Außenstehende verwirrt betrachteten, so gut kannten, wie den Inhalt ihrer Hosentaschen. Was die Kapitäne betrifft, so konnte es Laeisz auf Grund seines guten Rufes sich leisten, nur die Besten zu nehmen. Man wußte nur zu gut: Wenn ein Kapitän keine Führungseigenschaften besitzt, taugt die beste Mannschaft nichts und das beste Schiff ist eine »lahme Ente«,

Die *Preußen:* Zu ihrer Zeit war sie das größte und schnellste Segelschiff der Welt (s. auch S. 116).

wenn der Kapitän nicht virtuos und souverän mit ihm umzugehen weiß, und unfähig ist, herauszuholen, was die Werft ihm vorgibt.

Der 7. Mai 1902 ist für die renommierte Schiffswerft Joh. C. Tecklenborg ein denkwürdiger Tag. Der Stapellauf des ersten und auch einzigen Fünfmastvollschiffes der Welt ist angesagt. Das Schiff soll auf den Namen *Preußen* getauft werden und viele Erwartungen verbinden sich mit ihm. Das Schiff soll als Repräsentant die Welt von der Leistungsfähigkeit des deutschen Schiffsbaus überzeugen. Es soll die Bemühungen des Deutschen Reiches auch auf See als Weltmacht zu gelten, unterstützen. In-

sofern kann man dem Neubau auch eine gewisse politische Bedeutung beimessen, wenngleich seitens der Reederei wirtschaftliche Interessen dominierten.

Unter großer Anteilnahme von Honoratioren und der Bevölkerung glitt der Rumpf in sein Element. Er war eine Meisterleistung der Werft in Zusammenarbeit mit dem fähigen Konstrukteur, Schiffsbaudirektor Gg. W. Claussen. Der spätere zweite Kapitän der *Preußen*, Kapitän Nissen, konnte sich schon von diesem Zeitpunkt an mit dem Schiff vertraut machen. Er hatte die Bauaufsicht und begleitete auch das Aufriggen und die technische Ausrüstung, die den modernsten Erkenntnissen entsprach.

Beeindruckend sind die Daten des Schiffes: Mit einer Gesamtfläche von 5560 qm sorgten 46 Segel bei gutem Wind für eine Geschwindigkeit von max. 17 kn. Unter optimalen Bedingungen entsprach ihre Antriebskraft beachtlichen 6000 PSi, wie später im Modell festgestellt wurde. Getragen wurde diese Segelfläche von fünf Masten, deren größter 68 Meter hoch war und dessen größte Rah nicht weniger, als 6,5 t wog. 24 Kilometer Stahldraht waren verarbeitet und 1260 Blöcke waren für das Schiff erforderlich. Vom GL (Germanischer Lloyd) erhält das Schiff die höchste Klasse. Nicht nur, daß die Stärke der einzelnen Verbände über die Vorschriften der Klasse hinausgeht, auch die Zahl der Spanten übersteigt die Forderung. Ihr Abstand beträgt nur 66 cm, was zu einer Gesamtzahl von 187 Spanten führt. Auf den ersten Blick scheint dieser überaus stabile Rumpf der Forderung nach einem schnellen Schiff zu widersprechen, aber Schnelligkeit in einer rauhen See bedeutet auch eine außergewöhnliche Beanspruchung und der wollte man in erster Linie gerecht werden.

8000 t Fracht konnte die *Preußen* befördern. An Land wäre dazu ein Güterzug mit nicht weniger als 520 Waggons nötig, wenn man von 15 t pro Waggon ausgeht. Eine unvorstellbare Menge. Ebenso gigantisch, wie auch auf mehrfache Sicherheit berechnet, war das gesamte Rigg. Besonders hier konnte man auf die Erfahrung und das Wissen von Generationen von Kapitänen und Schiffbauern zurückgreifen.

Kaum ein Beruf erfordert so viel körperliches Durchhaltevermögen, wie der Beruf des Seemanns auf einem Frachtsegler, da hier, im Gegensatz zur Marine, an Besatzung gespart wurde und wird. Man hatte total erschöpfte Seeleute vor Augen, die nach übermenschlicher Anstrengung im Rigg bei Schneesturm bis auf die Haut naß und wie tot in ihre Kojen fielen, als man für eine trockene Unterkunft im Brückendeck sorgte. Auch die »Freilufttoiletten« mit Wasserspülung durch die See, gehörten auf der *Preußen* der Vergangenheit an. Viel war getan, um der Mannschaft, sowohl auf Wache, als auch auf Freiwache das Leben zu erleichtern. Man wußte aus langer Erfahrung, daß der Seemann auf einem gut geführten Schiff das Schiff als *sein* Schiff zu bezeichnen pflegte und sich mit ihm verbunden fühlte. Heute nimmt man das zum Vergleich, wenn man sagt: »Wir sitzen alle in einem Boot.«

Unter dem erfahrenen Kapitän Boye Petersen, einem langjährigen und begabten Schüler von Kapitän Hilgendorf, macht die *Preußen* die ersten Reisen. Sie zeichnet sich erwartungsgemäß durch schnelle und vor allem gleichmäßige Reisen aus. Es ist ein enormer Vorteil, wenn Auftraggeber, Händler und Reeder mit einem Maximum an Pünktlichkeit rechnen können. Das ist um so erstaunlicher, als es sich dabei um Segler und um eine Wegstrecke, die von Kap Lizard, das allgemein als Bezugspunkt für Überseereisen galt, nach Iquique an der Westküste von Südamerika rund 12.000 sm beträgt. Der direkte Weg, den zu segeln nur wenige Schiffe das Glück hatten, beträgt immerhin noch 9500 sm. Die *Preußen* benötigte für die Anreise im Schnitt etwa 65 Tage, für die Rückreise, voll beladen auch nur etwa die gleiche Zeit, da die meist westlichen Winde die Reise begünstigten. Besonders die Umrundung des berüchtigten Kaps an der Südspitze von Südamerika von Ost nach West war ein wichtiges Kriterium für Schiffe und Kapitäne. Für diese Umrundung, die vom 50. Breitengrad Süd im Atlantik bis zum 50. Breitengrad Süd im Pazifik reichte, benötigten Segler, je nach den angetroffenen Wetterverhältnissen und den Jahreszeiten oft Wochen. Viele haben den Versuch, um dieses verdammte Kap herum zu kommen, aufgegeben oder haben, fast zum Wrack geschlagen, an der Ostküste Südamerikas einen Nothafen angelaufen. Nicht so die *Preußen*. Sie war als Schwerwetterschiff konzipiert und ist dem voll gerecht geworden. Auf ihrer Jungfernreise waren es gerade 8 3/4 Tage, die sie für die ca. 1700 sm um das Kap benötigte. Etwas über elf Tage waren es im Schnitt von Ost nach West bei den zwölf Reisen, bei denen das gefürchtete Kap umrundet wurde. Nie hatte sie dabei größere Schäden zu beklagen, obwohl auch sie mehr als einmal gegen Sturm und Orkan, gegen Seen, die wie steile wandernde Bergrücken sich ihr entgegen wälzten, ankämpfen mußte.

Elf schnelle und erfolgreiche Reisen hat die *Preußen* unter ihrem Kapitän Boye Petersen gesegelt. Unter dem ebenso erfahrenen und umsichtigen Kapitän Nissen, waren ihr nur noch zwei Reisen gegönnt. Nachdem Boye Petersen das Kommando über die *Preußen* abgegeben hatte, war Kapitän Nissen zweifellos die beste Wahl. Acht Reisen hatte er mit der *Potosi* gesegelt, und das mit sehr guten Zeiten.

Die 13. Reise der *Preußen* begann am Montag, den 31. Oktober 1910. Vorher hatte der Erste Offizier, wie es Vorschrift ist, das Schiff »seeklar« gemeldet. Geladen waren Stückgut, Zucker in Säcken und auch eine sehr wertvolle und empfindliche Fracht war an Bord: 100 Steinway-Flügel. Insgesamt waren es an die 8000 t.

»Seeklar« heißt: Die gesamte Mannschaft ist an Bord, die Segel sind untergeschlagen, die Verpflegung, vorsichtshalber für 100 Tage ist seefest verstaut, die erforderlichen Seekarten und Handbücher sind berichtigt, die Rettungsmittel überprüft, und vieles andere mehr. Eine lange Liste war komplett abgehakt.

Pünktlich, kurz vor 11.00 Uhr, erscheint der Schlepper, die Schlepptrosse wird übernommen. Die Festmacher klatschen in das trübe Hafenwasser. Langsam taut der Schlepper an, die Trosse spannt sich, die Reise beginnt. Unter Winken und »Three cheers for Hamburg« bewegt sich der Schleppzug Elbe abwärts. Es wird eine lange Schleppreise, die bei ungünstigem Wind erst am Westausgang des Kanals enden wird. Ein zeitraubendes, mühsames Segeln »an der Kreuz« durch den Kanal ist bei dem starken Schiffsverkehr nicht nur unwirtschaftlich, sondern belastet die Mannschaft unnötig durch viele Segelmanöver und ist obendrein gefährlich. Nicht von ungefähr ereignen sich im Kanal viele Unfälle.

Das Schiff passiert Cuxhaven, der Elblotse geht von Bord. Der starke Hochseeschlepper *President Leeuw* übernimmt die *Preußen*. Es wird Nacht. Kapitän Nissen bleibt an Deck, die Kanalfahrt ist immer für Überraschungen, meist unangenehmer Art, gut. Es geht langsam voran und die *President Leeuw* muß sich, die schwere, vollbeladene *Preußen* im Schlepp, mächtig anstrengen. Am 5. November, fünf Tage nach dem Verlassen Hamburgs, passiert der Schleppzug nach 21.00 Uhr das *Royal Sovereign Feuerschiff*. Der Kapitän nimmt den einsetzenden NW-Wind wahr, läßt Segel setzen und entläßt den teuren Schlepper. Man wünscht sich gute Reise. Der Schlepper dreht ab, geht auf Gegenkurs und verschwindet in der Dunkelheit der Nacht. Zwei Stunden vor Mitternacht wird es jedoch diesig und gleichzeitig flaut die Brise langsam ab. Die zuerst gemessene Fahrt von 9 kn geht auf 4 kn zurück. An Steuerbord ist das Feuer von Beachy Head zwar noch gut erkennbar, aber die Sicht wird immer schlechter. Kapitän Nissen läßt Nebelsignale geben. Pro Minute ein kräftiger Ton sagt allen Schiffen in der Nähe, daß hier ein Segler mit Steuerbordhalsen unterwegs ist. Vorsichtshalber werden auch die Positionslampen überprüft.

Fast zur gleichen Zeit, um 11.00 Uhr p.m. (das ist 22.00 Uhr), verläßt der britische Dampfer *Brighton* Newhaven, das südlich von London am Kanal gelegen ist. An Bord sind 91 Passagiere und Stückgutladung. Die *Brighton* ist ein Fährschiff und ihr Ziel ist der Hafen von Dieppe, der an der gegenüberliegenden Kanalküste in Frankreich liegt. Die *Brighton* ist ein schnelles Doppelschrauben-Turbinenschiff, aber wegen der schlechten Sicht läßt Kapitän Hemmings, der zusammen mit seinem zweiten Offizier auf der Brücke steht, die Fahrt auf 17 kn reduzieren. Um Mitternacht war man etwa 8 bis 9 Seemeilen von Newhaven entfernt.

Zur selben Zeit, auf dem Hochdeck der *Preußen* sind alle angewiesen, scharf Ausguck zu halten, entdeckt der Zweite Offizier sechs Strich (1 Strich = 11 1/4 Grad unserer Kompaßeinteilung) an Steuerbord ein weißes Licht. Kurz darauf ein zweites, etwas niedriger. Kein Zweifel, was er sieht, sind die Topplichter eines Dampfers. Er informiert sofort Kapitän Nissen, der umgehend auf der Brücke erscheint. Die Entfernung zum Dampfer wird auf etwa 2 Seemeilen geschätzt, aber man ist bei dem unsichtigen Wetter nicht sicher. Nach der Lage der Topplichter zu schließen, müßte er vor der *Preußen* passieren, aber das ist ungewiß, weil man in der Dunkelheit die Geschwindigkeit des Dampfers schlecht schätzen kann. Während man aufmerksam die weitere Entwicklung beobachtet, wird das rote Backbordlicht sichtbar. Das gibt einen gewissen Anhaltspunkt und Kapitän Nissen vermutet, daß sich die Entfernung zum Dampfer auf etwa 1,5 Seemeilen verringert hat. Plötzlich verschwindet das rote Backbordlicht und kurz darauf ist deutlich sein grünes Steuerbordlicht zu sehen. Der Dampfer muß also seinen Kurs geändert haben. Das beruhigt die angespannten Gemüter, denn das bedeutet, daß die Kurse der beiden Schiffe klar gehen. Weiterhin heißt das, daß das fremde Schiff die *Preußen* als Segler mit Wegerecht entsprechend der international gültigen See-

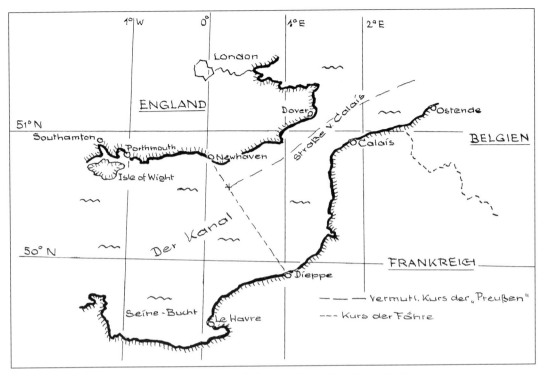

Starker Nebel wurde der *Preußen* an dieser Stelle im Englischen Kanal zum Verhängnis.

straßenordnung erkannt haben muß und hinter der *Preußen* ihren Kurs kreuzen will.

Kapitän Nissen behält seinen Kurs bei. Er darf ihn, ebenso gemäß der Seestraßenordnung, auch nicht ändern, um das fremde Schiff nicht zu irritieren. Es müßte eigentlich alles klar gehen, aber trotzdem ist die Sache noch nicht gelaufen. Bleibt der Dampfer auf seinem jetzigen Kurs? Viel Zeit bleibt nicht, denn der Dampfer ist bereits sehr nahe und für ein »Manöver des letzten Augenblicks« bleiben nur noch Minuten. Während man noch kritisch abwägt, verschwindet drüben das grüne Licht und das rote erscheint wieder. Auf der *Preußen* traut man seinen Augen nicht! »Sind die da drüben verrückt? Das ist klarer Kollisionskurs!« Das Nebelhorn der *Preußen* brüllt mehrmals hintereinander in die Nacht, vielleicht schläft der Ausguck auf dem Dampfer. Gleichzeitig läßt Kapitän Nissen Ruder hart Backbord gehen, um den sicheren Zusammenstoß zu mildern. Die beiden Rudergänger wirbeln das Rad herum, aber zu spät. Gerade beginnt das schwere Schiff auf das Ruder zu reagieren, da prallen die beiden Schiffe auch schon mit einem gewaltigen Getöse, splitternd und krachend zusammen. Der weit vorragende stählerne Klüverbaum der *Preußen* erfaßt den vorderen Mast des Dampfers, reißt ihn aus der Verankerung und auch der vordere Schornstein kann dem Anstoß nicht widerstehen. Dann rutscht die *Preußen* an der Backbordseite des Dampfers entlang, Rettungsboote und alles was im Weg ist, mitreißend.

Aber auch die *Preußen* ist havariert. Im Vorschiff sind Nieten geplatzt und es ist zu einem Wassereinbruch in der Vorpiek gekommen. Das Kollisionsschott hielt dem Wasserdruck aber stand, so daß das übrige Schiff dicht und damit schwimmfähig geblieben ist. Auch der stählerne Klüverbaum und das Vorgeschirr sind beschädigt. Die Schiffe kommen wieder frei und der Kapitän des Dampfers manövriert auf Rufnähe an die *Preußen* heran. Er bedauert den Vorfall außerordentlich, denn es ist ihm klar, daß er eindeutig das Wegerecht des Seglers verletzt hat. Darüber wird aber zunächst nicht gesprochen. Kapitän Nissen erfährt, daß es sich bei seinem Kollisonsgegner um das etwa 1000 t große Turbinenschiff *Brighton* handelt, das auf dem Weg nach Dieppe war. Für beide Schiffe bestand zunächst keine Gefahr. Nissen bittet den Kapitän noch einen Schlepper zu schicken, was dieser als selbstverständlich sofort zusagt, bevor er mit halber Kraft zurück nach Newhaven fährt.

Was hat sich seit dem Ablegen in Newhaven auf dem Dampfer ereignet? Auch dort hat man um Mitternacht ein grünes Licht Backbord voraus gesehen, aber vermutlich reichlich spät. Der Ausguck auf der Back des Dampfers, dessen Pflicht es gewesen wäre, das Auftauchen des grünen Lichtes sofort der Brücke zu melden, versäumte dies aber. Die Schiffsführung ihrerseits hatte sich aber offensichtlich auf das Pflichtbewußtsein des Ausgucks verlassen. Ob dieser »nur« unaufmerksam, oder ob er vor sich hin gedöst hat, ist unerheblich. Jedenfalls war die *Brighton* der *Preußen* schon so nahe gekommen, daß Kapitän Hemmings mit einem verzweifelten Manöver versuchte mit »Ruder hart Steuerbord« und »Steuerbordmaschine voll zurück« noch klar zu kommen. Kurz darauf, aus Furcht, der Segler könne ihn mittschiffs rammen, gab er den Befehl »Voll voraus«, weil er glaubte, eine Kollision noch vermeiden zu können. Völlige Klarheit über diese letzten Manöver des nachweislich erfahrenen Kapitäns konnten allerdings nicht geschaffen werden. Bekanntlich weichen bei kritischen Situationen die Zeugenaussagen oft erheblich voneinander ab.

An Bord der *Preußen* versuchte man, das Vorschiff so weit als möglich aufzuklaren. Inzwischen war es Morgen geworden. Weil der Wind günstig war, entschloß sich Kapitän Nissen Portsmouth als Nothafen anzulaufen. Das wäre auch mit dem havarierten Schiff gut möglich gewesen. Das Schicksal wollte es aber anders. Der Wind drehte nach Westen und frischte auf. Portsmouth war mit dem Schiff, das ohne Vorsegel stark behindert war, nicht mehr zu erreichen. Kapitän Nissen ließ daraufhin halsen und beabsichtigte nun in Dover einzudocken. Vielleicht hatte er ja Glück, und eines von beiden Docks war frei.

Aber wieder ist das Wetter gegen ihn. Wind und Seegang frischen auf. Kapitän Nissen hat jetzt Sorge, daß das Kollisionsschott, das ohnehin einem starken Druck standhalten muß, der erneuten und größeren Belastung nicht gewachsen sein könnte. Er bespricht sich mit seinen Offizieren und dem Zimmermann. Östlich von Dungeness, in Lee der Steilküste, will er vor Anker gehen, und sofern das Wetter es erlaubt, das Vorschiff so weit mit Bordmitteln reparieren, daß man die Rückfahrt nach Hamburg riskieren kann. Die *Preußen* umsegelt Cap Dungeness und findet auch einen geeigneten Ankerplatz. Der Steuerbordanker rauscht aus, aber, als hätte sich das Schicksal gegen das Schiff verschworen, es gelingt nicht die Kette zu stoppen. Anker und Kette gehen verloren. Auch der verzweifelte Versuch mit der Backbordkette mißlingt. Der Winddruck auf das Schiff und die Strömung sind zu stark. Noch während des Ankermanövers hatte der Wind stark aufgefrischt und drohte Sturmstärke zu erreichen. Kapitän Nissen muß sich entschließen die Hilfe der Schlepper anzunehmen, die auf diese Chance schon gewartet haben. Zwei Schlepper machen fest und tauen an. Der Schleppzug nimmt Kurs auf Dover. Kurz vor dem sicheren Hafen fällt eine langandauernde harte Böe ein. Sie ist so stark, daß die Zugkraft der Schlepper nicht ausreicht. Die schwer beladene *Preußen* mit ihren hohen Masten bietet der Böe zu viel Angriffsfläche. Als auch noch eine Schlepptrosse zu Bruch geht, ist eine Strandung so gut wie sicher.

Alle sind wie gelähmt. Kapitän Nissen sieht aber noch eine letzte Chance. Er läßt auch die letzte Schlepperleine loswerfen und versucht sich freizusegeln. »Alle Untermarssegel setzen! Los Leute, das ist unsere letzte Chance! Beeilt Euch!« Noch nie sind seine Matrosen so schnell aufgeentert, noch nie sind Segel so schnell gesetzt worden. Langsam fällt der Bug ab und die *Preußen* dreht vom Land weg. Alle halten gespannt den Atem an. Schon glaubt man, es geschafft zu haben, da stößt der tiefliegende Bug auf einen Unterwasserfelsen. Das Schiff dreht quer zum Land und strandet in der Grab Bay. See und Sturm beginnen ihr Zerstörungswerk. Der Rumpf schlägt Leck, das Ende des stolzen Fünfmasters ist besiegelt.

Kapitän Nissen gibt immer noch nicht auf. Er will sein Schiff in dieser verzweifelten und fast hoffnungslosen Lage noch nicht aufgeben. Starke Schlepper müssen her! Selbst das Leck im Rumpf ist kein Hinderungsgrund, zumal Dover ganz in der Nähe ist. Nochmals versuchen es die Schlepper, aber vergebens, die Ebbe hat eingesetzt. Man muß warten. Weitere Schlepper kommen zum Unglücksort, aber die Situation wird immer aussichtsloser. Es gelingt nicht, deren Trossen an dem Unglücksschiff festzumachen.

Am 8. November wird das Wetter zwar besser, aber neue Stürme sind bereits angesagt. Kapitän Nissen befürchtet, daß die *Preußen* einem erneuten Sturm nicht standhalten könnte. Damit wäre das Leben der Besatzung gefährdet und das kann er nicht verantworten. Schweren Herzens und sichtlich bewegt geht die Besatzung von Bord des Schiffes, das sie als ihr »Zuhause« betrachtet hat. Besonders schwer wog, daß es sich bei »ihrem« Schiff um eines der besten der Welt handelte, um den Stolz der Laeisz-Flotte. Sie wollen nicht begreifen, daß es ihnen nicht vergönnt war, das Schiff zu retten.

Ein Großteil der Ladung konnte geborgen werden, darunter auch die wertvollen Steinway-Flügel. Der Rest ging verloren, als die *Preußen* in einem schweren Sturm mit ungewöhnlich hoher Brandung in zwei Teile zerbrach.

Die Schuldfrage

Am 14. März 1911 verkündet das deutsche Seeamt sinngemäß folgenden Spruch: Die alleinige Schuld an der Katastrophe trifft den Kapitän der *Brighton*. Er sei der *Preußen* nicht rechtzeitig ausgewichen und habe auch noch versucht, vor ihrem Bug zu passieren. Die Maßnahmen von Kapitän Nissen habe den internationalen Regeln entsprochen und seien nicht zu beanstanden.

In ähnlichem Sinne äußerte sich auch das Gericht der britischen Admiralität. Eindeutig hat menschliches Versagen, die Nachlässigkeit des Ausgucks auf der *Brighton* die Katastrophe ausgelöst.

Kapitän Hemmings habe bedingt durch die gebotene höchste Eile zuletzt ein falsches Manöver eingeleitet, indem er versuchte, noch vor der herannahenden *Preußen* deren Kurs zu überqueren. Die Sprüche der beiden Seeämter ließen an Klarheit keine Wünsche übrig.

Eine zweite *Preußen* wurde nicht in Auftrag gegeben. Vielleicht in der Erkenntnis, daß bei einem kleineren Schiff die Kraft des Schleppers ausgereicht hätte und der Totalverlust vermeidbar gewesen wäre. Kapitän Nissen übernahm im Juni 1912 den Neubau *Peking*.

14.

Die finnische Bark *Paul*

Datum:	10. Februar 1920
Ort:	Wester-Riff bei Spiekeroog
Schiffsname:	*Paul*
Schiffstyp:	Bark
BRT:	keine genauen Daten bekannt
Art der Havarie:	Strandung
Zahl der Opfer:	10
Unglücksursache:	Stromversetzung

Im Februar des Jahres 1920 fand an der deutschen Nordseeküste zwischen den Inseln Langeoog und Spiekeroog eine dramatische Rettungsaktion statt. Es war eine der letzten, die ausschließlich mit Ruderbooten mit Besegelung durchgeführt wurde. Bei kaum einem anderen Einsatz traten die Schwierigkeiten und Gefahren, denen offene Ruderboote ausgesetzt sind, so deutlich zu Tage, wie bei diesem Unternehmen, bei dem sich alles, Sturm und Strömung und nicht zuletzt die eisige Februarkälte gegen die Rettungsmänner verschworen zu haben schien.

Es ist eine sturmdurchtoste, finstere Nacht, in der die finnische Bark *Paul*, vom englischen Hafen Hull kommend, der Elbmündung zustrebt. Sie hat 1500 t Steinkohle geladen, die für Kopenhagen bestimmt sind. Die Bark nähert sich in der Nacht vom 9. auf den 10. Februar der deutschen Küste bei den ostfriesischen Inseln. Gegen Morgen könnte man vor der Elbmündung einen Lotsen aufnehmen, der das Schiff nach Brunsbüttel bringt zur Weiterfahrt durch den Kanal in die Ostsee.

Der Flutstrom muß die Bark zu weit nach der Küste zu versetzt haben, was der Kapitän aber nicht feststellen konnte. Es ist stockdunkel und weder Langeoog noch Spiekeroog haben ein Leuchtfeuer, das ihn hätte warnen können. Zu spät erkennt man an Bord die gefährliche Lage. In hektischer Eile geht die Bark über Stag, der Bug zeigt schon wieder der See zu, da stößt das

Die finnische Bark *Paul*

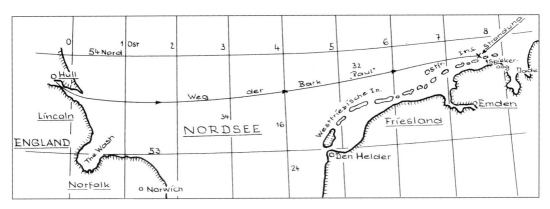

Vom englischen Hull kommend, strandete die *Paul* am Wester-Riff bei Spiekeroog.

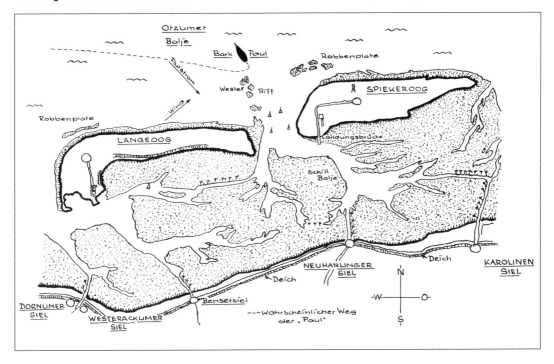

Schiff hart auf Grund und sitzt fest. Bei dem zu diesem Zeitpunkt herrschenden, starken Flutstrom hat man keine Chance wieder frei zu kommen. Kapitän Graenbau läßt »Rot schießen«, aber in den Dörfern, die hinter den Dünen liegen, werden die Raketen nicht wahrgenommen. Wer geht schon im Februar nachts bei Sturm an den Strand! Durch Zufall sieht aber ein Fischer auf Langeoog die Raketen und meldet seine Wahrnehmung an das Nachbardorf, das näher am Unglücksort liegt.

Nur zögernd weicht das Dunkel der Nacht einer bleigrauen, wolkenverhangenen Dämmerung. Draußen vor den Riffen wetteifert das Dröhnen der Brecher mit dem heulenden SW-Sturm. Gerade beim Frühstück sitzend erreicht den Vormann des Spiekerooger Rettungsbootes die Nachricht, daß auf dem Westerriff, nahe der Otzumer Balje, eine Bark aufgelaufen sei. Sie habe die Notflagge gesetzt. Der läßt alles stehen, ein hastiger Schluck noch aus der Kaffeetasse, dann greift er nach Jacke, Pudelmütze, Fernglas, und schon ist er mit dem Boten auf dem Weg zum Beobachtungsturm. Mühsam quälen sich die beiden gegen den Sturm vorwärts. Oben auf der Plattform des Turmes angekommen, sieht der Vormann die Bark und weiß, daß für die Besatzung keine Möglichkeit besteht, wieder frei zu kommen. »Wir müssen versuchen, die Leute von Bord zu holen«, meint er und schickt den Mann los, um die Besatzung des Rettungsbootes zu alarmieren. Er selber sieht sich die Bark näher an. Er sieht, daß der Bug nach NW zeigt und daß schwere Brecher das Vorschiff in weiße Gischt hüllen. Die Segel sind aufgegeit und jetzt kann er auch Menschen auf dem Achterdeck erkennen. An der Signalleine sieht er zwei Flaggen: Die finnische und die Notflagge. Befriedigt nimmt er zur Kenntnis, daß die Masten noch stehen.

Er eilt ins Dorf, wo seine Leute bereits vollzählig eingetroffen sind. Ein Ackerwagen, bespannt mit zwei Pferden, soll die Besatzung zum Schuppen bringen, in dem das Boot liegt. Mit dem Vormann sind es jetzt zehn Mann, die die holprige Fahrt über die Dünen antreten. Der Kutscher feuert die Pferde an, ihr Bestes zu geben. Mittlerweile ist es 10.00 Uhr geworden. Der Ablaufwagen ist einsatzbereit und das schwere Boot hat man den langen Weg bis zum Wasser gebracht. Viele kräftige Arme helfen das Boot absetzen, die Besatzung springt hinein und rudern gegen den mit unverminderter Stärke rasenden SW-Sturm und die steile Brandung an.

Aber nicht nur die Brandung und der Sturm stemmen sich gegen die *Alexander*, wie das Spiekerooger Boot heißt, auch der Flutstrom hat sich gegen sie verschworen. Wie sehr sich die Männer auch anstrengen, sie kommen nicht vorwärts. Eine Weile zögert der Vormann noch und will nicht aufgeben. Da sieht er das Rettungsboot vom Neuharlingersiel, die auch zu Hilfe kommen. Sie sind weiter in Luv und damit in einer günstigeren Position als er. In der Hoffnung, daß es ihnen gelingen wird, die Leute auf dem Wrack abzubergen, entschließt er sich, seinen aussichtslosen Versuch abzubrechen. Er geht mit dem Boot nahe der Landungsbrücke zu Anker. Gegen Mittag sieht er nochmal zur Bark und stellt fest, daß das andere Boot tatsächlich das Wrack erreicht hat. Mehr kann er nicht sehen, denn alles verschwindet wieder in den Brandungswellen und der alles verhüllenden Gischt.

In einer mühsamen und gefährlichen Fahrt ist es dem Neuharlinger Boot gelungen, sich an die *Paul* heran zu manövrieren. Sie haben sich nach Luv des Havaristen vorgearbeitet, den Anker geworfen und das Ankertau so weit gefiert, bis ihr Boot in die Nähe des Hecks der Bark gekommen war. Das war eine seemännische Bravourleistung, aber das Schwierigste stand noch bevor. Wie die Besatzung, die verzweifelt um ihre Rettung bangt, herunter holen? Die Situation bietet keinen Anlaß für übertriebene Hoffnung. Der Sturm hat noch zugelegt und der Besanmast der Bark ist bereits über Bord gegangen. Über die Steuerbord-Reling bis ins Wasser hängt ein wirres Durcheinander von Wanten, Tauwerk und schweren Rahen. An die geschütztere Leeseite des Wracks kann er also nicht ran. Während der Vormann noch abwägt, welche Möglichkeiten sich ihm noch bietet, sieht er das völlig intakte Beiboot der *Paul* noch in den Davits hängen. Das wäre eine Lösung, denkt er. Wenn man das Boot zu Wasser bringt und eine Verbindung zum eigenen Boot herstellen kann, könnte eine Rettung gelingen. Er schreit nach oben: »Fiert das Boot weg!« Aber niemand versteht ihn und die Leute heben fragend die Hände. Er probiert es auf englisch: »Lower that boat«, schreit er, so laut er kann und zeigt auf das Boot. Da begreifen sie und machen in fieberhafter Eile das Boot klar. Drei Mann springen hinein, eine Leine bleibt fest an

Die finnische Bark *Paul*

Deck und langsam wird das Boot gefiert. Es klatscht auf die See und beginnt, wie erwartet, einen wilden Tanz. Man versucht mit den Riemen auszugleichen und in eine Position zu kommen, wo auch die anderen Leute an Deck übernommen werden können. Eine vage Hoffnung kommt auf, aber man hat die Rechnung ohne die wütende See gemacht. Die Brecher und der außergewöhnlich hohe Seegang lassen das Boot völlig unkontrolliert mal nach Backbord, mal nach Steuerbord scheren.

An Bord der *Paul* erkennt man die Unmöglichkeit, so von Bord zu kommen. Zu allem Unheil drängt auch die Zeit, denn durch überkommende Seen ist schon bedenklich viel Wasser im Boot. Auch auf dem Rettungsboot lenzt man verzweifelt. Man entschließt sich zu dem Versuch, wenigstens die drei Mann im Boot der *Paul* mitzunehmen. Dazu muß aber das Boot näher an die *Frauenlob*, das Neuharlinger Rettungsboot, herangeholt werden. Eine Leine muß rüber, aber die Entfernung ist noch zu groß. »Get your boat alongside«, schreit er hinüber, so laut er kann. Endlich versteht man, was er will und man legt Ruder. Langsam nähert sich das Boot der *Frauenlob*. Der Vormann hält die Wurfleine bereit, gerade noch fünf Meter sind die Boote auseinander, da passiert das Unglück! Ein »Kaventsmann« donnert heran, trifft das Boot der *Paul* schräg von der Seite und überrollt es. Das Boot kentert und liegt kieloben im Wasser. In rasender Eile holt man auf der *Frauenlob* den Anker ein, um den Männern aus dem Wasser zu helfen, die schnell mit der Strömung abtreiben. Einem Mann gelingt es noch, einen Tampen zu erwischen, der vom Heck der *Paul* ins Wasser hängt. Den bindet er sich um den Leib und kann wieder an Bord geholt werden. Für die anderen beiden besteht keine Hoffnung mehr. Man hört noch das verzweifelte »Help, help!«, aber ehe man mit dem Boot in die Nähe kommen kann, versinkt der erste Mann vor den Augen der Retter. Den zweiten Mann suchte man vergebens.

Für das Rettungsboot aber besteht jetzt keine Möglichkeit mehr, an das Wrack heranzukommen und eine Leinenverbindung herzustellen. Zudem kommen die Rettungsmänner mit dem Lenzen des Bootes nicht mehr mit, so schnell wird es wieder vollgeschlagen. Eine aussichtslose Situation. »We will come back tomorrow morning«, schreit der Vormann noch zum Wrack hinauf, dann muß er schnellstens versuchen, in ruhigeres Wasser zu kommen, damit er nicht selbst zum Seenotfall wird. Zudem hat der Sturm noch zugelegt und Orkanstärke erreicht. Ein Blick auf das Fahrwasser, von woher er gekommen ist, sagt dem erfahrenen Vormann, daß er mit einem Einlaufen durch dieses Inferno von Grundseen und Brandung nur das Leben seiner Leute und sein eigenes riskieren würde. Das einzige, was er mit dem halb vollgeschlagenen, schwer manövrierbaren Boot und seiner erschöpften Mannschaft tun kann, ist, abzulaufen und hinter der Robbenplate Schutz zu suchen. Er muß den Männern ein paar Stunden Ruhe und Erholung gönnen.

Nach langem, erbitterten Kampf mit der aufgewühlten See erreicht das Boot gegen Abend die Robbenplate, hinter der sie im seichten Wasser an Land gehen können. Ihr Boot legen sie noch vor beide Anker. Es an Land zu ziehen, ist ihnen nicht mehr möglich. Das Boot ist zu schwer und sie sind zu wenig. Frierend und am Ende ihrer Kräfte schleppen sie sich zum Dorf Spiekeroog, das sie nach einer Stunde todmüde erreichen. Dort werden sie freundlich aufgenommen und können sich erholen. Der Vormann der *Frauenlob* verständigt noch die anderen Rettungsstationen von dem vergeblichen Versuch die Schiffbrüchigen auf dem Wrack abzubergen.

Am nächsten Tag, es ist noch dunkel, unternimmt der Vormann der *Alexander* mit seinen Leuten einen erneuten Versuch ans Wrack zu kommen. Er erkennt bald, daß er weit nach Luv kreuzen muß, wenn er an den Havaristen herankommen will.

Zur gleichen Zeit, auch noch bei Dunkelheit, verläßt das Rettungsboot von Westerackumersiel seinen Liegeplatz und steuert, zunächst unter Ruder, später unter Segel durch die Priele im Watt die Otzumer Balje an.

Die Schiffbrüchigen auf der Unglücksbark haben die schlimmste Nacht ihres Lebens hinter sich gebracht. Ständig waren sie in Sorge, daß ihr Schiff von den wütend anrennenden Brechern zerschlagen werden könnte. Schutzlos waren sie an Oberdeck den Seen ausgeliefert. Um diesen zu entgehen, suchten sieben Mann der Bark in den aufgegeiten Segeln am Großmast, andere am Fockmast Schutz vor den Regenböen in der eiskalten Februarnacht. Dann geht der Großmast der *Paul* krachend und mit ohrenbetäubendem Lärm über Bord. Mit ihm versinken sieben Männer, unter ihnen der Kapitän, in der wütenden Brandung. Jetzt sind nur noch sechs Männer und eine Frau, die Köchin, an Bord. Sie haben sich an die letzte Möglichkeit, der Katastrophe und ihrem sicheren Tod zu entgehen, geklammert. Sie vertrauen auf die mehr als fragwürdige Standfestigkeit des Fockmastes und suchen, eng aneinander geschmiegt, in der aufgegeiten Fock Schutz vor der schleichenden Kälte und dem Regen.

Neben den beiden schon erwähnten Booten, wird noch ein drittes Boot im Morgengrauen des 11. Februars aus seinem Schuppen gezogen. Es ist die *E. A. Oldemeyer* der Station Karolinensiel. Um 6.00 Uhr läuft das Boot mit neun Mann Besatzung aus. Endlos scheint den ungeduldigen Männern die Fahrt übers Watt. Trotz dicker Unterwäsche, Ölzeug und Korkweste frieren sie. Der immer noch mit 7 Windstärken wehende Starkwind dringt auch durch die dicksten Kleider. Das Boot macht gute Fahrt und erreicht bei Tagesanbruch die Brandung und die Brecher, die donnernd über den Sand rollen. Es ist diesig und das Wrack ist noch nicht zu sehen. Um keine Zeit zu verlieren, entschließt sich der Vormann durch die Brandung zu gehen. Er verläßt sich auf sein Boot, das im Gegensatz zu den Rettungsbooten der Kollegen selbstlenzend ist und übergekommenes Wasser von selbst ablaufen läßt. Zwar nimmt auch sein Boot viel Wasser über und seine Leute und er werden von der Gischt völlig durchnäßt, aber sie kommen durch. Jetzt kann er zwei Boote erkennen, die mit stark gerefften Segeln aufzukreuzen scheinen. Es sind seine Kollegen von Spiekeroog und Westerackumersiel. Auf See zu kann er den Schlepper *Roland* erkennen, der offensichtlich auch wegen des Seenotfalls ausgelaufen ist, aber außerhalb im tiefen Wasser bleiben muß.

Es dauert nicht lange, dann taucht auch die *Paul* aus dem Dunst auf. Aus der stolzen Bark ist über Nacht ein Wrack geworden. Einzig und allein der kahle Fockmast ragt noch aus der immer noch hohen und vernichtenden Brandung heraus. Das Übrige, der Rumpf und die Aufbauten sind vom Wasser überflutet. Er zweifelt, ob noch Menschen auf dem Wrack sein können, aber das hindert ihn nicht in seinem Bemühen, weiter an das Schiff heran zu kommen. Aber, der Wind hat erheblich aufgefrischt und auch die immer stärker auflaufende Flut ist gegen ihn. Er kommt nicht voran. Während er wütend vor sich hin schimpft, sieht er, knapp eineinhalb Meilen im Westen ein weiteres Rettungsboot. Er sieht angestrengt hinüber. Das Boot kommt mit rauhem Wind rasch näher. Der Vormann sieht, daß das Boot nur ein Segel trägt und weiß, das ist das Langeooger Boot.

Nun waren ja, wie eingangs bereits erwähnt, nur von Langeoog aus die roten Notraketen gesichtet worden, während man sie in den Dörfern nicht wahrnehmen konnte. Der Fischer von Langeoog hatte aber seine Beobachtung nach Spiekeroog gemeldet, da das dortige Rettungsboot viel näher am vermuteten Strandungsort lag. Zunächst war daher für die Langeooger keine Veranlassung etwas zu unternehmen, zumal man am anderen Tag erfuhr, daß Boote bei dem Wrack seien. Der Tag verging. Erst am Abend des 10. Februar erfuhr der

Anschaulich zeigt diese Handskizze die dramatische und äußerst schwierige Rettung der letzten Besatzungsmitglieder von der sinkenden finnischen Bark *Paul*.

Vormann auf Langeoog, daß die Abbergung der Schiffbrüchigen mißlungen war. Nun war für ihn der Zeitpunkt gekommen, sich an der Bergung zu beteiligen.

Der Weg zum Bootsschuppen ist lang. Ganz am anderen Ende der langgestreckten Insel liegt das Boot. Schon sehr früh am anderen Morgen rumpelt der Wagen mit den Rettungsmännern, gezogen von vier Pferden über die Wattweiden. Regenböen, vermischt mit Schnee, fegen über die Insel. Die Männer wissen, was sie erwartet, wenn sie erst auf See sind. Endlich hält der Wagen mit den schweißnassen Pferden vor dem Schuppen. Er wird umgespannt, die Männer klettern ins Boot und legen schon die Riemen zurecht, um gleich anpullen zu können, wenn das Boot aufschwimmt. Der Wagen wird in die Ausläufer der Brandung gezogen und gleitet die kurze Ablaufbahn hinunter. Die erste Welle hebt das Boot an und schon legen sich die Männer kräftig in die Riemen. Das alles ist oft geübte Routine. Sobald das Boot tieferes Wasser erreicht hat, wird das Segel gesetzt. Der Wind kommt hart, aber aus günstiger Richtung. Auch ihre Position weit in Luv des Havaristen ist so, daß berechtigte Hoffnung besteht, rasch an das Wrack heran zu kommen. Man passiert den Schillsauger *Immanuel* der in der Nähe vor Anker liegt, um gegebenenfalls helfen zu können und nähert sich rasch dem Wrack. Angestrengt sieht der Vormannn hinüber. Der Fockmast steht noch. Ab und zu gibt eine zurückfließende Welle das Heck des Schiffes oder einen Teil des Bugs frei. Da erkennt er eine Gestalt an der Nock der Fockrah, die sich nur mit Mühe gegen den Sturm festhalten kann. Als er näher kommt, sieht er, es ist ein Junge, der verzweifelt winkt. Jetzt erscheinen auch Köpfe von Menschen, die sich bis dahin in das aufgegeite Segel eingerollt hatten. Blitzschnell überlegt der Vormann. In Lee kann er nicht heran, da ist ein Gewirr von Tauwerk, Segel und Rahen, achtern ist er von dem Fockmast zu weit weg und die Leute können auch nicht dorthin. Da werden sie sofort über Bord gespült. Bleibt nur eine, wenn auch gefährliche Lösung. Er muß in Luv des Wracks vor Anker gehen, auch wenn das unseemännisch ist. Also Anker weg. Der faßt zum Glück, das Ankertau kommt steif. Das Segel ist bereits geborgen und nun läßt der Vormann das Ankertau so lange fieren, bis das Boot fast unter der Nock der Fockrah ist.

Es stampft fürchterlich und nimmt viel Wasser über, die Männer sind total durchnäßt, aber darauf zu achten hat man jetzt keine Zeit. Das Leben der Schiffbrüchigen hängt jetzt von ihnen und dem Jungen ab, der als einziger noch aktiv mithelfen kann. Der Plan steht fest. »Mach die Wurfleine klar«, schreit er einem seiner Männer zu und der weiß, was der Vormann will. Auch der Junge auf der Rah, ein fixer Bursche und der Sohn des Kapitäns, wie sich später herausstellt, hat begriffen und hebt den Arm. »Okay« will er damit sagen. Schon fliegt der Lederbeutel mit der Leine von einem kräftigen Arm geschleudert durch die Luft und fällt über die Rah. Der Junge greift schnell zu und hält sie fest. Jetzt kommt auch Leben in die anderen Schiffbrüchigen. Sie sehen das Rettungsboot unter ihnen und die Leine und schöpfen neuen Lebensmut. Es eilt. Schon wird dem ersten, es ist die Köchin, eine Leine umgebunden, auch die Wurfleine wird unter den Armen befestigt, dann kriecht sie vorsichtig zur Nock und wird langsam Hand über Hand abgefiert. Kräftige Hände packen zu und zerren die fast steif gefrorene Frau ins Rettungsboot. Irgend ein Laken oder eine Öljacke ist noch an Bord. Man deckt die Frau notdürftig zu, damit der Körper nicht noch mehr Wärme verliert. Die Leinen werden gelöst und der Junge oben auf der Rah holt sie wieder nach oben. Der zweite Schiffbrüchige wird angesteckt. Es ist der Schiffszimmermann. Es ist aber nicht möglich ihn bis zur Nock zu bringen. Er ist viel zu schwach und apathisch. Man muß ihn auf das Deck des Wracks abfieren, wo ihn die See über Bord spült. Aber

Die finnische Bark *Paul*

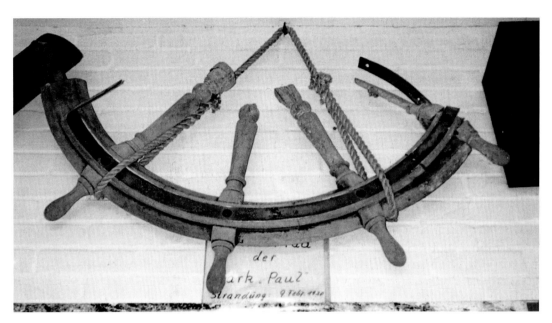

Das zerbrochene Ruderrad der *Paul*, das von der See an Land geschwemmt wurde. Aufbewahrt im Museum der DGzRS im Hafen von Neuharlingersiel.

schnell greifen die Männer zu und holen ihn mit der Leine aus dem Wasser. Er ist ohnmächtig geworden. So sehr man sich aber um ihn bemüht, es ist vergeblich und erfolglos. Auf diese Weise wird ein Schiffbrüchiger nach dem anderen ins rettende Boot geholt. Alle sind sie unterkühlt, völlig erschöpft und am Ende ihrer Kräfte. Selbst der Schluck Rum, den man ihnen einflößt und den man damals noch als das richtige Mittel zur »Wiederbelebung« ansieht, bringt keine spürbare Reaktion. Zuletzt springt der Junge von der Rah in das eiskalte Wasser und wird an Bord geholt.

Es ist höchste Eile geboten, die Schiffbrüchigen zu versorgen, was an Bord des offenen Bootes nicht möglich ist. Die Männer, die ohnehin durchnäßt sind, geben noch ihr Ölzeug, um das schlimmste zu verhindern. Ein Toter im Boot ist schon zuviel. Der Anker wird aufgeholt und der starke Flutstrom läßt das Boot rasch frei treiben. Das Segel wird gesetzt. Auf den anderen Booten hat man die Rettung der letzten Schiffbrüchigen beobachtet und alle treten die Rückfahrt an. Aber auch die ist nicht gefahrlos. Alle kennen die Gefahr bei hohem Seegang und besonders bei achterlichem Wind. Oben auf dem Rücken einer See hat man den vollen Sturm in den Segeln. Das Boot wird förmlich nach vorne in das Wellental geschleudert. Unten im Wellental ist es abgedeckt, bekommt kurzzeitig keinen Wind in die Segel und wird zudem noch von dem Gegenstrom im Wellental abgebremst. Und so ist es auch gekommen, daß das vom Wellenkamm heruntersießende Boot aus Westerackumersiel das im Tal festgehaltene Boot der Spiekerooger rammt. Die Besatzungen der beiden Boote fliegen wild durcheinander und es gibt Verletzte. Irgendwie kommen die Boote wieder auseinander und es ist ein Wunder, daß beide schwimmfähig bleiben. Das Spiekerooger Boot hat ein Leck, knapp über der Wasserlinie. Man kann sich mit lenzen über Wasser halten und ist mittags an seiner Anlegebrücke zurück. Schlechter geht es dem Boot der Westerackumersieler, es hat einen Ruderbruch und ist manövrierunfähig. Sie müssen es zwischen den Buhnen von Spiekeroog an Land setzen und zu Fuß zum nächsten Dorf gehen.

Das Boot mit den Schiffbrüchigen, die *Dr. G. Krause* arbeitet schwer in der Brandung, die durchquert werden muß und nimmt viel Wasser über. Als der Vormann den Schillsauger sieht, der in den Schutz des Langeooger Oststrandes gelaufen ist und dort vor Anker gegangen war, entschließ er sich, dort längsseits zu gehen und die Leute der *Paul* dort abzusetzen, wo sie früher und besser versorgt werden können. Der Schilldampfer geht auch sofort nach der schwierigen, aber doch gut verlaufenen Übernahme Anker auf, damit die Überlebenden, deren Zustand bedenklich war, schnellstens in ein Krankenhaus kommen.

Die Boote waren noch nicht zurück, da konnte man sehen, wie auch der letzte Mast der unglücklichen Bark, der Fockmast, in einer gewaltigen Grundsee über Bord ging. Keine 40 Stunden brauchten der Sturm und die tonnenschweren Sturzseen, um die stolze, kräftige Bark zu vernichten. Nichts verrät nun mehr die Stelle, wo sie gestrandet ist. Nur zum Strand zutreibende Trümmer sind Hinweise auf die Katastrophe.

Die Schuldfrage

Zehn Tote hat dieses dramatische Schiffsunglück gefordert und die Schuldfrage stellt sich. Kann man dem Kapitän der Bark einen Vorwurf machen? Die Sicht in der Nacht vom 9. auf den 10. Februar war gleich null. Kein Feuer konnte den Kapitän vor der nahen Küste und vor der Untiefe zwischen den beiden Inseln Langeoog und Spiekeroog warnen. Die Gezeiten kannte er, aber wie stark war der Strom? Wie groß war die Versetzung und wohin? Nur in etwa konnte man sie schätzen. Als man die Nähe der Küste in der Dunkelheit erkannte, war es zu spät.

Welche Erkenntnis kann man aus dem Unglück ableiten? Vor allem die Unzulänglichkeit der damaligen Rettungsboote zeigte sich in vollem Maße. Sie waren abhängig von der Wetterlage und von dem starken Ebb- oder Flutstrom. Wenn beides, Sturm und Strom gegen sie waren, war ein Auslaufen und damit eine Hilfe für Menschen in Seenot oft nicht, oder nur mit äußerstem Kräfteeinsatz möglich. Es waren offene Boote und damit bestand die Gefahr, daß schon die erste Brandungswelle das Boot vollschlug, wenn nicht zum Kentern brachte. Ein vollgeschlagenes Boot war damals zwar noch schwimmfähig, aber nicht einsatzfähig, wenn es nicht gelang, es schnellstens zu lenzen. Eine kräftezehrende Aufgabe für die Rettungsmänner. So ist es zu erklären, und so konnte es geschehen, daß trotz des äußersten körperlichen Einsatzes der Männer es am ersten Tag nach der Strandung der Bark nicht gelang, die Schiffbrüchigen abzubergen.

Diese Katastrophe der finnischen Bark *Paul* und die verzweifelte und nur zum Teil geglückte Abbergung haben sicher zu einer verstärkten Anstrengung geführt, motorisierte Boote zu entwickeln, die, zumindest halb gedeckt, erheblich bessere Chancen haben, erfolgreich in der Bergung Schiffbrüchiger zu sein.

Nach dem Unglück mit der Bark *Paul* wurden Ruderrettungsboote nur noch vereinzelt eingesetzt. So lange nur, bis sich die anfangs noch sehr anfälligen Motorrettungsboote als voll brauchbar erwiesen. Mit ihrem Einsatz hat sich auch die bis dahin fast bis zum Unmöglichen gesteigerte Belastung der Rettungsmänner erheblich verringert. Die Boote waren schneller am Unglücksort, und die Männer nicht schon durch langes anstrengendes Rudern ermüdet, vom Durchnäßtsein ganz zu schweigen.

15.

Die dänische Fünfmastbark *Kjøbenhavn*

Datum:	vermutlich im Februar 1928
Ort:	zwischen Kap Hoorn und Australien
Schiffsname:	*Kjøbenhavn*
Schiffstyp:	Fünfmastbark
BRT:	3901
Art der Havarie:	verschollen
Zahl der Opfer:	60
Unglücksursache:	nicht bekannt

Die *Kjøbenhavn* war als kombiniertes Fracht- und Ausbildungsschiff vorgesehen, aber der Erste Weltkrieg, der ausbrach, kurz nachdem das Schiff in Auftrag gegeben worden war, machte einen Strich durch diese Planung. Zwar hatte man auf der Werft, es war Ramage und Ferguson in Leith bei Edinburgh bereits mit den Arbeiten begonnen, aber man mußte bei Kriegsbeginn abbrechen und den Rumpf, der schon fertig war, anderweitig verwenden.

Das Schiff, das dann etwas mehr als zwei Jahre nach dem Friedensschluß, am 21. März 1921 vom Helgen lief, konnte sich sehen lassen. Es war eines der größten Rahsegler der Welt, eine Fünfmastbark mit 107,5 m Länge über alles und 3901 BRT. Man wollte mit dem Transport von Fracht, die *Kjøbenhavn* konnte 5000 t laden, Geld verdienen und dabei jungen Nachwuchs zu Schiffsoffizieren ausbilden.

Anfang dieses Jahrhunderts war die Blütezeit der Rahsegler längst vorbei und man konnte sich mit recht fragen, ob die Indienststellung eines großen Rahseglers zu dieser Zeit noch sinnvoll war. Die Reederei in Dänemark, die Østasiatiske Kompagni hatte sich zwar für see-

Die dänische Fünfmastbark *Kjøbenhavn*.

gehende Motorschiffe engagiert, ihren Nachwuchs an Offizieren aber, wollte sie nach wie vor auf Segelschiffen ausbilden. Um diese Absicht wirtschaftlich vertretbar zu machen, wurde das Schiff gleichzeitig als Frachtsegler konzipiert. Diese Lösung wurde später auch bei den deutschen Seglern *Pamir* und *Passat* übernommen.

Die *Kjøbenhavn* war nicht der letzte große Rahsegler, der auf einer europäischen Werft gebaut wurde. Fünf Jahre nach ihr, ließ die renommierte Reederei Laeisz bei Joh. C. Tecklenborg in Geestemünde noch die Viermastbark *Padua* als reinen Segler ohne Hilfsmaschine bauen. Das Schiff befährt noch heute unter dem Namen *Kruzenshtern* die Weltmeere.

Die *Kjøbenhavn* war ein außergewöhnlich stark gebautes Schiff, in dem eine Menge Erfahrung, seitens der Werft als auch der Reederei, steckte. Sicherheit hatte man groß geschrieben, denn sie verfügte nicht nur über eine leistungsstarke Funkanlage, es war auch für ausreichend Boote und für modernstes Rettungsgerät gesorgt. Zudem hatte man einen 500 hp starken Dieselmotor der renommierten Maschinenfabrik Burmeister und Wain eingebaut. Dieser Motor sollte nicht nur Flauten überwinden, sondern auch über längere Strecken eingesetzt werden können. Zu diesem Zweck hatte der Kraftstofftank der *Kjøbenhavn* ein Fassungsvermögen von beachtlichen 204 t Diesel, wobei der Verbrauch der Maschine unter 3 t pro Tag lag. Der Motor war stark genug, dem beladenen Schiff eine Geschwindigkeit von 6 kn zu verleihen. Damit war die Gefahr einer Strandung bei Strom und Flaute so gut wie ausgeschlossen. Beim Einbau der Maschine hatte man auch einen Nebeneffekt im Auge. Die zukünftigen Offiziere, die später auf Motorschiffen fahren würden, konnten erste Erfahrungen mit einer Dieselmaschine und ihrer Wartung machen.

Auch dem Rigg hatte man alle nur erdenkliche Aufmerksamkeit gewidmet. Das Schiff war nicht übertakelt und die Masten waren von fast überdimensionierten Stahltrossen gehalten. Auch für das laufende Gut verwendete man zur Sicherheit Drahttauwerk, das sich damals schon gut bewährt hatte.

Die *Kjøbenhavn* wurde nach Lloyds höchster Klasse gebaut und entsprach damit den anspruchsvollen englischen und dänischen Vorschriften. Zusätzlich wurde der Laderaum auch noch von stählernen Querschotten unterteilt. Die bösen Erfahrungen mit der *Georg Stage*, deren Laderaum nicht unterteilt war und die daher nach einer Kollision gesunken war (sie konnte später wieder gehoben und in Dienst gestellt werden), hatte man nicht vergessen. Das gleiche Schicksal sollte der *Kjøbenhavn* nicht widerfahren.

Nach der Probefahrt am 21. September 1932 wurde das Schiff nach Kopenhagen überführt, wo es festlich empfangen und vom dänischen Königspaar besichtigt wurde. Schließlich sollte es die alte Seefahrernation der Dänen auf seinen Reisen repräsentieren. Dafür hatte das Schiff alle Voraussetzungen.

Die Jungfernfahrt der *Kjøbenhavn* unter ihrem Kapitän Baron Niels Juel Brockdorff war eine Weltreise. Auf ihr zeigte sich das Schiff von seiner besten Seite. Der Kapitän berichtete von unterwegs, das Schiff läge gut am Ruder, manövriere sehr gut und habe sich auch bei schwerem Wetter hervorragend bewährt. Die Besatzung der *Kjøbenhavn* bestand aus 60 Mann. Darunter 16 erfahrene Vollmatrosen und zehn Leichtmatrosen. Auch die 20 Kadetten an Bord hatten schon Segelschiffserfahrung auf dem kleinen Rahsegler *Georg Stage* gewonnen.

Die Weltreise begann am 26. Oktober 1921 und führte über Newcastle, wo Ladung übernommen wurde, nach San Francisco. Von dort ging die Reise über San Pedro, Honolulu auf Hawaii nach Wladiwostock. Weiter ging es an Formosa und den Philippinen vorbei, durch die Sundastraße zum Kap der guten Hoffnung. Die

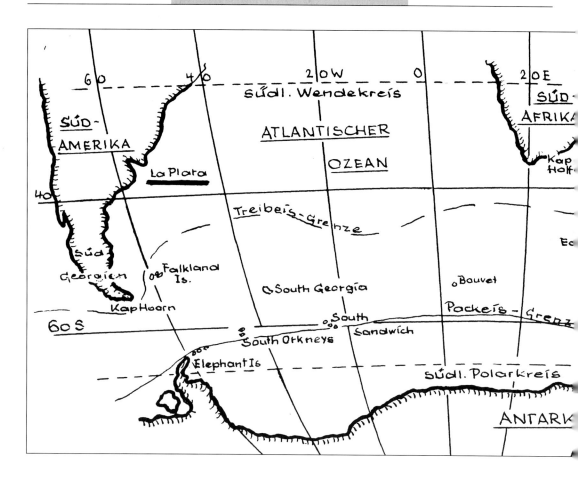

Das Seegebiet zwischen Südamerika und Australien mit den ungefähren Treib- und Packeisgrenzen. Der berüchtigte Seestreifen zwischen dem 40. und 50. Breitengrad wird zurecht die »Roaring Forties«, die »Brüllenden Vierziger« genannt.

letzte Strecke führte über St. Helena, rund Skagen nach Swinemünde und Stettin. Am 7. November 1922, nach 404 Tagen war das Schiff wieder in Kopenhagen.

Die Reise war ein voller Erfolg. Die *Kjøbenhavn* hatte alle Erwartungen erfüllt und hatte sich auch als schneller Segler erwiesen.

Auf den folgenden Reisen, die alle wie vorgesehen durchgeführt wurden, hatte man stets darauf geachtet, daß das Schiff nur mit den tüchtigsten Kadetten bemannt war. Bei den vielen jungen Dänen, die auf diesem schönen Schiff zu Offizieren herangebildet werden wollten, konnte man wählerisch sein. Eine gewisse Vorauswahl wurde dabei schon auf der *Georg Stage* getroffen. Alle, die bei der *Kjøbenhavn* anheuern konnten, hatten sechs Monate auf ihr gedient. Die Kapitäne der *Kjøbenhavn* wechselten, aber alle waren voll des Lobes über dieses Schiff. Es war mit Ladung, es war mit Ballast gefahren, es hatte jedes Wetter erlebt. Nie sind auch die geringsten Zweifel an der Seetüchtig-

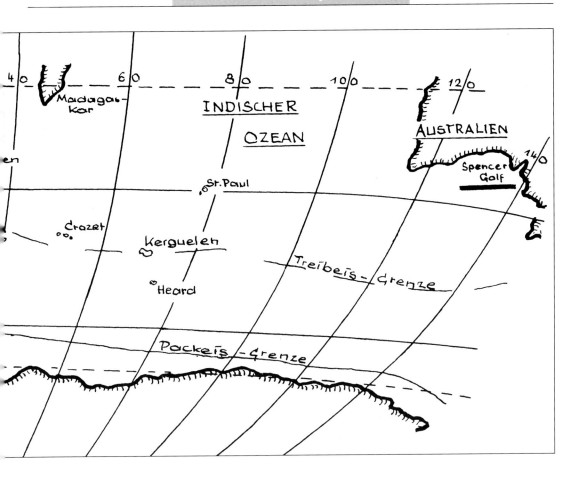

keit und Stabilität des Schiffes aufgekommen. So segelte die Kjøbenhavn neun Reisen und viele hervorragende dänische Kapitäne haben auf ihr ihre Seebeine bekommen.

Die zehnte Reise des stolzen Fünfmasters (nach Verlust der Potosi der einzige Fünfmaster der Welt) begann am 11. September 1928 in Kopenhagen. Die Reise führte zunächst nach Buenos Aires, wo die Ladung gelöscht wurde. Neue Ladung fand es dort nicht, so daß die Reederei beschloß, das Schiff in Ballast zum Spencer Golf zu schicken, wo man mit einer Ladung Getreide für Europa sicher rechnen konnte. Am 14. Dezember 1928 verließ die Kjøbenhavn mit 60 Mann Besatzung die La-Plata-Mündung. Eine Woche nach Abreise hatte das Schiff noch Funkverbindung mit dem norwegischen Dampfer Wilhelm Blumer. Bis zu diesem Zeitpunkt hatte sie etwa 1000 Seemeilen seit der Abreise vom La Plata zurückgelegt. Kapitän Andersen, der vor der Übernahme des Schiffes als Kapitän auf diesem schon zwei Reisen als Erster Offizier gefahren war, kannte das Schiff gut und meldete, an Bord sei alles in bester Ordnung.

Die Reise vom La Plata nach Australien durfte auf der üblichen Route, und die wollte auch Kapitän Andersen fahren, höchstens 55 Tage dauern. Die Ankunft der Kjøbenhavn wurde aber von keinem australischen Hafen gemeldet. Auch hatte sich Kapitän Andersen in der Zwischenzeit nicht per Funk gemeldet. Man stand einem Rätsel gegenüber, weil niemand glauben wollte, daß dieses große, stabile Schiff mit einer hervorragend ausgebildeten Besatzung spurlos verschwinden kann. Aber so war es.

Am 21. März 1929 wurde die *Kjøbenhavn* als überfällig erklärt. Eine für diese Zeit beispiellose Suchaktion begann. Die Østasiatiske Kompagni scheute keine Mühe und Kosten, um den Verbleib des Schiffes aufzuklären. Alle Schiffe, die auf dieser Route fuhren, wurden gebeten, scharf Ausschau nach dem Schiff und eventuellen Booten oder Wrackteilen zu halten. Alle auch noch so kleinen Inseln auf und weit neben der Route wurden von einem eigens dazu bestimmten Schiff angelaufen und nach Überlebenden abgesucht. Vergeblich. Auch das Absuchen der Strände nach Wrackteilen verlief ergebnislos. Keine Suche vor, und auch nicht danach, war so gründlich. Erst nach einem vollen Jahr gab man die Suche auf.

Die Schuldfrage

Am 15. Oktober 1929 fand die Seeamtsverhandlung statt. Das dänische Seeamt vermutete, ein Bunkerbrand könne die Ursache gewesen sein. Dabei tauchte aber die Frage auf, warum niemand einen Hilferuf des Schiffes empfangen hat. Nach Prüfung aller Möglichkeiten blieben nur noch zwei Erklärungsmodelle als überhaupt wahrscheinlich übrig. Die *Kjøbenhavn* muß bei Nacht, oder bei schlechter Sicht in voller Fahrt mit einem Eisberg oder einem sonstigen großen Hindernis kollidiert sein. In diesem Fall kann sie so schnell gesunken sein, daß keine Möglichkeit bestand, »SOS« zu funken, geschweige denn Boote zu Wasser zu lassen. Die andere Möglichkeit, der auch schon viele Segler zum Opfer gefallen sind:

Es könnte der Wind, der in dieser Gegend meist stürmisch ist, plötzlich umgesprungen sein. Er wäre dann in voller Stärke von Lee gekommen und hätte die Segel back gedrückt. Ein Bergen der Segel in dieser Situation ist unmöglich. Das Schiff bekommt sofort und rasch zunehmend Schräglage. In vielen Fällen, besonders bei Nacht und stürmischem Wind, ist eine Kenterung unvermeidbar. Das alles geht ebenso schnell vor sich, wie bei einer Kollision mit einem Eisberg.

Das Geheimnis um den Untergang dieses großen, gut geführten Schiffes wird nie gelüftet werden. 60 Mann Besatzung, ein großer Teil davon junge hoffnungsvolle, begeisterte Kadetten, nahm die *Kjøbenhavn* mit in die Tiefe.

16.

Das deutsche Schulschiff *Niobe*

Datum:	26. Juli 1932
Ort:	Fehmarn-Belt
Schiffsname:	*Niobe*
Schiffstyp:	Jackassbark
BRT:	374
Art der Havarie:	Kenterung
Zahl der Opfer:	69
Unglücksursache:	nicht erkannte Stärke einer aufziehenden Wetterfront

Nomen est omen? Kann ein Name Vorzeichen sein? Wenn ja, würde der Name »Niobe« nicht gerade hoffnungsvoll stimmen. Wer war Niobe? In der griechischen Sage war sie die Tochter des Tantalos. Niobe war mit dem thebanischen König Amphion verheiratet, und hatte sieben Söhne und sieben Töchter auf die sie sehr stolz war. Sie war nicht gut beraten, als sie sich Leto, der Geliebten des Göttervaters Zeus, gegenüber brüstete. Leto hatte nur zwei Kinder. Dummerweise war eines ihrer Kinder Artemis, die Göttin der Jagd. Zudem wurde Artemis auch noch als »Geburtsgöttin« verehrt, was die Situation noch verschlechterte. Ihr Gespött bekam der Niobe nicht gut. Artemis, als Göttin der Jagd mit Pfeilen wohlvertraut, tat sich mit ihrem Bruder Apollon zusammen und veranstaltete, statt auf Rehe und Hirsche, eine Jagd auf die Kinder der Niobe, die sie alle mit Pfeilen tötete. Niobe soll darauf vor Kummer und Leid zu Stein erstarrt sein. Einen Zusammenhang mit der Seefahrt hat der Name »Niobe« jedoch nicht, obwohl er gelegentlich als Schiffsname auftauchte.

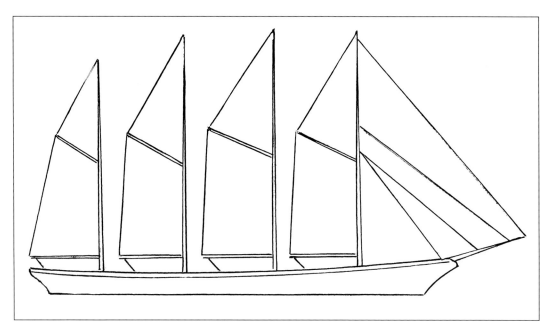

Die ursprüngliche Takelung der *Niobe* als Viermast-Gaffelschoner.

Verfolgt man die Geschichte des Segelschiffs *Niobe*, stellt man fest, daß das Schiff nicht weniger als fünf verschiedene Namen hatte. Auch das gefällt alten »Seebären« gar nicht. Aber der Reihe nach.

Im Jahre 1913 stellt die dänische Wert Frederikshavn Vaerft & Flydedok in Frederikshavn ein Schiff mit 374 BRT fertig. Das Schiff war als Viermast-Gaffelschoner getakelt. Bestellt hatte das Schiff die Reederei L. F. Knackergaard in Nyköbing an der Nordküste von Seeland. Das Schiff wird auf den Namen *Morton Jensen* getauft. Die Gaffeltakelung hat den unbestrittenen Vorteil der einfachen Bedienung und des geringen Bedarfs an Matrosen. Bei einer Aufteilung der Segelfläche auf vier Masten ist auch die Segelfläche pro Mast relativ klein und daher handlich und gut bedienbar. Von wenigen Ausnahmen aber abgesehen hat sich diese Takelung in Europa nur bei kleinen Schiffen durchgesetzt. In Nordamerika, wo 1713 der Schonerbau begann und sich bis zum sechsmastigen Gaffelschoner entwickelte, kam nach einer Blütezeit die Takelung außer Gebrauch. Auf langen Reisen war die Rahtakelung überlegen.

Drei Jahre segelte die *Morton Jensen* unter dem Danebrok. Dann wird sie, es war im Jahr 1916, an einen norwegischen Eigner verkauft. Die *Morton Jensen* bekommt einen neuen Namen und heißt jetzt *Tyholm*. Lange kann sich der norwegische Eigner des Schiffes nicht erfreuen. Noch im gleichen Jahr, am 21. November, wird es in der Nordsee von dem deutschen *U 41* aufgebracht. Die *Tyholm* hatte eine Holzladung an Bord, die für England, den damaligen deutschen Kriegsgegner bestimmt war. Wegen des Transportes von Bannware erklärt ein Prisengericht das Schiff rechtmäßig als deutsches Eigentum. Auf einer deutschen Werft wird es im Jahre 1918 zu einem Hilfsfeuerschiff umgebaut. Es ist nicht bekannt, ob es in dieser Funktion noch zum Einsatz kam.

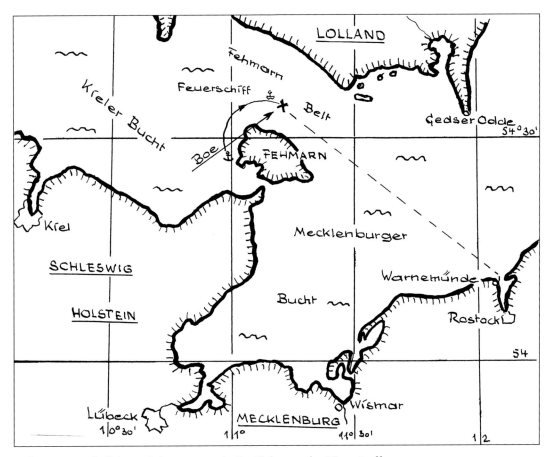

In der Ostsee, nördlich von Fehmarn, wurde die *Niobe* von der Böe getroffen.

Auf Grund des enormen Wassereinbruchs sinkt die *Niobe* nach wenigen Minuten. Die an Deck befindlichen Personen rutschen entweder über das zunehmend schräge Deck ins Wasser, oder versuchen, durch einen Sprung in die See sich vor dem Sog des untergehenden Schiffes zu retten. Glück im Unglück! In unmittelbarer Nähe befindet sich zu diesem Zeitpunkt der Hamburger Frachtdampfer *Theresia*, dessen Kapitän und Mannschaft die Katastrophe beobachten. Wer sieht schon weg, wenn einem auf See ein Großsegler begegnet. Auch die Besatzung des Feuerschiffes, das die *Niobe* vor gerade 20 Minuten passiert hat, beobachtet die Kenterung. Von beiden Schiffen werden in aller Eile Boote ausgesetzt. Sie sind kurz nach dem Unglück an Ort und Stelle. Dank dieser schnellen Hilfe können 40 Mann der Besatzung, darunter der Kapitän, gerettet werden. Da die Schiffbrüchigen keine Rettungswesten tragen, konnten sie sich in der bewegten See nicht lange über Wasser halten. Der sommerlichen Temperatur der Ostsee, die eine Unterkühlung verhinderte, verdanken viele ihr Leben. Nach etwa einer 3/4-Stunde wird die Suche abgebrochen. Die Fläche, innerhalb der sich die Schiffbrüchigen befinden mußten, war klein und mehrmals abgesucht worden.

Die Schuldfrage

69 Tote, meist junge, erwartungsvolle Männer, sind bei dem Unglück zu beklagen. Es ist eine der schwersten Katastrophen der deutschen Marine in Friedenszeiten.

Das Wrack der *Niobe* lag in 28 Meter Tiefe. Die Untergangsstelle wurde mit einer Boje gekennzeichnet. Schon wenige Tage nach der Katastrophe begannen die Bergungsarbeiten. Diese gestalteten sich sehr schwierig wegen der noch stehenden Masten und der Seitenlage des Schiffes. Ende August wurde das Schiff gehoben und die Leichen konnten geborgen werden. Ein Teil von ihnen, 33 Mann, wurde in einem gemeinschaftlichen Grab in Kiel beigesetzt.

Der Untergang der *Niobe* beschäftigte zwangsläufig auch ein Gericht. Da die *Niobe* der Marine gehörte, kam es nicht, wie sonst üblich zu einer Verhandlung vor einem Seeamt. Ein Kriegsgericht, das sich fast ausschließlich aus Marineoffizieren zusammensetzte, sollte die Unglücksursache untersuchen.

Es wurden viele Zeugen vernommen und Gutachten von Sachverständigen eingeholt. Am Ende befand das Gericht, daß Kapitän Ruhfus wegen Vorliegens höherer Gewalt von jeglicher Schuld freizusprechen sei. Als Begründung wurde angegeben: Das Kentern der *Niobe* sei auf eine Fallböe zurückzuführen, deren Gewalt nicht erkennbar gewesen sei.

»Die besten Kapitäne stehen immer an Land« – dieser Spruch birgt sicher ein gehöriges Maß an Wahrheit. Damit ist aber nicht gesagt, daß eine sachliche Abwägung der Vorkommnisse und die gegebenenfalls daraus resultierende Kritik unerwünscht ist und an den Tatsachen vorbei geht. Sicher sehen manche Dinge von Land aus oder nach dem Unglück anders aus, als sie sich für die Betroffenen vor Ort zeigen. Vorsicht vor unsachlicher Kritik mangels ausreichender Kenntnis der tatsächlichen Umstände ist also in jedem Fall geboten. Die Augen aber vor Fehlern, die gemacht worden sind und nie ganz vermeidbar sind, zu schließen, wäre sicher genauso falsch, wie unsachliche Kritik. Aus dieser Sicht ist es nicht verwunderlich, wenn das Urteil des Kriegsgerichtes viele Betroffene und fachkundige Beobachter nicht befriedigt hat.

Da ist zunächst die in Fachkreisen und sicher auch dem Kapitän bekannte Übertakelung und damit die negativ beeinflußte Stabilität des Schiffes, die unter den gegebenen Umständen zu erhöhter Vorsicht Anlaß hätte geben müssen. Die Übertakelung der *Niobe* wurde in der Verhandlung nur am Rande erwähnt. Bei eingehender Behandlung wäre der Marinebehörde, die die Vergrößerung der Segelfläche um fast 1/3 veranlaßt hat, ein massiver Vorwurf nicht erspart geblieben. Es ist nicht bekannt, daß nach dem Umbau eine gründliche Berechnung und Prüfung der Stabilität veranlaßt worden war. Bei dem Umfang der vorgenommenen Veränderung ist das eine klare Unterlassungssünde. In Kenntnis dieser Tatsachen hätte Kapitän Ruhfus angesichts der heranziehenden Schlechtwetterfront die Schließung der Bulleys veranlassen müssen.

Des weiteren sprach das Gericht von einer »Fallböe«. Die Bezeichnung »Fallböe« ist im Fall *Niobe* wohl kaum verwendbar. Unter diesem Begriff verstehen die Fachbücher und Fachlexikas einheitlich eine von einem Hochufer herabfallende Luftströmung. Gefährlich ist sie, weil ihre Wirkung um so stärker wird, je mehr das Schiff krängt. Ein, die Fallböe auslösendes Hochufer war aber im Fall der *Niobe* nicht gegeben. Das Schiff war zum Zeitpunkt des Unfalls etwa vier Seemeilen von der Nordküste der Insel Fehmarn entfernt. Woher sollte dort eine Fallböe kommen?

Die *Niobe* trug beim Einfallen der Böe zweifellos zu viel Segel. Es wird aber berichtet, daß der Regen vor der Böe eingesetzt hatte. Kannte Kapitän Ruhfus nicht den alten, nur zu wahren Vers »Kommt der Regen vor dem Wind, nimm die Segel weg geschwind«? Zweifellos hat Kapitän Ruhfus den Wind, der in der Front steckte, unterschätzt. Er hat gewartet, bis die Front da war, mit zu viel Segel und offenen Bulleys. Ist das entschuldbar, wenn einem so viele junge Menschen anvertraut sind? Handelte er nicht fahrlässig? Dieser Vorwurf wurde ihm von Kritikern des Urteils post mortem immer wieder gemacht.

Beim Bau des Segelschulschiffes der deutschen Bundesmarine *Gorch Fock* haben sich die damaligen Fehler nicht wiederholt und die Bundesmarine beachtete konsequent, daß für die erforderliche Sicherheit alles getan wurde. Und, »nomen est omen«, das Schulschiff der Marine heißt *Gorch Fock* und nicht *Niobe*.

Das Wrack der *Niobe* wurde nach Abschluß der Ermittlungen in die Ostsee geschleppt und dort durch einen Torpedoschuß versenkt.

17.

Die Viermastbark
Herzogin Cecilie

Datum: 25. April 1936
Ort: Südküste Englands
Schiffsname: *Herzogin Cecilie*
Schiffstyp: Viermastbark
BRT: 3242
Art der Havarie: Strandung im Nebel
Zahl der Opfer: keine; Totalverlust des Schiffes
Unglücksursache: Navigationsfehler

»Zur Ehre des Vaterlandes und der deutschen Seefahrt.« Das war das Motto, unter dem Sabine Rickmers, die Tochter des Werftchefs, das Schiff auf den Namen *Herzogin Cecilie* getauft hat. Cecilie hieß die Herzogin von Mecklenburg-Schwerin. Sie war mit dem ältesten Sohn Kaiser Wilhelms II. verlobt. Das Schiff sollte als Schwesterschiff der *Herzogin Sophie Charlotte* zur Ausbildung junger Kadetten eingesetzt werden. Die *Sophie Charlotte* war meist überbelegt und das stand einer gründlichen Ausbildung im Wege. Der Neubau sollte hier eine Entlastung bringen.

Der Rumpf, der majestätisch in sein Element glitt, versprach Schnelligkeit und das sollte sich bald bewahrheiten. Es war nicht das erste Schiff der Rickmers-Werft in Bremerhaven (Geestemünde) und viele schöne und erfolgreiche Schiffe sind hier schon vom Stapel gelaufen. Noch heute kann man die *Rickmer Rickmers* bewundern und besuchen. Sie liegt in Hamburg

Die *Herzogin Cecilie* war eine schnelle, seetüchtige Viermastbark und ein Aushängeschild des deutschen Schiffbaus.

an den Landungsbrücken und zeugt auf der Elbe pikanterweise von der Leistungsfähigkeit der Werft an der Weser. (Die Hamburger suchten nach dem Kriege lange nach einem Schiff, das sich gelohnt hätte restauriert zu werden.) Der schlanke, stählerne Rumpf wurde zu einer Viermastbark aufgeriggt. Das Schiff war 94,48 m lang und 14,02 m breit bei einem Tiefgang von 7,53 m. Das waren beachtliche Maße.

Es ist interessant zu wissen, wieviel Verbesserungen in Bezug auf Sicherheit und Erleichterung bei der Bedienung der Segel die *Herzogin Cecilie* gegenüber vergleichbaren Schiffen hatte, die kaum ein Menschenalter vor ihr gebaut worden waren.

Ein wesentlicher Aspekt in der Sicherheit waren sechs wasserdichte Schotten. Die Schotten reichten vom Doppelboden bis hinauf zum Hauptdeck. Dadurch konnte bei einer Havarie nur die betroffene Abteilung voll laufen. Das Schiff aber blieb schwimmfähig. Die Sicherheit wurde erhöht, jedoch das Be- und Entladen erschwert. Das nahm man in Kauf.

Auch der Doppelboden war aufgeteilt. Er hatte vier Tanks, die 150 t Frischwasser und 450 t Ballastwasser aufnehmen konnten. Die Frischwasserkapazität war vom Konstrukteur vermutlich als zusätzliche Sicherheit gedacht, sollte die Destillieranlage ausfallen. Unter normalen Seeverhältnissen war diese in der Lage, täglich 7000 l Seewasser zu destillieren.

Im Hüttendeck, in einem eigenen Raum, befand sich ein Dampfkessel, der mit sechs Atü Überdruck drei Winden betreiben konnte. Auch das Ankerspill unter der Back wurde mit Dampf angetrieben. Bei Ausfall des Dampfes war die Bedienung von Hand mit Spillspaken möglich. Weitere sechs Gangspills für die Bedienung der Schoten waren vorhanden. Während der Schulschiffzeit der *Herzogin* zog man die Bedienung durch die Kadetten aus sportlichen und erzieherischen Gründen vor.

Für die Sicherheit des Schiffes, etwa auf Reede, sorgten drei Buganker. Die Länge der Ankerkette betrug 400 m, so daß im Notfall bereits bei einer Wassertiefe von 80 m hätte geankert werden können (Kettenlänge = Wassertiefe x 5). Das Schiff verfügte über sechs Rettungsboote.

Das lange, bereits erwähnte, Hüttendeck, es war über 50 m lang, störte sicher das Auge manch alten Seemanns, aber die Vorteile waren so gravierend, daß man es später noch verlängerte. Ein Schulschiff, und ein solches sollte die *Herzogin Cecilie* werden, benötigt viel Platz für Unterkünfte, die man mit diesem Hüttendeck schaffen konnte. Außerdem waren Wirtschaftsräume und die Zimmerleute und der Segelmacher darin untergebracht. Das Hüttendeck hatte aber auch einen zweiten, noch wichtigeren Effekt: den der Sicherheit. Es bot einen weitgehend sicheren Arbeitsplatz zur Bedienung des laufenden Gutes. Bei älteren Schiffen hingegen war das Hauptdeck der Arbeitsplatz. Bei Sturm und hohem Seegang stiegen häufig schwere Seen ein und gefährdeten in hohem Maße die dort arbeitenden Seeleute.

Man hatte an nichts gespart. Weder an Sicherheit, noch an Ausrüstung. Das Beste war gut genug, denn das Schiff hatte in Großherzog Friedrich August von Oldenburg einen namhaften Gönner und Förderer. Der Germanische Lloyd gab dem Schiff die höchste Klasse. Alle Voraussetzungen für eine erfolgreiche Laufbahn des Schiffes waren gegeben.

Am 25. Juni 1902 lief das Schiff mit 59 Kadetten unter Kapitän Dietrich zu seiner Jungfernreise aus. Man hatte Salz geladen, denn das Schiff sollte auch als Frachtsegler fungieren und Geld verdienen. Zunächst ging es im Schlepp durch den Englischen Kanal. Bestimmungshafen war Portland im äußersten Nordwesten Amerikas.

Die Fahrt, die zudem die Jungfernfahrt war, schien unter keinem guten Stern zu stehen. Noch standen keine Segel, da wurde ein Matrose von einem Block tödlich getroffen. Auch der Atlantik zeigte sich unfreundlich. Bevor

Der Ausguck auf der Back war eine gefährliche, manchmal langweilige, aber immer wichtige, verantwortungsvolle Aufgabe. Bei schlechter Sicht wurde sie von zwei Seeleuten wahrgenommen.

man das gefürchtete Kap Hoorn erreichte, wurde das Schiff von einem Sturm so übel zugerichtet, daß man Montevideo zur Reparatur der Schäden im Rigg anlaufen mußte. Auch die Weiterreise um Kap Hoorn war nicht das reine Vergnügen. Zwei schwere Stürme mußte die *Herzogin* noch überstehen, bis nach 66 Tagen Reisezeit ab Montevideo in Portland am Columbia-River der Anker ausrauschte. 66 Tage, das war Rekordzeit. Damit begann das Schiff von sich reden zu machen.

Das Schiff löschte seine Salzladung und nahm Weizen an Bord. Nach einer Rückreise ohne Zwischenfälle war das Schiff Mitte Juli wieder zurück in Bremerhaven. Im August lief die *Herzogin* wieder aus und besuchte Shields an der Ostküste von Mittelengland. Dort fanden Schiff und Besatzung große Beachtung und Anerkennung. Die Weiterreise ging über die Isle of Wight und über den Atlantik. Wieder wurde das Schiff von einem Pampero (kalter Sturm über die Anden in den Atlantik) erwischt, wobei ein Seemann beim Festmachen des Vorsegels ums Leben kam. Auch bei Kap Hoorn bedrängten schwere Stürme das Schiff, aber man erreichte glücklich und ohne Schäden San Francisco. Im August 1904 war das Schiff wieder zurück.

Im Juli 1905 startete die *Herzogin Cecilie* zu einer Weltreise. Diese führte zunächst nach Philadelphia. Dort lud das Schiff Kistenöl für Japan. Die weitere Reise ging über den Atlantik nach Südost. Das Schiff rundete das Kap der guten Hoffnung und dann überquerte es den Indischen Ozean mit Ostkurs entlang der »Roaring Forties«. Man nahm aber nicht den direkten Weg durch den Indonesischen Archipel, sondern segelte südlich von Australien in den Pazifik. Gegen Ende Dezember, zwei Tage vor Weihnachten, war man in Japan im Hafen von Tsuruga auf der Westseite der japanischen Hauptinsel. In Ballast ging es weiter nach Singapur. Dort bekam man Order, in Rangun Reis zu laden und ihn nach Deutschland zu bringen.

Viele Reisen machte die *Herzogin* noch unter der deutschen Flagge in der Salpeterfahrt nach Chile, brachte Weizen von Australien nach England und war, wo sie auch hinkam, ein guter Botschafter für Deutschland und auch für seinen Schiffbau.

Die Kadettenausbildung lief planmäßig und gut, aber es wurde von Jahr zu Jahr schwieriger, gewinnbringende Ladung zu finden. Oft segelte das Schiff in Ballast nach längerer Wartezeit in einen anderen Hafen, wo man sich eine Ladung erhoffte. Am aussichtsreichsten war noch die Weizenfahrt von Australien nach Europa.

Der Erste Weltkrieg überraschte die *Herzogin Cecilie* in Chile, wo sie volle vier Jahre untätig verbleiben mußte. Im November 1918 übernahm die chilenische Marine das Schiff und schleppte es nach Coquimbo, nördlich von Valparaiso. Noch konnte man nicht zurück nach Europa segeln. Erst Mitte 1920 kam Order, Salpeter zu laden und die Ladung nach Falmouth zu bringen. Dort wurde die Ladung gelöscht und die *Herzogin* der französischen Regierung als Reparationsleistung übergeben. Frankreich hatte aber kein Interesse an dem Schiff und bot es zum Verkauf an.

Zu dieser Zeit hatte sich der finnische Reeder Erikson gerade von einer Fehlkalkulation erholt. Zu danken hatte er es der Viermastbark *Lawhill*, die unter Kapitän Ruben de Cloux, einem der fähigsten Kapitäne seiner Zeit, satte Gewinne für ihn eingefahren hatte. Als Gustav Erikson erfuhr, daß die *Herzogin Cecilie*, die ihm wohl bekannt war, zum Verkauf stand, schickte er Kapitän de Cloux mit dem Auftrag nach Ostende, die *Herzogin* und eventuell auch die dort liegende *Passat* einer eingehenden Besichtigung zu unterziehen. De Cloux fand, daß die *Herzogin* in seinen Augen die bessere Wahl sei. Es folgte ein reger Briefwechsel, besonders mit der Maklerfirma Clarkson in London, mit der Erikson schon längere Zeit geschäftliche Kontakte hatte. Aber dann, nach zähen Verhandlungen, ging das Schiff für 2450 Pfund an den Re-

Mit Sanduhr und Handlot wird die Geschwindigkeit des Schiffes gemessen. Der Wachhabende überwacht den Vorgang für den Eintrag ins Logbuch.

eder Erikson. Es wurde sein Lieblingsschiff und hat es auch verdient.

Zunächst wurde die *Herzogin* nach Kristiania, dem heutigen Oslo, verholt. Von dort aus ging sie unter dem Kommando von Kapitän de Cloux mit dem Zielhafen Melbourne in See. Zwar ging aus Briefen zwischen dem Makler, dem Reeder und dem Kapitän hervor, daß es schwierig war, günstige Frachtraten zu bekommen, weil die Konkurrenz der Dampfer immer spürbarer wurde, aber die *Herzogin* war trotzdem immer gut beschäftigt. Besonders die Segelleistungen sprachen deutlich für das Schiff. Gustav Erikson nannte sie »sein größtes und stolzestes Schiff«. Nur einmal lief die *Herzogin* in der Nähe der dänischen Stadt Hanstholm auf Grund. Am nächsten Tag konnte das Schiff aber wieder ohne große Mühe freigeschleppt werden. Wesentlicher Schaden war nicht entstanden.

Immer mehr große Frachtsegler verschwanden von den Weltmeeren, wurden aufgelegt und verschrottet. So ist es kein Wunder, daß die letzten Vertreter einer langen Tradition, überall wo sie hinkamen, als Seltenheit bestaunt, großes Interesse erweckten. Sieben Jahre seit der Übernahme durch den Reeder Erikson hatte die *Herzogin Cecilie* die Weltmeere durchpflügt, als sie zum ersten Mal ihren Heimathafen Mariehamn auf den Aalandsinseln anlief. Es war im Juni des Jahres 1928.

Die nächste Reise zeigte die nach 26 Jahren immer noch vorhandene volle Seetüchtigkeit auf eindrucksvolle Weise. In einem orkanartigen Sturm flogen 15 Segel aus den Lieken. Die See war weiß und die Sicht durch fliegendes Wasser und Gischt erheblich behindert. Das Schiff krängte stark nach Steuerbord, als die Ladung überging. Die wohl gefährlichste Situation, in die ein Frachtsegler kommen kann. Das Schiff trieb auf der Seite liegend mit dem Wind, hilflos und manövrierunfähig dem Ansturm der wütenden See ausgesetzt. In einer übermenschlichen Anstrengung der gesamten Besatzung war es aber gelungen den Ballast zu schiften. Schließlich, nach mehr als zwei Tagen, die Besatzung war am Ende ihrer Kräfte, schwamm das Schiff wieder auf ebenem Kiel. Kaum ein anders Schiff, so die Meinung alter, erfahrener Seeleute, hätte diese Situation überstanden.

Im Juni 1929 gab Kapitän de Cloux das Kommando über die *Herzogin* an Kapitän Sven Erikson (Schreibweise unklar, manchmal auch Eriksson) ab. Die stolze Bark kam langsam »in die Jahre«, aber die Besatzung sorgte unterwegs, trotz äußerster Knausrigkeit des Reeders, selbst für den seetüchtigen Zustand des Schiffes. Um wirtschaftlich zu arbeiten, wurden nun hin und wieder Passagiere befördert. Damit konnte das Schiff kostendeckend eingesetzt werden und bescheidenen Gewinn einfahren. Zwischen dem neuen Kapitän und dem Reeder Gustav Erikson gab es aber zunehmend Spannungen. Der Schiffsführer hieß eben nicht mehr de Cloux, dessen Interessen ausschließlich dem Schiff galten und der mit Leib und Seele Seemann war. Sven Erikson war jünger und er war großzügiger, was nicht im Sinne seines Reeders war. Von der Reederei erhielt er mehr als einmal Mahnungen, wegen oberflächlicher Buchführung und verspäteten Berichten. Das war man von de Cloux nicht gewohnt. Zu allem Übel richtete eine Explosion des Donkey-Kessels erhebliche Schäden am Rigg an. Zwei Mann der Crew kamen dabei ums Leben. Die Ursache der Explosion konnte nie geklärt werden.

Am 29. September 1935 verließ die *Herzogin Cecilie* Nystad, das heutige Uusikaupunki zu einer vom Pech verfolgten Reise. Im Sund zwischen dem dänischen Helsingör und dem schwedischen Helsingborg hatte man eine Kollision mit einem Dampfer, dessen Heck von der *Herzogin* leicht gerammt wurde. Da der Dampfer keine Notsignale zeigte, wurde die Reise fortgesetzt. Daß in diesem Fall die Schiffsleitung, also Kapitän Erikson die Schuld traf, ist eher unwahrscheinlich. Noch in der gleichen

Segelbergen bei Sturm. Wenn auch noch Regen oder Schneetreiben dazu kommt, ist es oft ein verzweifelter Kampf mit dem nassen, steifen Tuch.

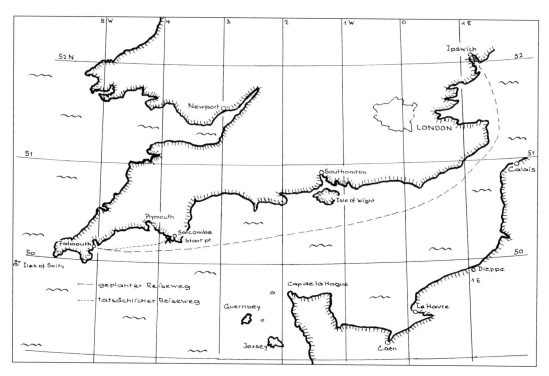

Wegen eines Navigationsfehlers kommt die *Herzogin Cecilie* von ihrer geplanten Route ab und strandet an der Südküste Cornwalls, unweit des Ortes Salcombe.

Nacht hatte das Schiff aber eine zweite Rammung. Vor sich sah man ein weißes Hecklicht. Man versuchte nach Lee auszuweichen, aber es war zu spät und das Schiff vor ihnen wurde am Heck gerammt. Auch hier setzte Kapitän Erikson die Fahrt fort, da er keine Notsignale sehen konnte. In beiden Fällen erklärte er sich als unschuldig, was ihm aber im zweiten Fall nicht abgenommen wurde, da hier größerer Schaden entstanden war. Es handelte sich um den deutschen Trawler *Rastede*, der die Kollision nur dadurch schwimmend überstanden hatte, weil das achtere Kollisionsschott dem Wasserdruck standgehalten hatte.

Die Stimmung an Bord der *Herzogin* war gereizt, da nach Angaben von Besatzungsmitgliedern der Kapitän seine Verärgerung und seine Nervosität an seinen Männern ausließ. Auch das Verhalten von Pamela Erikson, der Frau des Kapitäns, sie hatten kurz vor der Reise geheiratet, trug nicht zum Frieden an Bord bei. Das Verhältnis zu Gustav Erikson, seinem Chef, war auf dem Nullpunkt. Dieser hat aus den dänischen Zeitungen von dem Unfall erfahren, bevor er den Bericht seines Kapitäns in den Händen hatte. Die weitere Fahrt nach Port Lincoln verlief ohne besondere Ereignisse. Als das Schiff auf der Rückfahrt vor Falmouth auf Reede ging, wurde es wegen der Kollision mit der deutschen *Rastede* an die Kette gelegt. Man mußte eine nicht unerhebliche Kaution hinterlegen, bevor das Schiff wieder freigegeben wurde. Das war am 24. April 1936. An diesem Abend begann die *Herzogin Cecilie* ihre letzte Reise. Gegen 4.00 Uhr morgens lief sie an der englischen Küste auf Grund.

Die Viermastbark *Herzogin Cecilie*

Nicht lange nach der Strandung kam die *Herzogin Cecilie* nochmal frei, trieb aber auf Land zu. Man ließ beide Anker sofort fallen, konnte aber die endgültige Strandung nicht mehr verhindern.

Von Land aus wurde eine Leinenverbindung mit dem Schiff hergestellt, mit Hilfe der man die wichtigsten Dinge an Land brachte. Der Kapitän stellte der Mannschaft frei, das Schiff zu verlassen, wovon der größte Teil der Besatzung auch Gebrauch machte. Nach Angaben von Befragten verband sie nichts mehr mit der Schiffsführung und damit auch nicht mit dem Schiff. Kapitän Erikson stellte Überlegungen an, ob die Möglichkeit des Freischleppens bestünde. Wenn, dann wäre der deutsche Schlepper *Seefalke* am besten dafür geeignet gewesen. Der erfahrene Schlepper-Kapitän lehnte aber den Versuch einer Bergung auf der üblichen Basis: Kein Erfolg, kein Geld, nach Prüfung der Lage ab. Der gleichen Meinung waren auch zwei französische Schlepperführer. Kapitän Erikson mußte einsehen, daß zuerst die Getreideladung gelöscht werden müßte, bevor weitere Schritte möglich wären. Man machte sich an die Arbeit und nach etwa einem Monat hatte man die größtenteils verdorbene Ladung von Bord gebracht, so daß das Schiff wieder frei kam. Zwei Schlepper verholten das Schiff in eine Bucht in der Nähe des Hafens von Salkombe. Aber auch in der als sicher geglaubten Bucht stand so viel Schwell, daß selbst der starke Rumpf der *Herzogin* nicht standhalten konnte. Ihr Schicksal war damit endgültig besiegelt. Der Totalverlust betrug ca. 20.000 Pfund. Für die damalige Zeit eine beträchtliche Summe und eine Katastrophe für die Reederei, wenn sie auch nicht ihr Ende bedeutete.

Die Schuldfrage

Als der allein Verantwortliche für das Schiff und die Strandung gab Kapitän Erikson am 2. Mai eine Verklarung ab. Später, vor dem für die Aufnahme von Strandungen zuständigen Beamten in Plymouth, eine beeidete Erklärung. Danach schilderte er den Verlauf der letzten Reise wie folgt: Am 24. April habe das Schiff um 20.20 Uhr seinen Liegeplatz vor Falmouth verlassen und Segel gesetzt. Er gab die Kurse und Kursänderungen exakt an und auch die jeweilig zurückgelegten Meilen dazwischen. Der Wind wäre mit 2 bis 3 Bft. aus WSW gekommen. Es sei leicht neblig gewesen. Das Schiff habe etwa 7 Knoten Fahrt gemacht. Ab 2.00 Uhr früh sei der Nebel sehr dicht gewesen. Man habe Nebelsignale gegeben. Um 3.50 Uhr habe der Erste Steuermann »eine dunkle Masse« an Backbord gesehen. Man habe sofort Ruder hart Steuerbord gelegt. Unmittelbar darauf sei das Schiff auf Grund gelaufen. Die Deviation beider Kompasse sei überprüft gewesen. Sie habe 001 Grad auf östlichen Kursen betragen. Kapitän Erikson kommt zu dem Schluß, daß er und seine Mannschaft frei von jeder Schuld an der Strandung sei. Diese Meinung teilte der revierkundige »Receiver of Wreck« in Plymouth nicht. Trägt man die angegebenen Kurse in die Seekarte ein, ist zunächst kein Anlaß zur Beanstandung. Der abgesetzte Kurs verläuft klar von Bold Head. Der tatsächlich gesegelte aber verlief ca. 25 Grad in nordöstlicher Richtung! Wie konnte diese Abweichung zustande kommen? Die auf dem Schiff gesteuerten Kurse waren reine Koppelkurse. Es gab keinerlei Fixpunkte und keine Möglichkeit durch Peilung eine eventuelle Abweichung vom Sollkurs festzustellen. Man mußte die Abtrift schätzen, aber auch, was in diesem Fall das entscheidende Kriterium war, den Strom. Was die Geschwindigkeit des Schiffes anbelangt, so gibt das Log zwar die Fahrt durchs Wasser an, aber nicht die Fahrt über Grund. Hierin besteht auch eine gegebenenfalls nicht unerhebliche Differenz, da die Beurteilung wiederum von der Kenntnis des Stromes abhängt. Es besteht zwar die Möglichkeit, sich mit Hilfe von Handbüchern über Richtung und Stärke des Stromes zu informieren, aber bei der Größe der Abweichung vom Sollkurs ist es sehr unwahrscheinlich, daß sich der Kapitän damit ausreichend befaßt hat. Und wenn ja, mußte er wissen, daß Abweichungen möglich sind. Bei all diesen Unsicherheiten wäre es aus Gründen der Sicherheit für Schiff und Mannschaft erforderlich gewesen, den ungünstigsten Fall bei der Kursbestimmung zu Grunde zu legen. Unentschuldbar ist, daß das Log nicht zu Beginn der Fahrt ausgebracht wurde, sondern erst später, so daß man auf Schätzung des bis dahin zurückgelegten Weges angewiesen war. Dabei widersprechen sich noch die Angaben. Im Logbuch las man, daß das Log gleichzeitig mit dem Segelsetzen ausgebracht worden sei, während Kapitän Erikson aussagte, das Log sei erst nach dem Segelsetzen und dem Einholen des Ankers ausgebracht worden. Eine nicht geringe zeitliche Differenz! Wenn man die Bedeutung des Logbuches als Grundlage für die Beruteilung von Seenotfällen bei den Gerichten kennt, weiß man, welche juristischen Folgen ein falscher Eintrag nach sich ziehen kann.

Zu allem kommt noch, daß Sachverständige, denen die Verhältnisse, besonders die entscheidenden Stromverhältnisse, auf Grund jahrelanger Praxis und Erfahrung bestens bekannt sind, zu dem Schluß kamen, daß bereits gegen Mitternacht der Koppelort des Schiffes und der tatsächliche Standort ca. 20 Seemeilen auseinander gelegen haben müssen. Aus diesem Grund wurde auch bezweifelt, daß die gesegelten Kurse denen im Logbuch entsprachen.

Vieles liegt hinsichtlich der letzten Reise des stolzen Schiffes im Dunkeln. Nicht zu Unrecht machte Reeder Gustav Erikson dem Kapitän und auch seinen Offizieren den härtesten Vorwurf, den man einem Kapitän machen kann: Sein Verhalten in Zusammenhang mit der Strandung sei weder mit der Seestraßenordnung (zu viele Segel und mit 7 Knoten im Nebel viel zu schnell) noch mit einem seemännischen Verhalten in Einklang zu bringen.

So endete einer der größten, schönsten und schnellsten Rahsegler, der, auf einer deutschen Werft gebaut, fast 34 Jahre zuerst »zur Ehre des Vaterlandes und der deutschen Seefahrt« und später für den bekanntesten finnischen Reeder und unbeirrbaren Liebhaber von Frachtseglern, Gustav Erikson, über die Ozeane gefahren war.

18.

Die Viermastbark
Admiral Karpfanger

Datum:	vermutlich März 1938
Ort:	vermutlich bei Kap Hoorn
Schiffsname:	*Admiral Karpfanger*
Schiffstyp:	Viermastbark
BRT:	2853
Art der Havarie:	verschollen
Zahl der Opfer:	60
Unglücksursache:	nicht bekannt

Das gleiche Schicksal, das die dänische Fünfmastbark *Kjøbenhavn* traf, ereilte auch das deutsche frachttragende Schulschiff *Admiral Karpfanger*. Mit dem Unterschied, daß der ungefähre Unglücksort durch den Fund von Wrackteilen ermittelt werden konnte.

Das Schiff wurde im Jahre 1908 als Schulschiff für Belgien gebaut. Man taufte es auf den Namen *L'avenir*. Die *L'avenir* war eine stabil gebaute Viermastbark von 2853 BRT. Der Rumpf war aus Stahl. Beim Bau hatte man schon berücksichtigt, daß Kap Hoorn dem Schiff keine unüberwindbaren Schwierigkeiten machen durfte. Und so war es auch. Die Wirtschaftskrise der 20er und 30er Jahre bekam auch Belgien zu spüren. Die *L'avenir* konnte ihre Kosten nicht mehr hereinfahren und wurde daher an den finnischen Reeder Gustav Erikson verkauft. Erikson beschäftigte auch zu dieser Zeit noch viele Rahsegler, während die meisten europäischen Reedereien, mit Ausnahme der deutschen Reederei Laeisz, längst auf Dampfer umgestiegen waren. Erikson konnte die *L'avenir* recht erfolgreich in der damals noch aktuellen Weizenfahrt nach Australien einsetzen. Diese letzte »Bastion« der Frachtsegler ging erst mit dem sogenannten »Weizenrennen« im Jahr

Bis heute weiß niemand genau, wann und wo die *Admiral Karpfanger* und ihre 60 Mann Besatzung Opfer der See wurden.

1938/39 an die Dampfschiffahrt verloren. Es wird manchen Leser erstaunen, wenn er erfährt, daß an diesem Rennen, der Zweite Weltkrieg stand unmittelbar vor der Türe, nicht weniger als 13 große Frachtsegler teilgenommen haben.

Die »Hamburg-Amerika-Linie« gehörte auch zu den Unternehmen, die Nachwuchs für ihre Dampfer benötigten und Wert darauf legten, ihre zukünftigen Offiziere auf Segelschiffen auszubilden. Sie suchte im Jahr 1937 für diesen Zweck ein gutes Schiff. Die Suche nach einem gut erhaltenen Großsegler war zu dieser Zeit nicht leicht. Bei der Reederei Erikson in Mariehamn auf den Aalandinseln wurde man schließlich fündig. Die Besichtigung verlief zufriedenstellend und man wurde sich einig. Die *L'avenir* wechselte die Reederei.

Mit erheblichem Aufwand wurde das Schiff überholt und mit dem modernsten Gerät in Bezug auf Sicherheit versehen. Vom Germanischen Lloyd erhielt es die Klasse 100 A 4. Das Schiff wurde nun auf den Namen *Admiral Karpfanger* umgetauft. Auch in diesem Fall schwan-

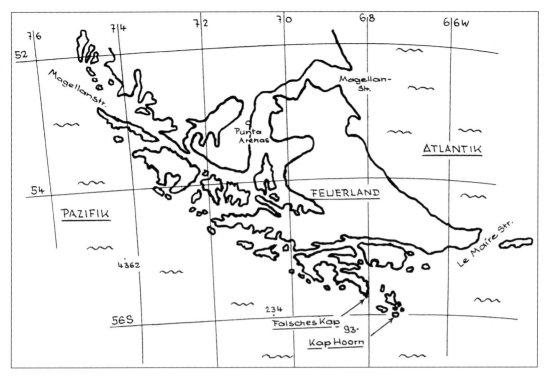

Berühmt und gefürchtet: Kap Hoorn. Versank hier die *Admiral Karpfanger*?

te einigen alten »Salzbuckeln« Schlimmes; sie meinten: Menschen würden ihren Namen auch ein Leben lang behalten und das gelte auch für Schiffe. Andererseits empfand man aber bei der Reederei den Namen *L'avenir* für ein deutsches Schulschiff nicht gerade passend und das nicht ganz zu Unrecht.

Die *Admiral Karpfanger* verläßt im September 1937 den Hamburger Hafen und macht nach einer Reise von 107 Tagen in dem kleinen Hafen Port Germein im Spencer Gof im Südwesten von Australien fest. Dort übernimmt sie 42.549 (andere Berichte sprechen von 40.419) Sack Weizen. Es ist üblich die Heimreise nicht auf dem gleichen Weg zu segeln, denn bis zum Kap der guten Hoffnung herrschen Westwinde vor, die nicht selten Sturmstärke erreichen. Nicht grundlos bezeichnet man die Zone um den 40. Breitengrad Süd als die »Brüllenden Vierziger« oder englisch die »Roaring Forties«. Die Heimreise geht also über Kap Hoorn und darauf war die *Admiral Karpfanger* sorgfältig vorbereitet. Säcke, ob mit Salpeter, oder mit Weizen, werden nicht einfach in den Laderaum geworfen, sie müssen sorgfältig gestaut werden. Ein Übergehen (Verrutschen) der Ladung durch Schräglage beim Segeln, bedeutet eine tödliche Gefahr für Schiff und Besatzung. Die Stauer in Port Germein verstanden ihr Geschäft. Daran war nicht zu zweifeln. Zusätzlich war der Laderaum vorn und achtern durch starke Schlingerschotten unterteilt. Die Ladung war sicher gestaut.

Bestens auf rauhe See vorbereitet, verläßt die *Admiral Karpfanger* nach fünf Wochen Liegezeit am 8. Februar 1938 den Hafen zur Heimreise via Kap Hoorn. Die Besatzung besteht aus 60 Mann, 33 davon sind junge Kadetten.

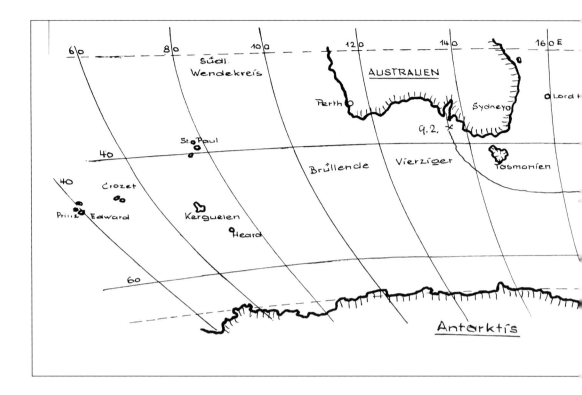

Der bekannte und vermutliche Reiseweg der Viermastbark *Admiral Karpfanger* im Februar und März 1938.

Alle 14 Tage, so war vereinbart, sollte sich der Kapitän bei der Reederei melden, um den Standort oder sonstige Ereignisse, die für die Reederei von Bedeutung wären, durchzugeben. Das geschah auch. Über Norddeich Radio meldete der Kapitän des Schiffes am 1. März, daß alles wohlauf sei. Mit dem Generator habe man zwar Ärger, aber das war keine Neuigkeit. Nicht befriedigend sei der Standort 172 Grad östlicher Länge. Das Schiff hätte zu dieser Zeit in der Nähe von Kap Hoorn sein müssen, hatte aber bis dahin noch 3000 Seemeilen vor sich. Vermutlich waren schwache, umlaufende Winde daran schuld. Die Sache war jedenfalls nicht beunruhigend.

Am 12. März bestätigte die *Admiral Karpfanger* den Empfang eines Funkspruches. Dann kam keine Meldung mehr von ihr. Das war zunächst noch kein Grund zur Besorgnis. Die *Admiral Karpfanger* war ein starkes Schiff und da man über die Schwierigkeiten mit dem Generator Bescheid wußte, nahm man bei der Reederei an, daß die Funkanlage ausgefallen sei. Das Schiff sollte Falmouth, oder Queenstown anlaufen, aber es vergingen Tage und Wochen, die *Admiral Karpfanger* kam nicht.

Andere, langsamere Schiffe auf der gleichen Route, hatten längst ihre Ladung in ihrem Bestimmungshafen in Europa gelöscht, obwohl sie Australien nach der *Admiral Karpfanger* verlassen hatten. Als fünf Monate vergangen waren, wies die Reederei den Frachter *Leuna* an, seine Fahrtroute zu ändern und die Suche nach dem überfälligen Schiff aufzunehmen. Der Frachter suchte gründlich, besonders in der Ge-

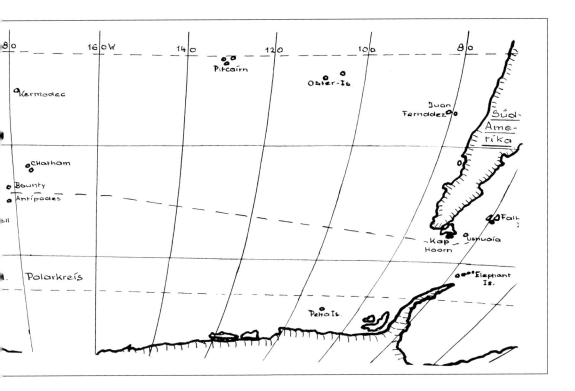

gend um Kap Hoorn. Vergeblich. Auch andere Schiffe, die die gleiche Route wie die *Admiral Karpfanger* gefahren waren, konnten keine Angaben über den Verbleib des Schiffes machen. Schließlich, am 21. September 1938, erklärte Lloyds das Schiff als verschollen.

Die gesamte Besatzung von 60 Mann, darunter 33 Kadetten im Alter von 15 bis 18 Jahren und ein voll seetüchtiges Schiff, besser gegen Stürme und tosende See geschützt, als der Durchschnitt gleichgroßer Segler, hatte die See genommen.

Rückblick

Erst viel später, nachdem die Suche längst eingestellt war, wurden an verschiedenen Stellen von Patagonien, also im südlichsten Teil Südamerikas Wrackteile gefunden, die als Teile der *Admiral Karpfanger* identifiziert werden konnten. Man schloß daraus, daß sie nicht von einem der heftigen Kap-Stürme überwältigt wurde, sondern auf einen Felsen aufgelaufen, oder mit einem Eisberg frontal kollidiert war. Letzteres ist vermutlich das Wahrscheinlichste. Kapitän Walker war ein erfahrener Schiffsführer. Man kann also davon ausgehen, daß er das Kap, wie viele Kapitäne, in einem sicheren Abstand zu passieren versucht hat. Vielleicht kam er dabei zu weit nach Süden, wo die Gefahr, mit einem Eisberg zu kollidieren, deutlich zunimmt. Das könnte dem Schiff zum

Verhängnis geworden sein. Dafür spricht, daß in dieser Zeit von anderen Schiffen Eisberge in der Nähe des Kaps beobachtet worden sind.

Wenig wahrscheinlich erscheint die Vermutung, Kapitän Walker könnte in dem Wunsch, verlorene Zeit wieder gut zu machen, zuviel Segel gesetzt und das Schiff überfordert haben. In dieser Richtung zielt auch die Vermutung, die *Admiral Karpfanger* könnte, wie manches Schiff vor ihr, am falschen Kap Hoorn gestrandet sein. Er hätte damit, ebenfalls in dem Bestreben, verlorene Zeit wieder herein zu holen, den kürzesten Weg gewählt. Diese Annahme setzt aber ein sehr unsicheres Besteck voraus.

Der wahre Grund für den Untergang der *Admiral Karpfanger* wird für immer unbekannt bleiben. Für viele Familien und auch für die Reederei war es ein harter Schlag und an der Küste reagierte man mit Bestürzung über den Verlust so vieler hoffnungsvoller junger Menschen.

Es könnte der Eindruck entstehen, daß Strandungen oder verschollene Schiffe im Zeitalter der Segelschiffahrt so etwas wie »an der Tagesordnung« waren. Das ist keineswegs der Fall. Liest man in den Statistiken, z. B. Lloyds in England, damals die Maßgebende »Sammelstelle« für Meldungen über Schiffsunfälle, dann kommt man, grob geschätzt, zu der Erkenntnis, daß auf etwa 30.000 Seereisen nur etwa 1 Schiff als verschollen erklärt wurde. Dieses »Register of Shipping« erfaßte z. B. im Jahr 1953 nicht weniger als 40.000 Schiffe; es kann also als repräsentativ angesehen werden.

Bei näherer Betrachtung schälen sich hinsichtlich der Verluste einige Schwerpunkte heraus, wo sich die Unfälle, Strandungen und Verluste häufen. Drei sind dabei besonders zu erwähnen. Da sind zunächst die »Brüllenden Vierziger«, also der 40. Breitengrad Süd auf dem Weg vom Kap der guten Hoffnung nach Australien. Ein deutlicher Schwerpunkt ist dann der Kanal zwischen Frankreich und England. Er ist nicht nur wegen des starken Schiffsverkehrs und der damit verbundenen häufigen Kollisionen gefürchtet, sondern auch wegen vielen Strandungen, besonders im Westteil. Den höchsten Tribut an Menschen und Schiffen fordert jedoch das Seegebiet um Kap Hoorn. Es gibt mehrere Gründe, warum gerade diese Gegend so viele Opfer forderte. Da ist zunächst die Häufigkeit und Dauer starker Stürme und in Folge davon und dem Fetch der außergewöhnlich hohe Seegang. Monsterseen, oder besser gesagt »Wasserberge« bis zu 18 m Höhe sind keine Seltenheit. Daß diese Monsterseen mit einer Geschwindigkeit von etwa 30 Knoten am Kap vorbeirauschen, macht es den Schiffen nicht leichter. Dazu kommt, daß in der Nähe des Kaps der Meeresboden von 4300 m über 234 m bis auf knapp 100 m ansteigt. Ein weiterer Grund in Zusammenhang mit den häufigen Stürmen ist die schlechte Sicht, und um das Maß voll zu machen, die Kälte und die Bedrohung durch Eisberge.

Während die Schiffahrt heute auf den durch Eisberge gefährdeten Routen über viele Mittel verfügt, die Gefahr einer Kollision zu entschärfen, z. B. Radar, auf Satellitenbeobachtung basierender Eiswarndienst, Stationsberichte, Kommunikation mit anderen Schiffen und letztlich auch hervorragende Nachtgläser, waren die Kapitäne der Segler damals auf das Auge des Ausgucks und auf dessen Wachsamkeit angewiesen. Nachts waren sie nahezu blind. Schiffe, die, meist auf der Ausreise zur Westküste von Südamerika, das Kap in westlicher Richtung umfuhren, hatten es besonders schwer. Gegen den fast ununterbrochenen Westwind mußten sie ankreuzen. Dabei kamen sie zwangsläufig weit nach Süden, wo die Häufigkeit von Eisbergen zunahm.

Erst mit den großen Seglern der französischen Reederei Bordes und der deutschen Reederei Laeisz änderte sich die Situation. Den Schiffen *France*, *Potosi* und *Preußen* konnten die Stürme in dieser Gegend kaum ernsthaft gefährlich werden. Nur die Reisedauer konnten sich um ein paar Tage verlängern. In diesem Zusammenhang soll stellvertretend für eine ausgesuchte Zahl von Kapitänen Robert Hilgendorf erwähnt werden, der Kap Hoorn nicht weniger als 66 Male umrundete und dabei erstaunlich gleichmäßige und schnelle Reisen machte.

Für Schiffe der Reederei Laeisz, die auf ihren Reisen fast immer den Kanal passieren mußten, verlagerte sich die Gefahr von Kap Hoorn jetzt dorthin. Weniger die Stürme, oder die gefürchteten Skilly Inseln, Lizard oder die Küste von Cornwall, sondern zunehmend die Dampfer und der rege Verkehr entwickelten sich zur Hauptgefahr für die Großsegler. Nach der Wende zum 20. Jahrhundert rechneten viele Seeleute nicht mehr mit den seltenen Großseglern, erkannten sie zu spät, unterschätzten erheblich deren Geschwindigkeit und Manövrierfähigkeit und führten somit schuldhaft Kollisionen herbei, die auch zum Totalverlust führen konnten. So geschehen bei der großen *Preußen*, der »Königin der Meere«, die den Höhepunkt des deutschen Schiffbaus repräsentierte.

19.

Die Viermastbark *Pamir*

Datum: 21. September 1957
Ort: Atlantik, 35 Grad N, 40,2 Grad W
Schiffsname: *Pamir*
Schiffstyp: Viermastbark
BRT: 3020
Art der Havarie: Untergang
Zahl der Opfer: 80
Unglücksursache: nicht eindeutig geklärt

Um die Jahrhundertwende war die Zeit der großen Frachtsegler vorbei. Die letzten in dieser Zeit gebauten Schiffe, etwa das Superschiff *Preußen*, das 1902 vom Stapel lief, hatte zwar immer genügend Ladung, wenn es von Chile etwa nach Hamburg fuhr, sollten aber für eine Fahrt in die entgegengesetzte Richtung Segel gesetzt werden, mußte die *Preußen* zumeist zusätzlich Ballast übernehmen, weil nicht genügend bezahlte Ware zur Verschiffung bereit stand – und so lange vor Anker liegen zu bleiben, bis sie mit Fracht voll ausgelastet war, wäre noch unwirtschaftlicher gewesen. Kurz gesagt, Großsegler rechneten sich nicht mehr. Stattdessen hoffte man, mit kleineren Schiffen bessere Ergebnisse erzielen zu können.

Während Amerika und England längst auf Dampfer umgerüstet hatten, sah der finnische Reeder Erikson noch keine Veranlassung es ihnen gleich zu tun. In Deutschland war es der Reeder Laeisz, der auf Grund seiner eingespielten und straffen Organisation immer noch Möglichkeiten sah, sowohl in Australien im Weizengeschäft, als auch in Südamerika in der Salpeterfahrt gute und zuverlässige Segler zu beschäftigen. Insbesondere weil er über erfahrene und mit Frachtseglern vertraute Kapitäne und Mannschaften verfügte. Er sah optimistisch in die Zukunft, ja gab sogar bei Blohm und Voss

Unter vollem Tuch.

in Hamburg ein neues Schiff in Auftrag. Kein Vollschiff, sondern wieder eine Bark. Deren Takelung, jetzt mit nur vier Masten, war »handlicher« und bei den Kapitänen beliebter, als die eines Vollschiffs. Den geringen Verlust an Geschwindigkeit konnte man in Kauf nehmen. Alle Dimensionen des neuen Schiffes sollten bewußt deutlich kleiner sein, als bei der *Preußen*, deren Wirtschaftlichkeit, trotz bester Führung, nicht den Erwartungen des Reeders entsprochen hatte.

Es ist das Jahr 1905. Unter der Baunummer 180 läuft in Hamburg das gewünschte stählerne Schiff vom Stapel. Es wird auf den Namen *Pamir* getauft. Vermessen ist das sehr stabil gebaute Schiff mit 3020 BRT. Es hat eine Länge

Der Untergang der *Pamir* zählt zu den umstrittensten Schiffshavarien des 20. Jahrhunderts.

von 96,34 Meter ü. A. Die Gesamtsegelfläche beträgt 4000 Quadratmeter. Der Neubau verspricht ein schnelles Schiff zu werden.

Die *Pamir* wird in die bestehende Flotte aus 15 »Flying P-Linern«, so wurden die Schiffe der Reederei Laeisz genannt, eingereiht und soll in der Salpeterfahrt eingesetzt werden. Sie läuft drei Jahre nach der berühmten *Preußen* vom Stapel. In diesem Windjammer waren alle schiffbautechnischen Erkenntnisse der damaligen Zeit verwirklicht.

Unter Kapitän Prützmann unternimmt die *Pamir* 1906 zwei Reisen nach Valparaiso. Mit einmal 63 und einmal 64 Tagen Reisezeit können Kapitän und Reederei zufrieden sein. Wie sich herausstellt, läuft die *Pamir* extrem gute Höhe, was mit zu dem guten Ergebnis beiträgt.

Bei Ausbruch des Ersten Weltkrieges hat die *Pamir* 18 Male Kap Hoorn gerundet. Nach dem von Deutschland verlorenen Krieg wird sie Italien zugesprochen; dort aber hat man für das Schiff keine Verwendung. Wegen seiner guten Segeleigenschaften kauft die Reederei Laeisz das Schiff 1924 wieder zurück. Im Winter 1925/26 entkommt die *Pamir* bei schweren Stürmen nur knapp einer Strandung. Trotz orkanartiger Böen kann sie sich jedoch freikreuzen, was sicher nur wenigen Rahseglern gelungen wäre. Im Jahre 1931 sieht sich die Reederei aus wirtschaftlichen Gründen gezwungen, die *Pamir* zu veräußern. Sie wird von der Reederei Erikson übernommen.

Im Zweiten Weltkrieg fällt die Bark als Prise an Neuseeland. Dort wird sie in der Weizenfahrt nach Australien eingesetzt. Sie bewährt sich, verliert aber zunehmend an Wirtschaftlichkeit. Im Jahr 1949 unternimmt sie, mit 6000 Sack Weizen beladen, ihre letzte Reise von Australien nach Europa.

England übernimmt die *Pamir* daraufhin als Depotschiff. Bereits zwei Jahre später wird sie aber zusammen mit dem Schwesterschiff *Passat* an eine belgische Abwrackwerft verkauft. Bevor aber die Schweißbrenner ihr Werk beginnen können, erwirbt sie kurz entschlossen der Lübecker Reeder Schliewen. Ihm schwebt ein kombinierter Einsatz der Schiffe vor: Als Frachtschiffe sollen sie die Unkosten decken und gleichzeitig als Schulschiffe seemännischen Nachwuchs ausbilden. Die beiden Schiffe werden großzügig umgebaut und restauriert. Beide erhalten die höchste Klasse des »Germanischen Lloyd« und des »Lloyds Register of Shipping«, was höchsten Sicherheitsstandard auf See bedeutet. Auch was die Unterbringung der Kadetten anbelangt, wird nicht gespart. Selbst an Duschen für die Besatzung ist gedacht. Kein Wunder, daß dem Reeder Schliewen die Kosten buchstäblich »aus dem Ruder laufen«.

Trotz staatlicher Subventionen seitens der Bundesrepublik muß Schliewen 1954 Konkurs anmelden. Abermals droht der *Pamir* der Schweißbrenner. Doch es kommt wieder anders. Immer noch gibt es in Deutschland Reeder, die Wert darauf legen, daß ihr Nachwuchs auf Rahseglern ausgebildet wird. Eine Anzahl davon schließt sich zu der Stiftung »Pamir und Passat« zusammen.

Ab 1955 macht die *Pamir* unter Kapitän Eggers fünf erfolgreiche Reisen. Sie transportiert Getreide von Südamerika nach Hamburg. Sie segelt zwar hart am Rande zur Unwirtschaftlichkeit, aber man kommt zurecht. Vor allem die Ausbildung des Nachwuchses, da ist man sich einig, lohnt das Engagement – selbst bei knappen Kassen.

Auf der sechsten Reise wird Kapitän Eggers durch Kapitän Diebitsch vertreten. Die Ausreise nach Buenos Aires verläuft gut und ohne jeden Zwischenfall. Mit den Stauern hat man zwar Schwierigkeiten, aber die werden von der Crew gelöst. Ob dies optimal gelang, wurde später bezweifelt, klären konnte man diese wichtige Frage aber bis heute nicht.

Die Heimreise verläuft zunächst problemlos und einige der jungen »Zöglinge« geben hoffnungsvolle Telegramme auf: »Ankunft in ca. 14 Tagen.« Doch westlich der Kapverdischen Inseln braut sich Unheil zusammen. Ein Tiefdruckgebiet mausert sich zu einem tropischen Wirbelsturm. Solche »Hurrikans« ziehen gewöhnlich von der Karibik aus in östliche Richtung über den Atlantik, schwenken wieder zurück nach Westen, um sich dann allmählich aufzulösen. Dies erfolgt mit einer so schönen Regelmäßigkeit, daß man geneigt ist, sie als Naturgesetz zu betrachten. »Carrie« aber, es war der dritte Hurrikan in diesem Jahr, war eine Ausnahme. Zunächst hält sich »Carrie« an die Regel, schon bald aber stellt der US-amerikanische Wetterdienst, der die Bahn des Hurrikans verfolgt, fest, daß »Carrie« recht eigenwillig ist. Man strahlt Funkwarnungen aus, um die Schiffe auf dem Atlantik auf den »Abweichler« aufmerksam zu machen und vor seinen offensichtlichen Launen zu warnen.

Am 20. September 1957 steht die *Pamir* mit 4000 t Gerste beladen ca. 600 Seemeilen SW-lich der Azoren. An Bord Kapitän Diebitsch, 4 Offiziere, 30 Mann Stammbesatzung und 51 Auszubildende. Noch ist das Wetter um die *Pamir* gut, aber der Wind nimmt zu. An Bord wird gemäß Wetterfunk aus den USA am Vormittag ein Hurrikan mit südöstlicher Richtung erwar-

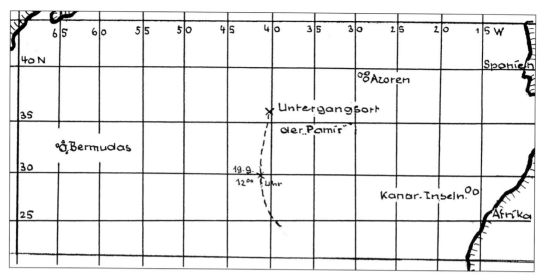

35 Grad N, 40,2 Grad W: Der Unglücksort mitten im Atlantik.

tet. Das ist günstig für die *Pamir*, die etwa 300 Seemeilen östlich des Hurrikan-Zentrums läuft. Am Nachmittag legt der Wind auf 7 Bft. zu. Die Zugrichtung von »Carrie« ändert sich leicht in mehr östliche Richtung. Dann erreicht die *Pamir* plötzlich eine Wettermeldung aus den USA, die besagt, daß »Carrie« nach Norden geschwenkt sei und mittlerweile eine Zuggeschwindigkeit von 12 Knoten aufweist – mit steigender Tendenz. Fast scheint es, als habe er es nun auf die *Pamir* abgesehen, deren Lage kritisch zu werden beginnt.

Inwieweit der Funker der *Pamir* diese Entwicklung verfolgt und dem Kapitän gemeldet hat, ist bis heute nicht nachvollziehbar. Es kann aber davon ausgegangen werden, daß Kapitän Diebitsch über die Wetterlage informiert war. Der Funker hätte seine Pflichten sonst erheblich verletzt und das ist unwahrscheinlich.

Am Morgen des 21. September veranlaßt Kapitän Diebitsch Vorbereitungen für schweres Wetter. Luken werden verschalkt, Strecktaue gezogen und Segel werden geborgen. Der Wind nimmt rasch zu, entwickelt sich zum Sturm. Die See türmt sich auf und die *Pamir* bekommt Schlagseite. Zu welchem Zeitpunkt das geschah, darüber waren sich die Überlebenden später bei der Seeamtsverhandlung uneinig. Noch aber hat der Hurrikan »Carrie« nicht seinen Höhepunkt erreicht, aber es müssen bereits weitere Segel geborgen werden, um den Druck auf das Rigg und damit die Krängung des Schiffes zu mindern. Aber das gebeutelte Schiff richtet sich nur unwesentlich auf, womit der Verdacht auf übergegangene Ladung nicht mehr unbegründet ist.

Gegen Mittag meldet das nur 150 Seemeilen entfernt laufende italienische Schiff *Marco* Windstärke 11–12, also vollen Orkan. Kapitän Diebitsch veranlaßt seinen Funker, Verbindung mit Schiffen aufzunehmen, die gegebenenfalls helfen können; aber in unmittelbarer Nähe ist niemand. Die Situation auf der *Pamir* verschlechtert sich zusehends. Mittlerweile sind alle Segel geborgen, aus den Lieken geflogen, oder unter größter Anstrengung von den Leuten der Stammbesatzung abgeschnitten worden. Die Schräglage der *Pamir* bleibt. Sie ist jetzt nur noch ein Opfer des Unwetters, zur Passivität verurteilt und benötigt dringend Hilfe. Die fordert der Funker auch an: »In schwerer See, Segel verloren, Schlagseite 35 Grad. Position 35 N, 40, 20 W. Bitte kommt auf uns zu.« Drei Schiffe antworten und nehmen jetzt Kurs auf die *Pamir*. Die Mannschaft hat sich auf dem Hochdeck versammelt, dem einzigen Ort, wo man sich noch aufhalten kann. Der Kochsmaat verteilt Zigaretten. Einige versuchen noch ins Logis zu kommen. Sie hören das Geräusch von fließendem Wasser, können aber nicht feststellen, woher das Wasser kommt. Die Krängung der *Pamir* nimmt weiter zu. Der Funker ist in Kontakt mit dem amerikanischen Frachter *Präsident Taylor* und bittet um sofortige und beschleunigte Hilfe. Nur wenige Minuten später funkt die *Pamir* auf Weisung des Kapitäns: »An alle Schiffe. SOS, SOS, SOS. Schiff hat Wassereinbruch. Gefahr des Sinkens!« Alle Besatzungsmitglieder tragen jetzt Schwimmwesten. Nur wenige Rettungsboote sind noch leidlich intakt. Die Hälfte der Boote, soweit sie noch einsatzfähig sind, können wegen der Schräglage ohnehin nicht zu Wasser gelassen werden.

Kurz nach 13.00 Uhr (15.00 Uhr MGZ) wird die *Pamir* von drei gewaltigen Seen überrollt und kentert. Von den angerufenen Schiffen ist keines vor Ort. Die ersten können frühestens in ein paar Stunden eintreffen. Auch diese müssen gegen den Orkan ankämpfen, haben unter ihm zu leiden. Zunächst können sich noch mehrere Besatzungsmitglieder in die teilweise stark beschädigten, aber noch schwimmenden Beiboote retten; aber es werden immer weniger. Viele werden von den Brechern in die See gerissen, andere sterben an Unterkühlung oder Erschöpfung.

Trotz intensiver Suche werden erst drei Tage nach dem Untergang der *Pamir* fünf Mann entdeckt und gerettet. Einen weiteren Tag später wird ein weiteres Beiboot der *Pamir* gefunden. Nur ein Mann hat darin überlebt. Nicht weniger als 78 Schiffe und Flugzeuge suchen den Atlantik nach Überlebenden ab. Erst nachdem jegliche Hoffnung aufgegeben werden mußte, noch irgend einen Überlebenden zu finden, wird die Suche eingestellt.

Die Schuldfrage

Am 4. Januar 1958 beginnt in Lübeck, dem Heimathafen der *Pamir*, die Seeamtsverhandlung. 40 Repräsentanten, Sachverständige, erfahrene Kapitäne sowie Experten für Ladung, Stabilität u. a. diskutieren, wie es zur Katastrophe kommen konnte. Es ist bei dieser Anhörung besonders viel die Rede von »hätte«, »könnte« und »nach allen Erfahrungen«, denn die alles entscheidenden Fakten fehlen. Außerdem fehlen die wichtigsten Personen. Diese können keine Aussage mehr machen: der Kapitän, seine Offiziere und die erfahrensten unter den Matrosen aus der Stammcrew sind alle auf See geblieben. Für die Herren des Seeamtes und für die geladenen Sachverständigen bedeutet dies eine große Belastung, denn sie müssen zu einer Entscheidung kommen.

Endlich, nach sechs langen Tagen kommt das Seeamt zu seinem Spruch. Der lautet:
1. Es war ein Stabilitätsunfall.
2. Das Seeamt bemängelt, die *Pamir* habe zu viel Segel gefahren.
3. Es wird beanstandet, daß der Kapitän und der Erste Offizier zu wenig Erfahrung mit Großseglern gehabt hätten. Auch mit dem Schiff selbst seien sie zu wenig vertraut gewesen. Das gelte besonders für das Verhalten der *Pamir* im Sturm.
4. Die Tieftanks, die mit Ladung gefüllt waren, seien nicht geflutet worden.
5. Das Unglück sei nicht auf »höhere Gewalt« zurückzuführen, sondern vermeidbar gewesen.

Das Urteil impliziert eine klare Schuldzuweisung an den Kapitän, aber auch an die Reederei, die Stiftung »Pamir und Passat«.

Alle Aspekte wurden lange und sorgfältig unter Zuhilfenahme von Daten und Graphiken von Gutachtern und Sachverständigen diskutiert und alle Schlußfolgerungen sind einleuchtend und allem Anschein nach auch logisch und korrekt gezogen worden. Man darf aber nicht vergessen, daß die Richtigkeit des Bildes, das man sich von den letzten Stunden der Pamir bei der Verhandlung gemacht hat, und das dem Urteil des Seeamtes und der Sachverständigen zugrunde liegt, nicht eindeutig bewiesen ist. Zu unklar war und ist die Faktenlage, zu spekulativ die Beurteilung von Details. Alles wurde am »grünen Tisch« verhandelt, ohne kompetente Augenzeugen. Ohne den Kapitän, ohne einen der Offiziere, der hätte sagen können, warum man so und nicht anders gehandelt hat. Alle Überlebenden waren, mit Ausnahme des Kochmaats Dummer, Auszubildende, und deren geringe Erfahrung spiegelt sich in zahllosen Ungenauigkeiten und Widersprüchen bei der Vernehmung wider.

Erfahrungswerte sind im allgemeinen eine gute Beurteilungsbasis, aber leider nicht in jedem Fall eine feste Grundlage. Immer sind entscheidende Abweichungen möglich. Jedes darauf basierende Urteil, muß daher ein ungutes Gefühl hinterlassen. Wenn auch nur der geringste Zweifel besteht, sollte er im Urteil seinen Niederschlag finden.

Das Urteil wurde daher in dieser Schärfe nicht nur nicht erwartet, sondern auch angefochten. Selbst diejenigen, die mit dem Spruch des Seeamtes übereinstimmen, empfanden die Schärfe der Formulierung im Hinblick darauf, daß der »Hauptschuldige« auf See geblieben war, befremdend. Tatsächlich widerspricht sich das Seeamt selbst, wenn es einerseits einräumt, bei seinem Urteil »den wahrscheinlichsten Sachverhalt zu Grunde gelegt zu haben«, andererseits aber in seinem Urteil kategorisch behauptet, daß die Pamir auf die genannte Weise gekentert »sei«!

In diesem Zusammenhang ist es sicher angebracht, sich die Ereignisse während der letzten zwei Tage der Pamir insbesondere in Hinblick auf die wechselnde Zugrichtung des Orkans näher zu betrachten.

Am 19. September wurde eine Ost-Südost-Bewegung des Hurrikans »Carrie« gemeldet und es war anzunehmen, daß sein Zentrum zwei Tage später etwa 240 Seemeilen hinter der Pamir durchziehen werde. Der Nordkurs war daher der richtige Kurs. Das wurde bei der Seeamtsverhandlung im wesentlichen bestätigt, wenn auch nicht ausnahmslos. Der Orkanbericht lautete: »... will move towards the east southeast at a forward speed of twelve knots«.

Am 20.09. wird vormittags angedeutet, daß die Zugbahn mehr nach Osten schwenkt: »... and turns more to the east during the next twelve hours«. Das bedeutete für die Pamir auffrischende bis stürmische Winde. Der Abstand zum Orkan würde sich auf etwa 180 bis 200 sm verringern.

Am Nachmittag des 20.09. schwenkt »Carrie« nach Nordost, was niemand erwarten konnte. Damit begibt er sich praktisch auf Verfolgungskurs zur Pamir. Für das Schiff wird die Situation kritisch. Nun kann es in das innere Orkanfeld geraten. Voraussichtlich aber wird es vom linken vorderen Sektor erfaßt werden, der erfahrungsgemäß weniger gefährlich ist, als der vordere rechte.

In der Nacht zum 21.09. überquert die Pamir die spätere Zugbahn von »Carrie«. Dieser hat wieder nach Osten geschwenkt, aber seine Geschwindigkeit auf 13 kn gesteigert. Der Abstand zwischen Schiff und Orkanzentrum beträgt jetzt nur noch 80 sm. Er verringert sich aber rasch. Die Beibehaltung des N-Kurses ist nach wie vor die einzig richtige Entscheidung. Das wurde auch später nicht bestritten.

Gegen Morgen erreicht der Wind Orkanstärke, d. h. 12 Bft. »Carrie« weicht jetzt wieder von der Regel ab. Nicht sein vorderer rechter Sektor ist der gefährlichste, sondern, bedingt durch das vorhandene Druckgefälle, weist der vordere linke

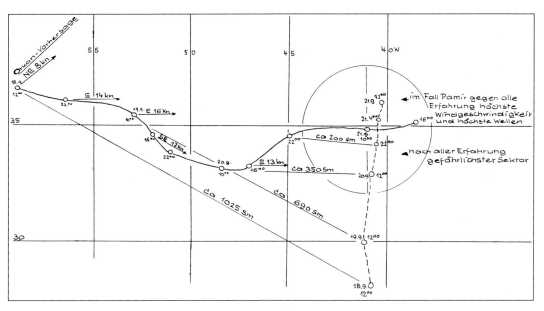

Die Schuldfrage ist bis heute nicht eindeutig geklärt. Bewirkte »höhere Gewalt« die Havarie oder versagte die Schiffsführung?

Sektor die höchsten Windstärken und auch die schwerste See auf. Das widerspricht allen Erfahrungen. Genau in diesen Sektor gerät die *Pamir*, ohne daß dem Kapitän nachträglich daraus ein Vorwurf gemacht werden kann. Das Seeamt behauptete später aber, daß die Windstärke nicht größer gewesen sei, als sie bei schweren atlantischen Stürmen des öfteren vorkommt. Dem widersprechen die Berichte der Kapitäne der *Anita* und der *Marco* sowie der des erfahrenen englischen Kapitäns Thomson, der »Carrie« in einem Abstand von etwa 30 Seemeilen passierte, und meinte:»The seas and swells were some of the biggest I have seen since 1927!« Dem ist nichts hinzuzufügen.

Auch andere Beanstandungen des Seeamtes erscheinen zumindest fraglich und spekulativ. Insbesondere dem Vorwurf, daß zuviel Segel zu lange geführt worden sei, muß entgegengehalten werden, daß die *Pamir* bis in die Morgenstunden des 21.09. versuchen mußte, möglichst weit nach Norden zu kommen, um in den als »sicherer« geltenden Sektor des Hurrikans zu gelangen.

Der weiteren Ansicht des Seeamtes, daß zuviel Segelfläche die Ursache für die zunehmende Schräglage war, könnte kaum widersprochen werden, wären da nicht wieder die unterschiedlichen, sich gegenseitig ausschließenden Aussagen der wenigen Überlebenden. Die *Pamir* habe erst bedenkliche Krängung bekommen, nachdem auch das letzte Segel abgeschnitten bzw. vom Sturm zerfetzt worden war, berichtete der eine Zeuge. Die Krängung habe schon vorher bestanden, behauptete der andere. Welcher Zeuge ist für das Seeamt glaubwürdiger und warum?

Daß eine Schräglage von 30 Grad und darüber hinaus ein Übergehen der Ladung zur Folge hat, diese Ansicht des Seeamtes ist sicher zutreffend. Dies insbesondere deshalb, weil die *Pamir* die Gerste nicht wie früher in Säcken, sondern lose geladen hatte. Zudem ist bekannt, daß Gerste leichter ins Rieseln kommt, als andere Getreidesorten. Der Zeitpunkt des Übergangs der Ladung konnte aber nicht geklärt werden. In diesem Punkt kann jeder neutrale Beobachter dem Seeamt folgen. Auch der Vorwurf, die Schiffsführung habe zu wenig Erfahrung mit Großseglern gehabt, um einem Orkan wirksam begegnen zu können, trifft zu, wenn man so hohe, ja fast schon ideale Anforderungen an Praxis und Erfahrung stellt, wie es das Seeamt, nicht ohne Grund getan hat.

Insgesamt ist aber der Eindruck nicht von der Hand zu weisen, daß das Seeamt die Aspekte des Vorfalls, die sich auf den Kapitän und seine Offiziere belastend auswirken, besonders hoch bewertet, entlastendes Material aber nicht in ausreichendem Maße zur Kenntnis genommen hat. Das gilt sicher für die Windstärke und den Seegang in der letzten Phase vor dem Untergang. Auch den Konsequenzen, die sich aus der nicht vorhersehbaren »Tücke« des Hurrikans »Carrie« ergaben, kann das Prädikat »höhere Gewalt« nicht abgesprochen werden. Hier setzte dann auch die heftigste Kritik am Urteil an.

Im großen und ganzen dürfte das Seeamtsurteil immer umstritten bleiben und zwar einfach deswegen, weil die einzigen möglichen Zeugen, von denen man kompetente Aussagen hätte erwarten können, auf See geblieben sind. Eine endgültige Klärung der tatsächlichen Ereignisse wird es wohl nie geben. Zwei Anmerkungen müssen aber noch gemacht werden:

Noch im selben Jahr, am 5. November 1957, geriet das Schwesterschiff *Passat* unter Kapitän Grubbe gleichfalls im Atlantik wegen übergehender Ladung in ähnliche Schwierigkeiten. Auch sie konnte einem orkanartigen Sturm nicht mehr ausweichen. Als ihre Krängung bedenklich zunahm, und sie sich nach dem Einfall von Böen nur mühsam wieder aufrichtete, entschloß sich Kapitän Grubbe, zur Unterstützung die Steuerbord-Tieftanks zu fluten. Mit Schlagseite, aber immerhin aus eigener Kraft, konnte die *Passat* Lissabon als Nothafen erreichen.

Ein Vergleich mit dem Schicksal der *Pamir* ist allerdings nur bedingt möglich. Während die *Passat* laut Kapitän Grubbe schon lange vor der kritischen Situation hart am Wind segelte und in grober See dabei Neigungen bis zu 31 Grad hatte, segelte die *Pamir* lange Zeit vor dem Winde. Dabei ist ein Verrutschen der Ladung so gut wie ausgeschlossen. Zu diesem Komplex befragt, teilte Kapitän Eggers mit, der die *Pamir* vor Kapitän Diebitsch befehligte, daß er mit der *Pamir* einmal fast 10 Stunden lang mit Schlagseite bis zu 30 Grad gelegen habe, ohne daß die Gerstenladung verrutscht sei.

Beide Kapitäne, Eggers und Grubbe, waren der Meinung, daß weniger ein Verrutschen der Ladung, als vielmehr der Wassereinbruch bei der *Pamir* den endgültigen Ausschlag für die Kenterung gegeben habe.

Ungeachtet der Meinung der beiden kompetenten Kapitäne bedeutete der Zwischenfall mit der *Passat* das endgültige »Aus« für frachttragende Schulschiffe und damit für die gewerbliche Schiffahrt auf Großseglern in Deutschland. Eine Ausbildung für die Handelsmarine auf Rahseglern war nicht mehr möglich. Viele, die ihre Ausbildung zum Seemann auf solchen Schiffen bekommen hatten und ihren Wert zu schätzen wußten, haben diese Entwicklung, die weitgehend auch emotional bedingt war, zutiefst bedauert. Selbst die Überlebenden der *Pamir* erklärten, sie wären wieder auf Rahseglern zur See gefahren, hätte die Möglichkeit dazu bestanden. Trotz ihrer schrecklichen Erfahrungen beim Untergang ihres Schiffes, hatten sie die Freude an der Ausbildung auf Rahseglern nicht verloren.

Eine weitere Folge der *Pamir*-Katastrophe war, daß auch der Einsatz der *Gorch Fock* als Ausbildungsschiff der Bundesmarine, von Übereifrigen in Frage gestellt wurde, da Rahsegler für diese Aufgabe offensichtlich nicht seetüchtig und damit sicher genug seien. Sogar von Helmut Schmidt, dem damaligen Verteidigungsminister und späteren Bundeskanzler, wurde die Forderung erhoben, den Weiterbau der *Gorch Fock* zu stoppen. Dieser Forderung, die sicherlich sowohl emotional wie auch politisch motiviert war, trat der damalige Inspekteur der Bundesmarine, Vizeadmiral a. D. Professor Friedrich Ruge, mit den bereits weiter oben erwähnten Argumenten entgegen. Er verwies dabei ausdrücklich auf das Urteil des Seeamtes. Absurd, sollte man meinen, denn so habe er ja versucht, den »Teufel mit dem Beelzebub« auszutreiben. Aber da gibt es eine Stelle im Urteil des Seeamtes, die vielleicht helfen kann, den Widerspruch zu verstehen. Es heißt da: »Die Untersuchung hat ergeben, daß die *Pamir* den Hurrikan (nicht etwa schweren Sturm!; d. V.) durchaus hätte überstehen können«. Mit anderen Worten: Höhere Gewalt wird ausgeschlossen und das heißt im Klartext, daß der Schiffsführung die Schuld zuzuschreiben ist. Damit wird aber indirekt die Meinung des Seeamtes klar, daß der Fall *Pamir* keinesfalls ein allgemein bestehendes, zu großes Risiko bei der Ausbildung auf Rahseglern bestätigt, sondern aus den genannten Gründen nur dem Versagen der Schiffsführung mangels ausreichender Erfahrung anzulasten sei. Den Gegnern der Ausbildung auf Rahseglern wurde damit ihr Hauptargument (»zu großes Risiko«) entkräftet. War das möglicherweise eine geschickt angebrachte Hilfe seitens des Seeamtes für das Fortbestehen einer Ausbildung auf Seglern und damit für den Weiterbau der *Gorch Fock*?

Der kompetente Rechtsanwalt und frühere Marineoffizier Horst Willner schreibt dazu in seinem Buch: »Pamir. Ihr Untergang und die Irrtümer des Seeamtes« (1991 erschienen) sinngemäß: Die auffallend häufigen, der Schiffsführung angelasteten Fehler könnten schwerlich als Versehen oder Unerfahrenheit des Seeamtsvorsitzenden gewertet werden. Von einer »Unerfahrenheit« könne bei diesem Mann überhaupt keine Rede sein, eher das Gegenteil sei der Fall. Durch seine langjährige Tätigkeit sähe er nicht nur das Urteil als solches, sondern er versuche darüber hinaus auch, mögliche falsche Auslegungen der *Pamir*-Katastrophe und des Seeamturteils zu vermeiden. Eine solche »falsche Auslegung«, diese Vermutung dränge sich ihm, Horst Willner, auf, wäre in den Augen des Vorsitzenden die pauschale Einstellung des Betriebes von Segelschulschiffen gewesen.

Auch Horst Willner kann sich letztendlich nur auf Indizien und Vermutungen stützen. Tatsache ist, daß ein abschließendes Urteil über den Untergang der *Pamir* nicht gefällt werden kann. Eine zufriedenstellende, endgültige und fundierte Antwort auf die Schuldfrage kann bis heute nicht gegeben werden.

Was bleibt, ist ein schaler Nachgeschmack, ein ungutes Gefühl, wenn über Tote, über Menschen, die das Unglück selbst nicht überlebt haben, hart geurteilt wird. Ein »normaler Atlantiksturm« war es jedenfalls nicht, der die *Pamir* und mit ihr 80 Mann ihrer Besatzung in die Tiefe riß.

Leider hatte nur bei der Bundesmarine der Seeamtsspruch zur Folge, daß Vizeadmiral Ruge den Weiterbau der *Gorch Fock* gegen die heftigen Einwände: »unzeitgemäß«, »längst überholt«, »nostalgische Träumerei«, durchsetzen konnte. Der mittlerweile unbestrittene, große Erfolg der *Gorch Fock* und ihrer »blauen Jungs« geben ihm heute völlig recht.

Der Untergang der *Pamir* hatte aber auch positive Auswirkungen. Besonders die Hersteller von Rettungsmitteln waren nach der Katastrophe gefragt.

Die Rettungswesten der *Pamir* hatten zwar den bestehenden Vorschriften entsprochen, waren aber nicht ohnmachtsicher und damit veraltet. Das heißt, der Kopf und damit die Atmungsorgane des Seeopfers wurden bei Eintreten einer Ohnmacht nicht durch die Rettungsweste von selbst über Wasser gehalten. Der Kopf fiel vorn über, was den sicheren Tod bedeutete. In § 93 der Schiffssicherheitsverordnung waren für Neuausrüstungen ohnmachtsichere Westen bereits vorgeschrieben, die bereits vorhandenen Korkwesten aber durften noch aufgebraucht werden. Diese Verordnung vom 19.11.1952 traf für die »Pamir« zu. Nach der Katastrophe wurde auf deutschen Schiffen bzgl. moderne Rettungswesten zügig nachgerüstet.

Auch die Rettungsboote waren im Blickpunkt der Kritik. Auch hier wurde seitens des Seeamtes festgestellt, daß die Boote der *Pamir* gemäß den Vorschriften nicht zu beanstanden gewesen waren, aber die damaligen Vorschriften waren veraltet. Sowohl die Boote als auch deren Ausrüstung waren der außerordentlichen Beanspruchung im

Falle der *Pamir* nicht in allen Punkten gewachsen. Bei ihrem Untergang hatte es sich wieder einmal gezeigt, daß es in einem Sturm kaum möglich ist, ein Rettungsboot unbeschadet zu Wasser zu lassen. Kaum daß es auf dem Wasser aufsetzt, wird es vom nächsten Brecher gepackt und an die Bordwand geschmettert. Die Boote der *Pamir* aber waren mehrfach durchgekentert und vollgelaufen, bis sie sich weit genug vom sinkenden Schiff entfernt hatten. Dies wirkte sich auf die Trinkwasserfässer aus, die ungenügend befestigt waren. Sie wurden beim Kentern oder Vollschlagen der Boote durch überkommende Seen herausgeschwemmt. Schlimmer wirkte sich die Tatsache aus, daß die Verpackungen der Seenotsignale nicht dicht waren. Diese wurden feucht und versagten den Dienst. Das hatte die lange Suchzeit nach den Schiffbrüchigen und den Tod von einigen Insassen zur Folge, die an Erschöpfung starben. Auch das vorhandene Notsendegerät konnte vermutlich wegen Durchfeuchtung nicht in Betrieb genommen werden. Auch dieses Gerät hätte bei der Vielzahl der suchenden Schiffe (es war eine der größten Suchaktionen der damaligen Zeit) ein Auffinden der Schiffbrüchigen wahrscheinlich schon innerhalb von ein bis zwei Tagen garantiert.

Wie bereits erwähnt, waren die Rettungsboote, die zu Wasser kamen beschädigt. Eine von vielen Betroffenen gewünschte Ablösung der Holzboote durch Kunststoffboote verzögerte sich über Jahre. Dagegen wurden Schlauchboote und Rettungsflöße weiter entwickelt. Im Gegensatz zu festen Booten haben aufblasbare Schlauchboote und Flöße erheblich bessere Chancen auch bei schwerstem Wetter unbeschädigt zu Wasser zu kommen. 1957 wurde auch mit der Entwicklung der Rettungsinsel begonnen, die wesentlich einfacher in Einsatz zu bringen ist, als das bei einem herkömmlichen Rettungsboot der Fall ist.

Gedanken zum Schluß

So unterschiedlich Menschen sind, sowohl in ihrer Einstellung zur Natur, zu ihrer Umwelt, als auch zu religiösen Fragen, zu Leben und Tod, so unterschiedlich reagieren sie auch auf Schicksalsschläge und Katastrophen, auch wenn sie nicht betroffen sind. Diese unterschiedliche Beschaffenheit der Charaktere überträgt sich auch auf die Beziehungen zu profanen Dingen. Geht man von Beobachtungen in unserer modernen Zeit aus, so hat man den Eindruck, daß der Beruf, auch der des Seemanns, nur noch unter dem begrenzten Blickwinkel: Verdienst, Status und verbleibende Freizeit, gesehen wird. So wird Arbeit heute fast nur noch als ungeliebtes Mittel gesehen, zu Geld zu kommen. Auch der heutige Seemann bezieht sein Schiff, mit dem er sein Geld verdient, in diese nüchterne Überlegung mit ein. Man hat keine innere Beziehung zu dem Schiff, auf dem man seinen Dienst verrichtet. Auch die See sieht der Seemann heute mit anderen Augen, weil der unmittelbare Kontakt mit ihr auf den heutigen gigantischen Tankern oder Containerschiffen verloren gegangen ist.

Nur wenige Jahrzehnte ist es her, da berichtete ein Kapitän von einem Erlebnis ganz anderer Art. Von einem Erlebnis, das uns modernen, nüchternen Menschen zu denken geben kann. Kein Geringerer, als Joseph Conrad, und von diesem Kapitän ist die Rede, stellt die Frage, ob uns nicht mit dem Ende der großen, stolzen Segler auch etwas verloren gegangen ist. Verloren gegangen an unserer Einstellung zum Schiff, zu unserem Schiff, zur Natur und zur See, in ihrer unendlichen Weite, Schönheit, aber auch Grausamkeit. Joseph Conrad, Seemann und einmalig begabter Erzähler, schrieb dazu 1906 in »Der Spiegel der See«:

»Bei Sonnenaufgang hatten wir im Westen einen dunklen Fleck ausgemacht, der scheinbar hoch oben im leeren Raum hinter einem schimmernden Schleier silberblauen, leichten Nebels schwebte. Und dieser Dunstschleier schien im schwachen Wind, der uns langsam vorwärtstrieb, mit uns hin und her zu wogen. Der Friede dieses bezaubernden Vormittags war so tief und ungetrübt, daß wir das Gefühl hatten, jedes laute Wort an Deck würde bis ins Herz jenes unergründlichen Mysteriums dringen, das aus der Verschmelzung des Meeres mit dem Himmel geboren wird. Wir wagten nicht, laut zu sprechen. »Ein sinkendes Wrack, glaube ich, Kapitän«, sagte der Zweite Offizier gelassen, als er mit dem Fernglas, das in einem Etui über seiner Schulter hing, von oben kam. Und ohne ein Wort zu verlieren, gab unser Kapitän dem Rudersmann ein Zeichen, auf den dunklen Fleck zuzuhalten ... und weiter.

Der aufgeregte Lärm war verstummt, und unser lebensvolles Schiff, das dafür bekannt war, niemals ganz die Fahrt zu verlieren, solange der Wind noch eine Feder hinwegtrug, schlich, ohne das Wasser auch nur ein bißchen zu kräuseln, lautlos wie ein weißes Gespenst auf seinen im Sterben liegenden, verletzten und verstümmelten Gefährten zu, auf den es in diesem sonnendurchfluteten Dunst eines windstillen Tages auf See in der Todesstunde gestoßen war ...

»So schaffen wir das nicht!« rief er plötzlich laut aus. »Los fier die Boote weg! Zu Wasser damit!« Ehe ich in mein Boot sprang, nahm er mich als zwar erfahrenen, aber noch sehr jungen Offizier auf ein ermahnendes Wort beiseite: »Passen Sie auf, wenn Sie längsseits kommen, daß Sie nicht mit nach unten gerissen werden. Ist das klar?« Ich war schockiert. »Mein Gott!« ereiferte ich mich innerlich voller Verachtung über so viel kaltblütige Vorsicht. »Als ob man in einer solchen Situation noch an Gefahr dächte.«

Es kostet viel Lehrgeld, bis man ein richtiger Seemann wird, und schon hatte ich meinen Verweis weg. Mein erfahrener Kommandant schien mit einem einzigen forschenden Blick alle Gedanken von meinem arglosen Gesicht zu lesen.

»Sie sollen jetzt Menschenleben retten und nicht ihre Bootsbesatzung unnütz aufs Spiel setzen ...«

Die Speigatten der Brigg gurgelten leise im Chor, wenn das Wasser an den Bordwänden hochleckte und träge mit leisem Rauschen wieder ablief, als umspielte es einen unbeweglichen Felsen. Das Schanzkleid war der Länge nach weggeschlagen, wir konnten das kahle Deck so niedrig wie ein Floß über dem Wasser daliegen sehen, vollkommen leergefegt von seinen Booten, Spieren, seinen Deckshäusern, leergefegt von allem außer den Augbolzen und den Pumpenaufsätzen ...

Als wir unbeachtet längsseits der Brigg schoren, brüllte eine heisere Stimme einen einzigen Befehl, worauf die Männer stumpf aus roten Augenlidern flüchtig von den Pumpen aufblickten. Dann stürzten sie schwankend und gegeneinanderstoßend von den Pumpen fort und ließen sich, so wie sie dastanden, ohne Mützen graues Salz in den Runzeln und Falten ihrer hageren Gesichter, gerade auf unsere Köpfe fallen. Das Getöse, mit dem sie in unsere Boote stürzten, hatte eine merkwürdig vernichtende Wirkung auf jenes Wahnbild tragischer Würde, mit dem unsere Selbstachtung die Kämpfe der Menschheit mit der See verklärt. An diesem ausgesucht herrlichen Tage sanft atmenden Friedens und leicht verschleierten Sonnenlichts erlosch meine romantische Liebe zu dem, was in der menschlichen Vorstellung zum erhabensten Teil der Natur gehört.

Die schamlose Gleichgültigkeit der See gegen menschliches Leid und menschliche Tapferkeit offenbarte sich in dieser lächerlichen, panikerfüllten Szene, zu der sie neun tüchtige und ehrenwerte Seeleute in grauenhafter, äußerster Not getrieben hatte, und das empörte mich ...

In diesem Augenblick bevor wir ablegten, überblickte ich leidenschaftslos das Leben meiner Wahl. Seine Illusionen waren verschwunden, aber sein Reiz blieb. Ich war endlich Seemann geworden.«

Ich glaube, diesen Worten ist nichts hinzuzufügen.

Anhang

Übersicht der Schiffstypen

In diesem Buch ist wiederholt von bestimmten Schiffstypen die Rede. Da nicht vorausgesetzt werden kann, daß jedem Leser die einzelnen Typen und ihre Charakterisierung geläufig sind, werden sie nachfolgend kurz vorgestellt.

Die Bark

Sie findet vor allem in der Nordsee häufige Verwendung. Eine Bark hat grundsätzlich drei Masten. Der hintere Mast, Besanmast genannt, trägt ein Gaffelsegel mit Toppsegel.

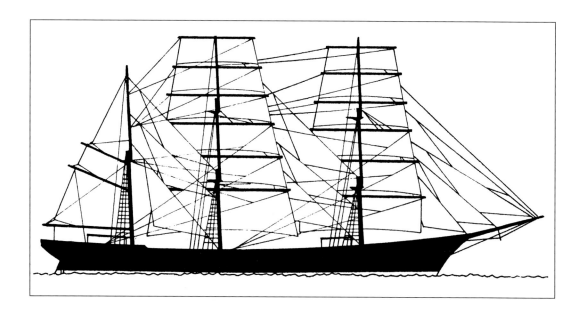

Die Vier- oder Fünfmastbark

Ist ein Schiff auf die gleiche Art getakelt wie eine Bark, aber mit vier oder fünf Masten bestückt, so bezeichnet man es entsprechend als Vier- oder Fünfmastbark.

Die Brigg

Auch sie war ein sehr beliebter Schiffstyp, der große Verbreitung fand. Meist kleiner als eine Bark hat eine Brigg zwei vollgetakelte (also mit Rahsegeln) Masten.

Das Vollschiff

Es kann drei bis fünf Masten haben. Der hintere Mast fährt ein Rahsegel. Vollschiffe wurden bevorzugt für weite Überseereisen eingesetzt.

Die Brigantine

Brigantinen sind Zweimaster mit einem vollgetakelten Fockmast und einem gaffelgetakelten Großmast. Sie wurden meist als kleine Küstenfrachter eingesetzt.

Die Tjalk

Dieses holländische Küstenschiff mit flachem Boden und Seitenschwertern wird auch heute noch in den Niederlanden eingesetzt.

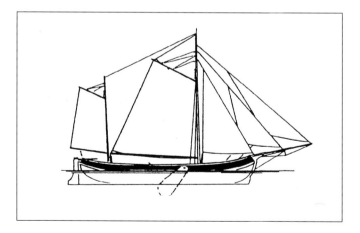

Nautisches Glossar

Kursiv geschriebene Begriffe werden in diesem Glossar eigens erklärt. Mit Rücksicht auf eine gute Allgemeinverständlichkeit wird bei den Erklärungen auf unwichtige Details verzichtet.

A

Abfallen	Den Kurs so ändern, daß der Wind *raumer* kommt
abflauen	Wind läßt nach, wird schwächer
ablandig	ist der Wind, wenn er vom Land zur See weht
ablaufen	1. Bei *Ebbe* läuft das Wasser ab
	2. Ein Schiff kann vor einem Sturm *lenzen* oder ablaufen
ablegen	ein Schiff legt z. B. von der Pier ab, um auf *Törn* zu gehen
Ablenkung	ein Magnetkompaß wird durch Eisen- oder magnetische Teile, die sich am Schiff befinden, abgelenkt
Abdrift	auch Abtrift. Es ist der Weg nach *Lee*, um den ein Schiff durch Wind, Strom oder die See versetzt wird
achteraus	ist alles, was hinter dem Schiff liegt, korrekter: was im Kielwasser liegt
an den Wind gehen	Den Winkel zwischen Windrichtung (Einfallswinkel) und Kurs verleinern
Ankerklüse	die Öffnung am Schiffsrumpf, durch die die Kette außenbords geht
anstecken	zwei Enden miteinander verbinden
antauen	wenn ein Schlepper langsam Fahrt aufnimmt, um beim Steifkommen der Schleppleine diese nicht ruckartig zu belasten
aufbrisen	Stärkerwerden des Windes.
auffrischen	Stärkerwerden des Windes.
aufgeien	ein Segel an die *Rah* holen = Segel bergen
aufheißen	etwas, meist Segel, hochziehen
aufkommen	meist ein anderes Schiff einholen bzw. überholen
auflandig	ist ein Wind, wenn er von See zum Land weht
aufschießen	1. Mit dem Bug direkt in den Wind gehen
	2. Tauwerk in sog. Buchten klar zum Gebrauch herrichten
Ausguck	der Mann, der am *Bug* oder im *Krähennest* nach Schiffen oder Hindernissen Ausschau hält
ausklarieren	die Hafenbehörde ggf. auch den Zoll verständigen, bevor man *ausläuft*
auslaufen	ein Schiff verläßt den Hafen oder die Reede nach See zu

ausmachen	ein Schiff oder Seezeichen sehen und erkennen
ausschießen	ist, wenn der Wind (auf der nördlichen Halbkugel) nach rechts, also im Uhrzeigersinn dreht

B

Back (W)	die Back: der meist abgedeckte vorderste Teil eines Schiffes über dem Hauptdeck
backbord	in Fahrtrichtung gesehen die linke Seite eines Schiffes
Backbordhalsen	ein Schiff segelt mit Bb.-halsen, wenn der Wind von *backbord* einkommt
Backbrassen	bedeutet, das Segel so stellen, daß der Wind von der falschen Seite kommt und das Schiff abstoppt
Backschlagen	ist dasselbe wie *Backbrassen*, nur macht das jetzt der Wind gegen den Willen der Schiffsführung. Geschieht durch plötzliche Änderung der Windrichtung oder Unaufmerksamkeit des Rudergängers
Bake	an Land stehendes Seezeichen, das der Orientierung dient. Manchmal mit einer Notunterkunft versehen
Balje	auch bei Niedrigwasser benutzbares Fahrwasser im Wattenmeer
Ballast	Zuladung eines Schiffes, das ohne Ladung fährt. Mit Ballast (Kies, Steine und Wasser) wird die erforderliche Stabilität des Schiffes wieder hergestellt
Beaufort	Skala für die Windstärke, von 0 (Stille) bis 12 (Orkan)
Baum	früher ein Rundholz, heute aus Aluminium oder Stahl in verschiedenen Formen, z. B. Ladebaum oder Großbaum
Beidrehen	durch Backbrassen die Fahrt aus dem Schiff nehmen. Im Sturm mit kleinster Segelfläche: beiliegen
belegen	Festmachen eines *Endes* z. B. auf Poller oder Klampe
bergen	1. Wegnehmen (zusammenbinden) von Segeln 2. Sicherstellen eines manövrierunfähigen Schiffes
Beriberi	Vitaminmangel-Krankheit
Besan	der hinterste Mast oder Segel auf mehrmastigen Schiffen
Besanschot an	mit diesem Ruf gibt der Kapitän nach besonders harter Arbeit Schnaps für die Mannschaft aus
Besteck	Feststellung des geographischen Ortes eines Schiffes
Bilge (f)	die tiefste Stelle bzw. Raum im Schiff
Blaues Band	erstmals 1838. Träger war das Fahrgastschiff, das auf der Atlantikroute (Skilly-Inseln bis Ambrose Feuer) den Geschwindigkeitsrekord hielt. Letzte Trägerin: die *United-States* im Jahr 1952 mit 36 *Knoten*
Blaufeuer	Lotsensignal bei Nacht. Galt auch als Notsignal, wenn kein Rotfeuer vorhanden war. Heute weitgehend überholt
Block	meist ovalförmiges Gehäuse mit Seilscheiben (Rollen). Verwendung meist in Form einer Talje (Flaschenzug)
Brassen	erforderlich zum Bedienen der *Rahen* beim *Wenden, Halsen* oder zur optimalen Einstellung der Segel dem Einfallswinkel des Windes entsprechend

brassen	= bedienen, = Schwenken der Rahen
Brecher (m)	eine Welle, die sich wegen Überhöhung (zu steil) nach vorne überschlägt (auch überkämmt)
Brise	leichter Wind ca. 2–3 Bft. steife Brise, ca. 5–6 Bft.
BRT	Bruttoregistertonne, entspricht in etwa dem Rauminhalt eines Schiffes
BSH	Bundesamt für Seefahrt und Hydrographie. Früher *DHI*
Bug (m)	der vorderste Teil des Schiffsrumpfes
Bugspriet (m)	eine fest mit dem Schiff verbundene Spiere. Unterbau für den *Klüverbaum*
Buhne (w)	zur See sich erstreckender Schutzdamm aus Steinen
Bulleye (s)	verschließbares, meist senkrecht angebrachtes Fenster (Bullauge), meist am Rumpf und an den Aufbauten

C

Chronometer	sehr genau gehende Uhr zur astronomischen Navigation
Clipper	in Amerika entwickelter, später auch in England viel gebauter schneller Rahsegler
Crew	Besatzung eines (meist kleineren) Schiffes

D

Davit	kranartige Aufhängevorrichtung für Rettungsboote
Deviation	Ablenkung des Magnetkompasses durch Eisenmassen oder sonstige magnetische Teile des eigenen Schiffes. Ändert sich bei einer Kursänderung.
Deviationstabelle	Gibt jeweils von 10 zu 10 Grad die Deviation an. Zwischenwerte sollten interpoliert werden. Die Tabelle ist nur bei konventioneller Navigation aktuell.
DHI	Deutsches Hydrographisches Institut. Jetzt *BSH*
Donkey	Hilfskessel für Maschinen auf Segelschiffen, z. B. für Ladebäume und Winden spez. Ankerwinden
Ducht	Sitzbank im Ruderboot. Es gibt Quer- und Längsduchten
Dünung	gleichmäßige, nicht überkämmende Wellen. *Windsee* wird zur Dünung, wenn der Wind nachläßt
Dwars	querab vom Schiff, d. h. rechtwinkelig zur Kielrichtung

E

Ebbe	das Ablaufen des Wassers innerhalb der Gezeiten
Ende (s)	jede Art von Tauwerk, meist ein abgepaßtes Stück
entern	1. Übersteigen auf ein feindliches Schiff 2. Klettern in die *Wanten* = aufentern
Etmal (s)	die innerhalb von 24 Std. (12.00 bis 12.00 Uhr) von einem Schiff zurückgelegte Strecke in Seemeilen

F

Faden	engl. Längenmaß in der Seefahrt. 1 Faden = 6 Fuß = 1,83 Meter.
Fall (s)	ein Tau, mit dem man Segel oder Spieren *vorheißt*, z. B. Fockfall oder Großfall
Festmacher	dickes Ende zum Festmachen eines Schiffes an Land
fieren	herablassen, z. B. eines Segels oder einer Last
Flachmann	kleine handliche Flasche zum Mitnehmen (meist mit Schnaps gefüllt)
Flaute (w)	Windstille bis max. 1 Bft. 1 Bft. = flauer Wind
Flut (w)	steigendes Wasser im Verlauf einer *Tide*
Freibord (m)	= Höhe des Haupt- bzw. Oberdecks über dem Wasser
freikreuzen	Bei auflandigem Wind und in Küstennähe durch *Kreuzschläge* zur See zu Raum gewinnen
Fuß	engl. Längenmaß. 1 Fuß = 12«(Zoll) = 304 mm

G

Gangspill	*Spill* mit senkrechter Achse zum Hieven (hochholen) der Ankerkette. Früher per Hand mit *Spaken*. Heute nur mit Maschinenkraft
gefährlicher Sektor	der Sektor eines Sturmes oder *Orkans*, der in Zugrichtung gesehen rechts vor dem Zentrum liegt. Dort herrscht erfahrungsgemäß die größte Windgeschwindigkeit und die gefährlichste See
Germanischer Lloyd	seit 1867 deutsche Klassifikationsgesellschaft. Die Klasse des GL ist freiwillig und bedeutet einen Güte- bzw. Sicherheitsgrad eines Schiffes
Gezeiten	= der gesamte Vorgang von Ebbe, Stillwasser und Flut
Gig (w)	kleines Beiboot, meist dem Kapitän vorbehalten
Gordings	Leinen zum Festmachen der Segel auf Rahseglern
Großtopp (m)	Spitze des Großmastes
Grundsee (w)	eine See, die auf eine seichte Stelle (Flach) oder eine Küste aufläuft und bricht (Brandung), je nach Küstenbeschaffenheit mit Sand oder Steinen vermischt

H

halsen	im Effekt das gleiche wie *wenden*, nur geht das Heck in den Wind und nicht der Bug. Der Wind kommt nach der »Halse« von der anderen Seite, genauso, wie nach dem Wenden
Heck (s)	das hintere (achtere) Teil des Schiffes
Heuer (w)	Löhnung des Seemanns
hieven	anheben einer Last
Hydrographie	physikalisch, geographische Beschreibung des Meeres und der Küstengewässer

K

Kabellänge	10. Teil einer Seemeile = 185,2 m
Kalmen	(Doldrums) = Region vorherrschend schwacher Winde oder Windstille
kapern	In-Besitz-nehmen eines (feindlichen) Schiffes ggf. mit Gewalt

Kaventsmann	ungewöhnlich hohe Welle, meist durch Überlagerung
kentern	ein Boot oder Schiff ist gekentert, wenn es sich um 90 Grad oder mehr (Kiel oben) auf die Seite legt
killen	ein Segel killt, wenn es nicht voll steht, sondern flattert
Kimm (w)	1. Der Übergang des Schiffsbodens in die Bordwand 2. Der Horizont, dort wo sich optisch Himmel und Wasser treffen
Klampe	eine Vorrichtung zum *Belegen* von Leinen
klar	vielseitig verwendeter Begriff. Z. B. klar = bereit für eine Tätigkeit, oder klar zum Wenden. Klar ist auch ein aufgeräumtes Deck
klönen	sich nicht sehr tiefschürfend unterhalten
Klüse (w)	Öffnung im Deck, oder in der Bordwand zum Durchführen von Ketten oder Tauwerk
Klüverbaum (m)	abnehmbare Verlängerung des Bugspriets zur Befestigung der Vorsegel
Knoten	Maßeinheit für die Geschwindigkeit eines Schiffes: 1 Knoten = 1 Seemeile pro Stunde
Kombüse	Küche auf einem Schiff
kompensieren	durch Anbringen von Magneten am Kompaß den Einfluß des Eisens am Schiff vermindern oder beseitigen. Evtl. noch bestehende Differenzen gibt die Deviationstabelle an
Koppelkurs (m)	der *rechtweisende* Kurs, der nach Kompaßkurs gesegelter Zeit, Geschwindigkeit und Abdrift ermittelt wird
Krähennest	Beobachtungsstand auf etwa halber Höhe am Fockmast
Krängung (w)	kurzzeitig seitliche Neigung eines Schiffes durch Wind. Dauerhafte Neigung z. B. wegen verrutschter Ladung bezeichnet man als Schlagseite
Kreuzschläge	Zickzack-Kurse, um gegen den Wind Höhe zu gewinnen
Kreuzsee	Aufeinandertreffen von Seegang aus verschiedenen Richtungen. Erzeugt unregelmäßige, oft steile See
kurzstag	ist eine Ankerkette, wenn sie fast senkrecht (auf und nieder) steht. Der Anker ist kurz vor dem Ausbrechen

L

laufendes Gut	alles Tauwerk, das zum Bedienen der Segel und anderer Teile der *Takelage* dient
Leck (s)	eine Undichtigkeit am Schiffsrumpf, wodurch Wasser eindringt
Leeseite	vom Wind abgewandte Seite des Schiffes
Legerwall	auf Legerwall ist ein Schiff, wenn nahe in Lee eine Küste ist. Bei Sturm eine der gefährlichsten Situationen besonders für ein Segelschiff ohne Motor
lenzen	1. In das Schiff eingedrungenes Wasser außenbords pumpen, bis es »lenz« (leer) ist 2. das *Ablaufen* vor einem Sturm, wenn er so stark ist, daß er ein normales Segeln ausschließt
Lenzpforten	sind nur nach außen aufklappbar. So kann Wasser wieder ablaufen, aber nicht mehr eindringen

Liek (s)	die Kante eines Segels (Unterliek, Achterliek). Bei Rahsegeln mit einem Liektau verstärkt
Log (s)	Geschwindigkeitsmesser eines Schiffes. Bei Schlepplogs mit einem Meilenzähler verbunden
Logbuch	früher »Journal«. Dort werden alle wichtigen Daten während einer Reise festgehalten. Am Ende der Reise muß das Logbuch vom Kapitän für die Reise unterschrieben werden
Lot	Tiefenmeßgerät
Lotsensignal	Signalflaggen P und T (Pilot). Nachts Blaulicht. Heute ersetzt durch Sprechfunk
L. ü. a.	Länge über alles
Luke	meist waagrechte, wasserdicht verschließbare Öffnung an Deck

M

Mahlsand	auch Treibsand; ist loser Sand. Schiffe, die auf Mahlsand stranden, sinken durch ihr Gewicht nach und nach immer tiefer, weil der Sand an den Enden weggespühlt wird. Die Gefahr des Auseinanderbrechens ist gegeben
Mallung	auch Kalmengürtel. Neben den Passaten eine windarme Zone mit wechselnden Winden
Mißweisung	durch Erdmagnetismus bewirkte Ablenkung der Kompaßnadel vom geographischenNordpol. Ist auf den Seekarten wegen Änderungen mit jeweiligem Datum angegeben.

N

Niedergang	meist enge und steile Treppe vom Deck eines Schiffes nach unten
Niedrigwasser	niedrigster gezeitenbestimmter Wasserstand. Darf nicht mit Ebbe verwechselt werden
Nock	das Ende einer *Spiere*, z. B. Rahnock, nicht aber die Spitze eines Mastes
Notsignal	die Flaggen N und darunter C, oder Morsezeichen SOS, oder Rotfeuer. Heute gesprochen: Dreimal Mayday

O

Ösfaß	Kleine Handschaufel zum *Lenzen* kleiner Boote
Orkan	Windstärke 12 und mehr nach der *Beaufort*skala. Außerhalb Europas auch Hurrikan oder Taifun genannt

P

Pantry	Anrichte für Speisen, nicht jedoch die Küche. Auf Yachten oder kleinen Schiffen ist die Pantry die Küche
Passat	regelmäßiger, annähernd gleichmäßiger, ganzjähriger Wind, beiderseits des Äquators
Pinasse	Schiffsboot der Marine, klein, schlank mit Einrichtung zum Segeln. Heute motorisiert

Poller	Vorrichtung zum Belegen von Tauwerk (Schleppleinen)
Poop	auch »Hütte«. Aufbau auf dem Achterschiff. Früher meist Wohnräume für Offiziere
preien	= anpreien = anrufen
Pricken	kleine Bäumchen zur Markierung eines Fahrwassers im Watt. Auch heute noch gebräuchlich
Priel	schmaler Wasserlauf im Watt, der auch bei Niedrigwasser noch befahrbar ist (siehe *Balje* und *Seegatt*)
Prise	Seebeute. Nach dem Prisenrecht abgenommenes Schiff
pullen	= rudern

Q

querab	dasselbe wie dwars, also seitlich 90 Grad nach Steuerbord oder Backbord, bezogen auf die Kielrichtung

R

Rah	horizontale Spiere, an der die Rahsegel befestigt sind
raumer Kurs	liegt an, wenn der Wind schräg von achtern kommt
rechtweisender Kurs	bezieht sich auf den geographischen Nordpol und wird im Winkel dazu angegeben
Reede	Ankerplatz vor einem Hafen, oder in einer Meeresbucht oder auch in einer Flußmündung. Auf Reede hat das Schiff keine feste Landverbindung
Reff	ein Reff einbinden = reffen = Segelfläche verkleinern.
Riemen	das Ruder des Seemanns. Mit den Riemen pullt (rudert) man und bewegt damit ein Boot
Rigg	= Takelage. Die Gesamtheit von Mast, Spieren, laufendes und stehendes Gut
Royal	das sechste Segel von unten. Das Rahsegel über dem Oberbram-Segel

S

Schillsauger	als Schillsauger bezeichnet man an der Küste einen Muchelsand-Bagger
Schlenge (w)	etwa gleichbedeutend wie *Buhne* oder *Stack*. Kleiner Damm zur Beruhigung des Stromes. Meist zur Landgewinnung oder zum Schutz des Ufers
schlingern	auch »rollen«; periodische Bewegung eines Schiffes nach beiden Seiten
Schot (w)	Leine zum Bedienen der Segel
Schott (s)	wasserdichte Wand quer zur Fahrtrichtung. Teilt den Schiffsraum in mehrere Abteilungen. Erhöhte Sicherheit gegen Sinken nach einer Kollision
Schralen	Drehen des Windes so, daß er mehr von vorne, also »vorlicher« kommt
Schwell	*Dünung* von See her, die in einen Hafen steht, oder durch regen Schiffsverkehr entsteht
Seeamt	Amt zur Untersuchung von Seeunfällen. Kann schuldhaften Kapitänen

	das Patent aberkennen. Ersetzt nicht die Verhandlung vor einem Zivilgericht
Seegatt	von See kommend, die Durchfahrt zwischen zwei Inseln
Seemeile	= 1852 m
shanghaien	jemanden gegen seinen Willen als Seemann anmustern
Siel	Entwässerungsgraben mit Schleuse. Schließt bei steigendem Wasser, öffnet bei Niedrigwasser
Skorbut	Vitaminmangel-Krankheit
Skylight	aufklappbares Fenster an Deck, das für Licht im Raum darunter und auch für Frischluft sorgt
Spake	Rundholz. Zum Bedienen eines *Spills* oder zum heben schwerer Lasten
Speigatt	feste Öffnung z. B. im Schanzkleid zum Ablauf von Wasser an Deck. Allgemein auch Ablauföffnung
Spieren	jedes Rundholz an Bord. Ausnahme der Mast
Spill	Winde mit senkrechter Achse, z. B. Ankerspill.
stehendes Gut	das Tauwerk (Draht) der Takelage, das nicht zur Bedienung der Segel gehört, also »stehen« bleibt
Steuerbord (s)	In Fahrtrichtung gesehen die rechte Schiffsseite
Steuermann	der 1. Steuermann kommt rangmäßig gleich nach dem Kapitän. Heutige Bezeichnung: 1. Offizier. Weitere Rangfolge: 2., 3. Offizier. Der Mann am Ruder ist der Rudergänger, nicht der Steuermann
Steven	begrenzt das Schiff vorne und achtern
Stillwasser	auch: Stauwasser. Die kurze Zeit, in der weder Ebbe noch Flut herrscht
Strecktau	über Deck gespanntes Tau (meist Drahttauwerk) zum Festhalten bei Sturm auf See

T

Takelage	alles, was dem Segeln dient, also komplette Masten einschließlich ihrer Bedienungsvorrichtungen
Talje	Flaschenzug mit ein- oder mehrscheibigen *Blöcken*
Tampen (m)	ist das Ende einer Leine, also das Tauende
Tide (w)	gleiche Bedeutung wie *Gezeiten*
Törn (m)	1. Eine Seereise. 2. Man legt z. B. einen Törn um eine *Klampe* oder eine *Spiere* 3. vertörntes Tauwerk = verdrehtes, *unklares* Tauwerk
Trift (w)	soviel wie *Abdrift* (oder Abtrift) = abtreiben nach Lee

U

überfällig	ist ein Schiff, wenn es längere Zeit nach der zu erwartenden Ankunft weder am Bestimmungsort noch an einem anderen Ort eingetroffen ist
übertakelt	ist ein Segler, wenn die volle Segelfläche so groß ist, daß die erforderliche Stabilität nicht gewährleistet ist. Kentergefahr!
unklar	bedeutet: nicht einsatzbereit

V

verholen	den Liegeplatz eines Schiffes mit Verholleinen verändern. An einen anderen Platz verholen
verschollen	ist ein überfälliges Schiff, wenn unbekannt ist, wann und wo der Untergang erfolgt ist. Im europäischen Raum wird es im allgemeinen nach sechs Monaten für verschollen erklärt. Damit kann auch der Tod der Besatzung amtlich und juristisch erklärt werden.
vor dem Wind	segelt ein Schiff, wenn es den Wind von hinten, also von achtern hat. Es segelt dann mit achterlichem Wind

W

wahrschau	Warnruf vor einer Gefahrensituation
Want	kräftiges Drahttauwerk, das den Mast seitlich abstützt. Höhere Masten benötigen mehrere Wanten. Über die Wanten *entert* man auf
wenden	mit dem Bug durch den Wind drehen, bis der Wind von der anderen Seite kommt. Man sagt: Das Schiff geht über Stag
Windsee	vom Wind erzeugter Seegang. Hört der Wind auf oder *flaut* er ab, wird die Windsee zur *Dünung*
Winsch	= Winde. Trommel mit waagrechter Achse zum Aufwickeln von Tauwerk, z. B. Ankerwinsch zum Aufholen des Ankers, oder Fallwinsch zum Vorheißen (hochholen) z. B. eines Segels

Z

zurren	festbinden, auch festmachen z. B. eines Segels auf einer Rah, oder auf einem Großbaum
Zwischendeck	ein Deck, das den Laderaum horizontal unterteilt. Bei Bedarf zur Aufnahme von Passagieren

Anmerkung zu den Begriffen: Koppelkurs, Koppelort und tatsächlicher geographischer Standort.

Der Koppelkurs ergibt sich aus dem Sollkurs, den man der Seekarte entnimmt. Dieser Kurs wird beschickt durch die Faktoren: Abdrift, Strom, Mißweisung und Deviation. Zur Festlegung des Koppelortes wird die Geschwindigkeit des Schiffes in der Zeiteinheit und damit die zurückgelegte Distanz gemessen.

Abdrift und Strom müssen geschätzt werden, beide sind unsicher. Die Mißweisung wird aus der Seekarte entnommen. Die Deviation kann aus der Deviationstabelle entnommen werden. Die Geschwindigkeit kann nur durch das Wasser, nicht über Grund gemessen werden. Strom kann die tatsächliche Fortbewegung über Grund positiv und negativ beeinflussen, so daß also auch die jeweils zurückgelegte Distanz unsicher ist.

Somit kann der Koppelort vom tatsächlichen geographischen Standort nach Länge und Breite gegebenenfalls deutlich abweichen. Das erklärt viele Strandungen in den vergangenen Jahren. Die moderne Satelliten-Navigation (GPS) schaltet die oben genannten Unsicherheiten aus und liefert ständig einen sehr genauen Standort des Schiffes.

Quellenangabe

Allen, Oliver. Geschichte der Seefahrt: Die Windjammer. Pelham 1979
Anders, Lubkowitz, Neumann, Wende. Wir kommen! Das Buch der DGzRs. Bremen 1996
Brennecke, Jochen. Windjammer. Hamburg 1968
Brennecke, Jochen. Geschichte der Schiffahrt. 2. Auflage. Künzelsau 1986
Brennecke, Jochen. Strandungen, Schicksale berühmter Segelschiffe. o. O. 1995
Brennecke/Dummer. Viermastbark Pamir. Frankfurt/Main 1995
Brustat-Naval, Fritz. Die Kap Hoorn-Saga. o. O. 1975
Brustat-Naval, Fritz. Kaperfahrt zu fernen Meeren. o. O. 1980
Brustat-Naval, Fritz. Windjammer auf großer Fahrt. Frankfurt/Main 1988
Conrad, Joseph. Der Spiegel der See. Canterbury 1906
Crochet, Bernhard. Geschichte der Seefahrt. Bad Oeynhausen 1995
Diwald, Hellmut. Der Kampf um die Weltmeere. o. O. 1980
Eastland, Jonathan. Nostalgie unter Segeln. London 1990
Elek Productions. Abenteuer der Segelschiffahrt. o. O. 1970
Greenhill/Hackmann. Herzogin Cecilie. London 1991
Jobé, Joseph. Der Segelschiffe große Zeit. Lausanne. 1967
Kludas, Arnold. Geschichte der deutschen Passagierschiffahrt. o. O. 1986
Mondfeld, Wolfram zu. Schicksale berühmter Segelschiffe. 2. Auflage. o. O. 1989
Neuber/Jürgens. Schiffbruch und Strandung. o. O. 1979
Pedersen, Peter. Strandung und Schiffbruch. o. O. 1996
Prager, Hans Georg. Retter ohne Ruhm. 5. erw. Auflage. o. O. 1993
Prager, Hans Georg. F. Laeisz. 3. erw. Auflage. o. O. 1994
Time Life. Die Armada. o. O. 1981
Villiers, Alan. Auf blauen Tiefen. Oxford 1954
Villiers, Alan. Verschollen auf See. Oxford 1955
Wiese, Eigel. Pamir, Die Lebensgeschichte eines Segelschiffes. Hamburg 1997
Wiese, Eigel. Männer und Schiffe vor Kap Hoorn. Hamburg 1997
Willner, Horst. Pamir, Ihr Untergang und die Irrtümer des Seeamtes. 2. Auflage. o. O. 1992

Des weiteren wurden als Quellen verwendet:

Verschiedene Hefte der Zeitschrift »Der Albatros« der Cap Horniers, Deutsche Sektion. 1993 bis 1997

Verschiedene Jahrbücher der »Deutschen Gesellschaft zur Rettung Schiffbrüchiger« (DGzRS). ab 1954

Quellenangabe

Ferner bedanke ich mich für ihre Mithilfe bei den Herren:

Dr. Jürgen Meyer, Deutsche Sektion der Cap Horniers

Andreas Lubkowitz, Deutsche Gesellschaft zur Rettung Schiffbrüchiger, Bremen

Detlev Gründel, Deutsche Gesellschaft zur Rettung Schiffbrüchiger, Geschäftsstelle Stuttgart

Klaus Hornig, Firma Bade & Hornig, Deutsches Seekarten-Berichtigungsinstitut GmbH, Hamburg

Bernd Tölzel, Salem-Grasbeuren

Friedrich Kuhr, Marinekameradschaft München

DGzRS –
die Seenotretter

Jahr für Jahr fahren die Rettungsmänner der Deutschen Gesellschaft zur Rettung Schiffbrüchiger (DGzRS) über 2000 Einsätze. Seit Gründung der Gesellschaft am 29. Mai 1865 wurden mehr als 62.000 Menschen aller Nationen aus Seenot gerettet oder aus lebensbedrohender Gefahr befreit. Diese Leistungen und Erfolge waren immer nur möglich durch die tatkräftige finanzielle und ideelle Unterstützung von seiten der Bevölkerung – im Binnenland und an der Küste. Jeder Hilferuf auf See ist eine Herausforderung an uns alle.

Helfen kann jeder

Zum Beispiel durch:
- eine regelmäßige Fördermitgliedschaft mit einem Beitrag nach eigenen Ermessen
- einmalige oder wiederholte Spenden
- ehrenamtliche Mitarbeit
- Aufstellen von Sammelschiffchen
- Gestaltung einer Ausstellung über das Seenotrettungswesen
- Aktionen, Tombolas, Basare, Sammlungen
- Berücksichtigung im Testament
- projektbezogene Zuwendungen aus Stiftungsvermögen
- Verzicht auf Aufmerksamkeiten im Rahmen von Jubiläen, familiären Anlässen oder im Trauerfall zugunsten einer Spende für das Rettungswerk
- Präsentation der Arbeit der DGzRS im publizistischen und pädagogischen Bereich (hier steht entsprechendes Informationsmaterial einschließlich Film/Video zur Verfügung)

Bitte helfen auch Sie der DGzRS bei der Erfüllung ihrer vielfältigen humanitären Aufgaben. *Wir brauchen Ihre Hilfe.* Sie allein ist die Grundlage für die Fortsetzung unserer Arbeit auf See.
Bei allen freiwilligen Zuwendungen stellen wir Spendenbescheinigungen für das Finanzamt aus.

DGzRS, Werderstraße 2, 28199 Bremen, Tel.: 04 21/53 70 70, Fax: 04 21/5 37 07 14,
Bankverbindung: Postbank NL. Hamburg, BLZ 200 100 20, Konto-Nr.: 7046-200.

Hier kommt Licht ins Dunkel

Achill Moser
Zu den Goldquellen König Salomos
Im Kielwasser der alten Ägypter und Phönizier machte sich Achill Moser auf die Suche nach »Ophir«, dem legendären Goldland der Pharaonen. Mit ägyptischen Feluken und arabischen Dhauen segelte er im Golf von Aqaba, im Roten Meer und im Indischen Ozean. Ziel dieser Reise waren die rätselhaften Ruinen von Groß-Simbabwe.
184 Seiten,
43 Farbbilder
Bestell-Nr. 50257   DM 39,80

Achill Moser
Im Kielwasser des Odysseus
Die »Odyssee« kennt fast jeder. Doch was ist dran an den Irrfahrten des listigen Griechen? Gibt es die Höhle des menschenfressenden Kyklopen immer noch? Und was hat es mit Skylla und Charybdis auf sich? Der Abenteurer Achill Moser nahm den Griechen-Dichter Homer beim Wort und startete dann zu einem spektakulären Segeltörn durchs Mittelmeer.
192 Seiten, 34 Bilder,
davon 27 in Farbe
Bestell-Nr. 50294   DM 39,80

Mario M. Weidner
Versunkenen Schätzen auf der Spur
Dieses Buch zeigt, daß man Schiffswracks auch mit geringem Budget und auf eigene Faust aufspüren und erforschen kann – selbst jenseits der 40-m-Tauchmarke. Mit wertvollen Tips zur richtigen Planung.

250 Seiten, 90 Bilder
Bestell-Nr. 50312   **DM 39,80**

Reinhold Ostler
Handbuch für Unterwasser-Schatzsucher
Die Welt unter Wasser ist schön. Aber was ist das Glotzen eines Karpfens gegen die Freude, dem Schlamm einen uralten Krug zu entreißen? Auf dem Grund von Flüssen, Seen und Meeren liegen unschätzbare Werte. Dieser Ratgeber zeigt, wie man zwei der schönsten Hobbys, Tauchen und Schatzsuche, perfekt miteinander verbindet.
240 Seiten, 33 Bilder, 32 Zeichn., 2 Karten
Bestell-Nr. 50239   DM 32,–

Janusz Piekalkiewicz
Da liegt Gold
Wo sind die Kronjuwelen des englischen Königs »Johann ohne Land«? Was hat es mit dem Gold der Conquistadoren auf sich? Mit den Reichtümern des Templer-Ordens? Und was steckt wirklich hinter dem Geheimnis der Schatzinsel? Piekalkiewicz setzt sich hier auf die Fährten berühmter Schatzlegenden und spektakulärer Schatzsuche-Expeditionen. Tolle Storys für Schatzsucher.
504 Seiten, 169 Bilder,
davon 23 in Farbe
Bestell-Nr. 50289   DM 39,80

IHR VERLAG FÜR ABENTEUER-BÜCHER
Postfach 10 37 43 · 70032 Stuttgart
Telefon (0711) 21 08 065
Telefax (0711) 21 08 070

Stand Oktober 1998 – Änderungen in Preis und Lieferfähigkeit vorbehalten

Vom Ruderboot zum Luxusliner

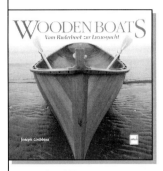

Joseph Gribbins
Wooden Boats
Holzboote verzaubern durch ihre individuelle Fertigung und überzeugen durch die sorgfältige Auswahl des Holzes. Joseph Gribbins hat einige der schönsten Exemplare ausgewählt – vom Ruderboot bis zur Luxusyacht – und hat sie stimmungsvoll ins Bild gerückt. Lebendig und einfühlsam schildert er die jahrtausendalte Geschichte des Holzbootbaus.
128 Seiten,
110 Farbbilder
Bestell-Nr. 50194   **DM 49,–**

Derek Harvey
Katamarane und Trimarane
Der Autor vermittelt einen umfassenden Überblick über diese schnittigen Exoten, die sich immer größerer Beliebtheit erfreuen. Er stellt die verschiedenen Typen und Konstruktionen vor, beschreibt die Ausrüstung und zeigt die sichere Handhabung in der Praxis. Das Buch wendet sich an eingefleischte Mehrrumpf-Fans und an Skipper, die auf der Suche nach einem völlig anderen Segelerlebnis sind.
196 Seiten, 134 Bilder
Bestell-Nr. 50157   **DM 39,80**

Alfred Dudszus/Alfred Köpcke
Das große Buch der Schiffstypen
Von A bis Z stellt dieses Buch mehr als 2300 Schiffstypen und Einzelschiffe vor. Vom Einbaum der Steinzeitjäger über Schiffe unter Riemen und Segel bis zu den Schiffs-Giganten der Gegenwart.

608 Seiten, 1300 Bilder,
davon 100 in Farbe
Bestell-Nr. 50313   **DM 29,80**

Hans G. Isenberg/Charles Proche
Luxus-Schiffe aus aller Welt
Die Kreuzfahrt auf einem eleganten Schiff steht ganz oben auf der Beliebtheitsskala. Denn keine andere Form des Urlaubs bietet so viel Abwechslung, Spannung und Komfort. In grandiosen Bildern stellt dieser Band die bekanntesten Luxusliner unserer Zeit, aber auch die Prachtschiffe aus vergangenen Tagen vor. Die luxuriöse Aufmachung dieses Bildbandes ist des Themas würdig.
192 Seiten, 180 Bilder,
davon 100 in Farbe
Bestell-Nr. 50128   **DM 49,–**

Lore Haack-Vörsmann
Seemannschaft für Großsegler
Chartertörns auf großen Windjammern werden als attraktive Form der Urlaubsgestaltung immer beliebter. Allen, die als Kurzzeit-Kadetten auf einem Rahsegler anheuern oder sich über diese Segelriesen informieren möchten, bietet das Buch wertvolle Informationen für das Leben an Bord. Es erklärt den Schiffsaufbau, macht Arbeitsabläufe und Handgriffe verständlich und informiert über die Organisation.
184 Seiten, 61 Bilder
Bestell-Nr. 50166   **DM 39,–**

IHR VERLAG FÜR
MARITIM-BÜCHER
Postfach 10 37 43 · 70032 Stuttgart
Telefon (0711) 21 08 0 65
Telefax (0711) 21 08 0 70

Stand Oktober 1998 – Änderungen in Preis und Lieferfähigkeit vorbehalten